JN084871

基本がわかる！
人事労務管理のチェックリスト

寺前総合法律事務所
弁護士 **岡崎教行** 著

労務行政

はしがき

　労務管理の重要性が叫ばれる昨今、インターネットに流れるさまざまなニュースの一角を占めるのが、会社の労務問題です。「○○株式会社の従業員の過労自殺が労災認定されました」とか、「○○株式会社が賃金未払いで送検されました」とか、「○○株式会社が労災隠しで送検されました」とか、労務問題に関する記事は、1日に1記事は掲載されているのではないでしょうか。かつては、労務管理は何となく地味という捉え方をされていましたが、現在は、労務リスクは企業のM&Aでも重視されており、また、労務問題一つで会社が継続できない状況に陥ってしまうなんていうこともあります。会社運営上、極めて重要な問題の一つとして、労務管理が注目されています。

　そして、労働法に関連する法律は、他の法律に比べて改正の頻度も多く、毎年、何らかの法改正がされている状況です。とりわけ、働き方改革関連法から、労務管理の重要性が飛躍的に脚光を浴びてきたのではないでしょうか。

　また、今では、「人的資本情報開示」であるとか、「人的資本経営」であるとか、新たなワードも出てきて、日々、目まぐるしく人事労務管理の在り方等は変わっていき、そして、それは今後も同様だと思われます。

　そのような中で、中小企業は、どちらかというと、あまり労務管理に取り組めていない状況にあると思います。それは、余力がないということもさることながら、「労務管理、労務管理っていうけれど、何をやればいいの？」「何から手を付ければいいの？」といった辺りが分からないためでしょう。結局、手付かずのまま放置し、何か問題が起きた時に初めて大騒ぎとなって、あの時やっておけばよかったと後悔するというケースが多いのではないでしょうか。

『基本がわかる！人事労務管理のチェックリスト』は、本気で労務管理に取り組みたい中小企業の経営者、総務人事担当の方等に向けて書いたものです。

　そのため、できる限り、平易に分かりやすく、そして、単なる法律解説ではなく、実務対応等にも踏み込み、記述をしたつもりです。いわば、労務管理に本気で取り組みたいという方に、最初に手に取っていただきたい書籍です。ただ、注意してほしいのは、この一冊で労務管理ができるものではないという点です。この書籍はあくまで、労務管理に取り組むに当たっての導入に過ぎません。自社に何が足りていないのかをあぶり出すためのものです。何が足りていないのかを認識した上で、労務管理の専門家である弁護士、社会保険労務士に相談していただき、一緒に、適切な労務管理に取り組んでもらいたい。その入口として、この書籍を使い倒していただきたい。そのような熱い思いを込めて、世に送り出す次第です。

　このような機会を与えていただいた一般財団法人労務行政研究所には感謝しかありません。また、本書の発刊に当たっては、編集部の井村憲一さん、深澤顕子さんのきめ細やかなチェック、鋭い指摘に大変助けていただきましたし、勉強にもなりました。両名の仕事ぶりは、まさに神は細部に宿るという一言に尽きます。驚きとともに、自分もプロとして頑張らないといけないなと再認識をさせていただきました。誠にありがとうございました。

　　令和5年1月

寺前総合法律事務所

弁護士　岡崎教行

イントロダクション
～本書の使い方～

1 人事労務管理の重要性の高まり

　会社が、人を雇用し、業務に従事してもらう、そして、その対価として、賃金を支払う、これが雇用契約の本質であり、極めてシンプルなものです。しかしながら、雇用契約を巡っては多種多様な問題が起きてきます。例えば、入社の段階であれば、最初に聞いていた労働条件と実際の労働条件が異なる、採用内定をもらったのに内定を取り消された、試用期間中に本採用を拒否されたなど、入社後であれば、従業員が他の従業員にセクシュアルハラスメントをした、パワーハラスメントをした、いじめがあった、無理やり飲み会に連れて行かれた、残業させられているのに残業代が支払われないなど、枚挙に暇_{いとま}がありません。

2 中小企業の労使紛争は、適正な人事労務管理で防げるもの、早期の相談で防げるものが多い

　筆者には、大企業のお客さまだけではなく、中小企業のお客さまも多数いらっしゃいます。中小企業で発生する労使紛争の数多くは、就業規則の不備であったり、ルールと違う対応をしていたりということに起因していると感じています。また、初期に相談してもらえれば、もっと違っていたのに…と思うことが多くあります。本書では、就業規則の不備についてだけではなく、問題が起きたときの初動対応についても例を挙げて解説をしていますので、参考にしていただければと思います。

3 本書の使い方

　冒頭で述べたとおり、雇用契約というものはシンプルです。しかし、人事労務管理で対象となる法律は多岐にわたります。主たるところでいえば、「労働基準法」「労働契約法」「労働組合法」「会社分割に伴う労働契約の承継等に関する法律」「公益通報者保護法」「最低賃金法」「賃金の支払の確保等に関する法律」「短時間労働者及び有期雇用労働者の雇用管理の改善等に関する法律」「労働安全衛生法」「労働者災害補償保険法」「育児休業、介護休業等育児又は家族介護を行う労働者の福祉に関する法律」「雇用の分野における男女の均等な機会及び待遇の確保等に関する法律」「職業安定法」「労働者派遣事業の適正な運営の確保及び派遣労働者の保護等に関する法律」「高年齢者等の雇用の安定等に関する法律」「障害者の雇用の促進等に関する法律」などであり、これだけでもかなり広範にフォローしなければならないことがご理解いただけるかと思います。

　さらに、労働分野は、法改正が極めて多く、最近でいえば、働き方改革関連法であったり、育児介護休業法の改正であったり、タイムリーにその内容を捕捉する必要があります。

　そのため、中小企業にとっては、人事労務管理がかなりの負担になるというのが正直なところであり、どこから手を付けてよいのか分からないという迷路に迷い込み、そのうち他の仕事が忙しくなり、結局、問題があるのかないのかも分からないまま放置するということが現実に起きているものと思われます。そして、従業員とのトラブルが起きて初めて、専門家に相談し、人事労務管理がしっかりしていないということを指摘され、高い勉強代を支払って、ようやく改善するというケースが多いと思います。そこで、本書では、自社で人事労務管理上の問題があるのかどうか、あるとすれば、どこなのかを診断できるようにするために、チェックリストという形態にしました。

[1] 中小企業の経営者、総務人事担当の方

まずは、本書を手に取っていただいたら、チェックリストを使い、自社の人事労務管理の診断をしていただきたいと思います。

具体的には、「はい」にチェックがついたところは問題がないところなので、「いいえ」にチェックがついたところに注目です。まずは、これをすべて行ってみてください。次に、「いいえ」にチェックがついたところの解説を読んでみてください。解説では、基本的な事柄を紹介しておりますので、それをお読みいただき、何が問題なのかを把握することに努めてください。その上で、分からないことがあれば、インターネットで検索をし、厚生労働省が公表しているパンフレットなどの資料を入手し、さらに理解を深め、改善のためにどういったことをするべきなのかを洗い出してください。

自社で改善ができそうであれば、自社で改善するというのもよいですし、必要に応じて、社会保険労務士なり、弁護士なりに相談してみるのもよいでしょう。その際には、チェックをつけたチェックリストを持ち込み、自社として、こういった点が問題となっていると理解をしているが、どのように対応をすればよいのかという質問、相談をするのが効率的だと考えます。何もないところから、専門家に相談するというのは結構難しいものです。何を聞いてよいのか分からないという方には、本書をトリガーとして専門家への相談に役立てていただければと思います。

[2] 社会保険労務士、弁護士等の士業の方々

社会保険労務士、弁護士等の士業の方は、本書を手に取っていただいたら、まずは、気になったところをパラパラとお読みいただき、その上で、本棚に並べていただければと思います。

また、新しくご相談に来られる会社との打ち合わせの際に、チェックリスト部分を確認し、簡易に労務監査的な診断を行い、「お聞きした範囲でいうとこういう点が不備なので、改善をしておく必要があるのではないでしょうか」という提案をしていただき、その後の継続的なご相談

につなげていただくのにも役立つのではないかと思います。

　さらに、顧問先企業に対して、定期的な労務監査を行うという場面もあるかと思います。その際には、このチェックリストをうまく活用し、これに顧問先企業特有の点を付加し、労務監査チェックリストとしてご利用いただくというのもありかと思います。

Checklist！

労働時間・休憩時間

①労働時間の意義を理解している	□はい	□いいえ
②所定労働時間を就業規則に定めている	□はい	□いいえ
③変形労働時間制について理解し、必要に応じて就業規則に定めている	□はい	□いいえ
④フレックスタイム制について理解し、必要に応じて就業規則に定めている	□はい	□いいえ
⑤裁量労働制について理解し、必要に応じて就業規則に定めている	□はい	□いいえ
⑥事業場外労働について理解し、必要に応じて就業規則に定めている	□はい	□いいえ
⑦休憩時間を就業規則に定めている	□はい	□いいえ
⑧勤務間インターバルについて理解し、必要に応じて就業規則に定めている	□はい	□いいえ

①本書のチェックリストのページをコピー

②一項目ずつ「はい」「いいえ」に当てはまるか当てはまらないかをチェック

③「いいえ」にチェックがついたら解説を読む

④対応策を洗い出し、自社で改善する

⑤必要であれば、チェックリストを基に社会保険労務士や弁護士に相談

目次

規定例・労使協定例・書式例等一覧

	テーマ	種　類	名　称
1	募集・採用	規定例	採用基準・採用時の提出書類
		書式例	身元保証書
2	試用期間	規定例	試用期間
		書式例	試用期間延長の通知書
		書式例	不採用通知
3	就業規則	書式例	就業規則（変更）届
		書式例	意見書
4	賃金	労使協定例	賃金控除に関する労使協定
		規定例	賞与
		規程例	退職金規程
5	労働時間・ 休憩時間	規定例	所定労働時間
		規定例	1カ月単位の変形労働時間制
		規定例	1年単位の変形労働時間制
		労使協定例	1年単位の変形労働時間制に関する労使協定
		規定例	1週間単位の変形労働時間制
		労使協定例	1週間単位の変形労働時間制に関する労使協定
		規定例	フレックスタイム制
		労使協定例	フレックスタイム制に関する労使協定
			【清算期間を1カ月とする場合】
			【清算期間を3カ月とする場合】
		規定例	専門業務型裁量労働制
		労使協定例	専門業務型裁量労働制に関する労使協定
		規定例	企画業務型裁量労働制
		規定例	事業場外労働
		労使協定例	事業場外労働に関する労使協定
		規定例	休憩時間
		労使協定例	休憩時間に関する労使協定
		規定例	勤務間インターバル
6	休日・休暇、 時間外・休日・ 深夜労働	規定例	休日
		規定例	休日の振替
		規定例	代休
		規定例	年次有給休暇
		規定例	年次有給休暇の計画的付与
		労使協定例	年次有給休暇の計画的付与に関する労使協定
			【①事業場全体の休業による一斉付与】
			【②班別の交代制付与】
			【③個人別付与】
		規定例	時間単位の年次有給休暇
		労使協定例	時間単位の年次有給休暇に関する労使協定
		規定例	時間外および休日労働

テーマ	種　類	名　　称
7　降格、異動・ 　　出向	規定例	降格
	規定例	配転
	書式例	配転命令書
	規定例	出向
	規程例	出向規程
	書式例	出向契約書 【①会社間（出向元・出向先）で基本契約の趣旨で締結】 【②会社間（出向元・出向先）で出向の都度締結】
9　育児・介護	規定例	子の看護休暇
	規定例	介護休暇
10　懲戒処分	規定例	懲戒の種類および程度
	規定例	懲戒事由
	書式例	懲戒処分通知書
11　ハラスメント	規定例	セクシュアルハラスメントの禁止・パワーハラスメントの禁止・マタニティハラスメント等の禁止
12　休職	規定例	休職
	規定例	休職期間
	規定例	休職期間中の取り扱い
	規定例	復職
	規定例	私傷病休職の利用回数
	規定例	休職期間満了による退職
	書式例	休職通知書
	書式例	私傷病休職に関する誓約書
	書式例	休職期間満了による退職のご連絡
13　定年退職・定年 　　退職後再雇用	規定例	定年退職
	規定例	定年退職後再雇用
14　退職・解雇	規定例	退職
	規定例	退職願
	規定例	解雇事由
	書式例	注意書
	書式例	解雇通知書
	書式例	解雇理由証明書
15　テレワーク	規程例	テレワーク規程
16　その他	書式例	労災申請時の事業主証明

法令等の略称および正式名称

略　称	正　式　名　称
育児介護休業法	育児休業、介護休業等育児又は家族介護を行う労働者の福祉に関する法律
高年齢者雇用安定法	高年齢者等の雇用の安定等に関する法律
最賃法	最低賃金法
障害者雇用促進法	障害者の雇用の促進等に関する法律
職安法	職業安定法
男女雇用機会均等法	雇用の分野における男女の均等な機会及び待遇の確保等に関する法律
パート・有期法	短時間労働者及び有期雇用労働者の雇用管理の改善等に関する法律
働き方改革関連法	働き方改革を推進するための関係法律の整備に関する法律
労働時間等設定改善法	労働時間等の設定の改善に関する特別措置法
労働者派遣法	労働者派遣事業の適正な運営の確保及び派遣労働者の保護等に関する法律
労働施策総合推進法	労働施策の総合的な推進並びに労働者の雇用の安定及び職業生活の充実等に関する法律
有期雇用特別措置法	専門的知識等を有する有期雇用労働者等に関する特別措置法

掲載誌等の略称および正式名称

略　称	正　式　名　称
判タ	『判例タイムズ』（判例タイムズ社）
判時	『判例時報』（判例時報社）
労経速	『労働経済判例速報』（経団連）
労判	『労働判例』（産労総合研究所）
労民	『労働関係民事裁判例集』（最高裁判所）
民集	『最高裁判所民事判例集』（最高裁判所）

16

1

募集・採用

募集・採用時の労働条件の明示事項・方法や、採用面接で聞いてはいけない質問は実務上不可欠の知識です。しっかりと押さえておきましょう。
やむを得ず内定を取り消す場合の要件や、リファラル採用の注意点についても、併せて解説します。

募集・採用

①募集時に必要な労働条件を明示している	□はい	□いいえ
②採用面接で聞いてはいけない質問があることを理解している	□はい	□いいえ
③リファラル採用を実施するに当たり、法的な問題を理解している	□はい	□いいえ
④内定の意義を理解している	□はい	□いいえ
⑤どういった場合に内定を取り消せるかを理解している	□はい	□いいえ
⑥採用時に必要な労働条件を明示している	□はい	□いいえ
⑦採用基準を就業規則に定めていない	□はい	□いいえ
⑧身元保証に関して極度額を設けている	□はい	□いいえ
⑨入社前研修への参加を義務づけていない	□はい	□いいえ

1 募集時の労働条件の明示

　会社は、ハローワーク等に求人の申し込みをする際や、ホームページ等で募集を行う場合、従事すべき業務の内容および賃金、労働時間その他の労働条件を明示しなければなりません（職安法５条の３第１項）。

　そして、「賃金及び労働時間に関する事項その他の厚生労働省令で定める事項については、厚生労働省令で定める方法により行わなければならない」とされています（職安法５条の３第４項）。

　この「厚生労働省令で定める事項」とは、以下のとおりです（職安法施行規則４条の２第３項）。

一　労働者が従事すべき業務の内容に関する事項

二　労働契約の期間に関する事項

二の二　試みの使用期間に関する事項

三　就業の場所に関する事項

四　始業及び終業の時刻、所定労働時間を超える労働の有無、休憩時間及び休日に関する事項

五　賃金（臨時に支払われる賃金、賞与及び労働基準法施行規則（昭和22年厚生省令第23号）第８条各号に掲げる賃金を除く。）の額に関する事項

六　健康保険法（大正11年法律第70号）による健康保険、厚生年金保険法（昭和29年法律第115号）による厚生年金、労働者災害補償保険法（昭和22年法律第50号）による労働者災害補償保険及び雇用保険法（昭和49年法律第116号）による雇用保険の適用に関する事項

七　労働者を雇用しようとする者の氏名又は名称に関する事項

八　労働者を派遣労働者として雇用しようとする旨

> 九　就業の場所における受動喫煙を防止するための措置に関する事
> 　項

　明示の方法は、原則として書面の交付によるものとされていますが、応募者からの希望があれば、FAXまたは電子メール等（電子メールその他のその受信をする者を特定して情報を伝達するために用いられる電気通信であり、LINEなどのSNSも該当するとされています）により明示することもできます。

　なお、労働条件の明示について、何らかの見落とし等により、必要事項が明示されていないなど、法律に違反した場合には、労働局からの助言・指導や改善命令を受ける場合があります。それに加えて、ハローワークから求人の申し込みを拒否されたり、労働局から是正勧告を受けたりする可能性もあります。虚偽の条件を提示して募集を行った場合には、6カ月以下の懲役または30万円以下の罰金に処せられる可能性があります。

2　採用面接で聞いてはいけない質問

　会社には、採用の自由がありますので、応募者に関する情報の収集は自由であることが原則です。ただし、一定の制約があります。

［1］業務の目的の達成に必要な範囲

　従業員を採用する場合に、業務の目的の達成に必要な範囲内でなければ、個人情報を収集してはなりません。ただし、本人の同意があれば、その範囲外の情報でも収集することは可能です（職安法5条の5第1項）。

　そして、職安法48条に基づく指針（平11.11.17　労告141、最終改正：令4.6.10　厚労告198）では、①人種、民族、社会的身分、門地、本籍、出生地その他社会的差別の原因となるおそれのある事項、②思想および

信条、③労働組合への加入状況に関する情報は、特別な職業上の必要性が存在することその他業務の目的の達成に必要不可欠であって、収集目的を示して本人から収集する場合を除き、収集してはならないとしています。

[2] 男女差別

採用面接に際して、結婚の予定の有無、子どもが生まれた場合の継続就労の希望の有無等を女性に対してのみ質問するのは、男女雇用機会均等法5条違反とされています。

[3] 採用と人権

採用面接では、応募者の基本的人権に十分に配慮した内容の質問をすることが望ましいことは言うまでもありませんが、東京都産業労働局・東京労働局「採用と人権」（2022年3月）では、以下の事項を尋ねるのは控えるようにとされています。

①本人に責任のない事項

　　本籍・出生地、家族（職業、続柄、健康、病歴、地位、学歴、収入、資産等）、住宅状況（間取り、部屋数、住宅の種類、近隣の施設等）、生活環境・家庭環境など

②本来自由であるべき事項

　　宗教、支持政党、人生観・生活信条、尊敬する人物、思想、労働組合（加入状況や活動歴）・学生運動などの社会運動、購読新聞・雑誌・愛読書など

3 リファラル採用

リファラル採用とは、簡単に言えば、友達紹介です。「従業員から友達を紹介してもらい、採用されたら紹介者に1万円支給します」などというものです。これには、応募者の身元がはっきりしているため、採用する側も安心できるというメリットがあります。

従業員の募集については、職安法4条5項が、

> 　この法律において「労働者の募集」とは、労働者を雇用しようと
> する者が、自ら又は他人に委託して、労働者となろうとする者に対
> し、その被用者となることを勧誘することをいう。

と定めています。

　募集の種類は三つあります。一つ目は、「文書募集」です。これは、
新聞紙、雑誌その他の刊行物に掲載する広告または文書の掲出、もしく
は頒布による募集をいい、自由に行うことができます。二つ目は、「直
接募集」です。これは、文書募集以外の方法で、会社または従業員によ
る募集をいい、自由に行うことができます。三つ目は、「委託募集」で
す。これは、会社が、従業員以外の者に労働者の募集に従事させる形態
で行われるものをいい、厚生労働大臣の許可を受けまたは届け出を行う
ことが必要です。

　この委託募集については、報酬の額は、あらかじめ厚生労働大臣の認
可を受けなければならず、会社が従業員以外の者に報酬を与えることな
く労働者の募集に従事させようとするときは、その旨を厚生労働大臣に
届け出なければならないとされています（職安法36条）。

　ここからも分かるとおり、文書募集、直接募集は自由ですが、委託募
集は自由ではありません。これは、従業員の募集については、原則とし
て当事者間の私的自治に委ねる観点から、特段の規制をしないことにし
つつも、第三者が介在する委託募集については、労働者保護の観点か
ら、その適格性を事前にチェックする必要があるとして、有償のときは
許可制、無償のときは届け出制にしているといわれています。

　さて、話をリファラル採用に戻しますが、会社が、自社の従業員に勧
誘をさせるということなので、これは直接募集に当たり、自由だと考え
られますが、職安法40条では以下のように規定しています。

> 労働者の募集を行う者は、その被用者で当該労働者の募集に従事するもの又は募集受託者に対し、賃金、給料その他これらに準ずるものを支払う場合又は第36条第2項の認可に係る報酬を与える場合を除き、報酬を与えてはならない。

　つまり、従業員に対して、賃金、給料その他これらに準ずるものを超えて、「報酬」を与えたと評価されると違法になります。

　ここでいう「報酬」と評価されないようにするためには、給与明細に明示して、「賃金」として扱うことが考えられます。また、賃金規定に、リファラル採用が成功した場合に支払う金額を明示する方法も考えられるでしょう。

　ところで、リファラル採用では、従業員が、職安法40条に規定する「当該労働者の募集に従事するもの」といえるでしょうか。つまり、従業員には、本来業務がありますが、それに加えて募集行為も業務といえるか、という点が問題になります。業務といえないとなると、従業員は、「その被用者で当該労働者の募集に従事するもの」には該当しないことになります。そうすると、賃金として支払う、とは評価できないことになり、報酬と評価され、職安法40条違反になる可能性があります。

　そのため、会社としては、従業員に対して、本来業務だけでなく、リファラル採用に従事することも業務であるということを明確にしておく必要があります。ただ、実務では、例えばリファラル採用のために、友人とご飯を食べて、勧誘するということも業務に該当するのかという問題など、取り扱いに悩むケースも出てきます。

　したがって、リファラル採用を行う場合は、顧問弁護士にも相談して、法的に問題ない形に整えて行うことをお勧めします。

4 内定

　労働契約法6条は、「労働契約は、労働者が使用者に使用されて労働し、使用者がこれに対して賃金を支払うことについて、労働者及び使用者が合意することによって成立する」と定めています。これを見ていただければ分かるとおり、法律的には、労働契約書などの書面の作成は必要ありません。

　ここで、採用内定とは法的に何なのかというところからご説明します。採用内定によって、労働契約が成立しているのか、それとも成立していないのか（単に労働契約締結の予約に過ぎないのか）という点です。

　この点、大日本印刷事件（最高裁二小　昭54.7.20判決　労判323号19ページ）で、「上告人〈筆者注：会社〉からの募集（申込みの誘引）に対し、被上告人が応募したのは、労働契約の申込みであり、これに対する上告人からの採用内定通知は、右申込みに対する承諾であって、被上告人の本件誓約書の提出とあいまって、これにより、被上告人と上告人との間に、被上告人の就労の始期を昭和44年大学卒業直後とし、それまでの間、本件誓約書記載の5項目の採用内定取消事由に基づく解約権を留保した労働契約が成立したと解する」と判示しました。

　また、電電公社近畿電通局事件（最高裁二小　昭55.5.30判決　労判342号16ページ）で、「被上告人〈筆者注：会社〉から上告人に交付された本件採用通知には、採用の日、配置先、採用職種及び身分を具体的に明示しており、右採用通知のほかには労働契約締結のための特段の意思表示をすることが予定されていなかったと解することができるから、上告人が被上告人からの社員公募に応募したのは、労働契約の申込みであり、これに対する被上告人からの右採用通知は、右申込みに対する承諾であって、これにより、上告人と被上告人との間に、いわゆる採用内定の一態様として、労働契約の効力発生の始期を右採用通知に明示された

昭和45年4月1日とする労働契約が成立したと解するのが相当である」と判示しました。

両事件ともに、内定によって労働契約は成立しているということは認めていますが、大日本印刷事件に従えば、入社日前に企業と内定者の間で労働契約の効力は発生しているものの、内定者には就労義務はありません。

また、電電公社近畿電通局事件に従えば、入社日前に企業と内定者の間で労働契約の効力は発生していないため、内定者に就労義務はないということになります。

なお、内々定については、事案にもよりますが、基本的には、内定の前段階であることから、労働契約は成立していないものと評価されます（コーセーアールイー［第2］事件　福岡高裁　平23.3.10判決　労判1020号82ページ）。

5 内定取り消し

上述のとおり、内定は、解約権留保付きの労働契約であり、内定取り消しは、留保された解約権の行使と位置づけられます。

ここで問題となるのは、留保された解約権の具体的な中身です。前記大日本印刷事件では、「採用内定当時知ることができず、また知ることが期待できないような事実であって、これを理由として採用内定を取消すことが解約権留保の趣旨、目的に照らして客観的に合理的と認められ社会通念上相当として是認することができるものに限られる」と判示しています。また、電電公社近畿電通局事件では、「右労働契約においては、上告人が再度の健康診断で異常があった場合又は誓約書等を所定の期日までに提出しない場合には採用を取り消しうるものとしているが、被上告人による解約権の留保は右の場合に限られるものではなく、被上告人において採用内定当時知ることができず、また知ることが期待でき

ないような事実であって、これを理由として採用内定を取り消すことが解約権留保の趣旨、目的に照らして客観的に合理的と認められ社会通念上相当として是認することができる場合をも含むと解するのが相当」と判示しています。

　これらの判例を踏まえると、内定取り消しが有効か否かについては、内定通知書あるいは入社承諾書等に記載された「取り消し事由」を手掛かりにし、最終的に、解約権留保の趣旨、目的に照らして客観的に合理的と認められ社会通念上相当として是認することができるかどうかに帰着します。必ずしも明記された取り消し事由でなければ取り消しができないわけではありませんが、裁判となった場合の無用な争点を減らすためには、内定取り消し事由を、内定通知書等に明確に記載しておく必要があるでしょう。

 # 6　採用時の労働条件の明示

　労働基準法15条1項は、採用時の労働条件の明示について、以下のように規定しています。

> 　使用者は、労働契約の締結に際し、労働者に対して賃金、労働時間その他の労働条件を明示しなければならない。この場合において、賃金及び労働時間に関する事項その他の厚生労働省令で定める事項については、厚生労働省令で定める方法により明示しなければならない。

　そして、厚生労働省令で定める事項については、労働基準法施行規則5条1項1〜11号で定められています。このうち、1号の2の「期間の定めのある労働契約を更新する場合の基準に関する事項」については期間の定めのある労働契約で契約期間満了後に当該労働契約を更新する場合があるものの締結の場合に限り明示が必要な項目であり、また、4号

の2から11号までに掲げる事項は定めをしない場合は不要とされています。なお、明示の方法は、前記**1**の募集時における労働条件の明示と同様です。

【労働基準法施行規則5条1項1～11号】

一　労働契約の期間に関する事項

一の二　期間の定めのある労働契約を更新する場合の基準に関する事項

一の三　就業の場所及び従事すべき業務に関する事項

二　始業及び終業の時刻、所定労働時間を超える労働の有無、休憩時間、休日、休暇並びに労働者を二組以上に分けて就業させる場合における就業時転換に関する事項

三　賃金（退職手当及び第5号に規定する賃金を除く。以下この号において同じ。）の決定、計算及び支払の方法、賃金の締切り及び支払の時期並びに昇給に関する事項

四　退職に関する事項（解雇の事由を含む。）

四の二　退職手当の定めが適用される労働者の範囲、退職手当の決定、計算及び支払の方法並びに退職手当の支払の時期に関する事項

五　臨時に支払われる賃金（退職手当を除く。）、賞与及び第8条各号に掲げる賃金並びに最低賃金額に関する事項

六　労働者に負担させるべき食費、作業用品その他に関する事項

七　安全及び衛生に関する事項

八　職業訓練に関する事項

九　災害補償及び業務外の傷病扶助に関する事項

十　表彰及び制裁に関する事項

十一　休職に関する事項

　したがって、会社は、これらの内容を明示しなければなりません。明

示の時期ですが、「労働契約の締結に際し」と労働基準法15条が定めていますので、採用内定時ということになります。

　もっとも、わが国では、新卒の採用内定が入社から半年程度前になされるのが普通であることから、その時点で初任給や従事する業務の内容、就業場所などを決定するのは困難であるため、遅くとも入社時までになされれば足りるものと考えます。

7　採用基準の就業規則への明示

　会社が誰を、どのような基準で採用するのかは、原則として会社の自由とされています。そして、採用に関しては、就業規則の絶対的必要記載事項でも相対的必要記載事項でもありません。したがって、本来、就業規則で、採用に関する定めをする必要はありません。

　もっとも、多くの会社が、就業規則に採用手続きに関する定めをしているのが現状です。これは、公正な採用手続きを行う姿勢を内外に示すことによって、会社イメージの向上を図ることができるからなどといわれていますが、採用ホームページが充実している現代においては、もはやその意味は失われているといっても過言ではないでしょう。多くの会社が未だ採用手続きに関して就業規則に定めているのは、おそらく、特に有害ではないこと、多くの就業規則のひな型が採用手続きに関して定めているという理由に基づくものと思われます。

　しかし、ごくまれに、採用選考の透明性確保の観点から、具体的な「採用基準」を就業規則に明記する例もありますが、無用な紛争を誘発するだけであり、控えるべきでしょう。会社には、不合格者に対して不採用となった理由を開示する義務はありません（慶応大学附属病院事件　東京高裁　昭50.12.22判決　労判243号43ページ）が、採用基準を就業規則に明記した場合、何らかの形で不合格者が就業規則を入手するようなことがあると、自分は基準を満たしているはずだとして不採用は違法で

ある等々の主張を招き、無用な紛争を引き起こす原因となり得ます。な
お、採用に当たって、会社が提出を要求する書面を就業規則に明示する
ことは必要でしょう。

規定例

（採用基準）
第○条　会社は、採用を希望する者の中から、選考試験に合格し、所定の手続
きを経た者を従業員として採用する。
（採用時の提出書類）
第○条　会社に採用された者は、採用に際してあるいはそれ以前に、以下の書
類を会社に提出しなければならない。ただし、会社は、以下の書類の一部の
提出を免除することがある。
① 履歴書
② 卒業証明書および成績証明書
③ 前雇用者からの離職証明書
④ 住民票記載事項証明書
⑤ 個人番号カード、通知カードまたは個人番号が記載された住民票の写し
もしくは住民票記載事項証明書（個人番号カードまたは通知カードについ
ては、提示の場合は原本の提示、送付の場合は写しの送付による）
⑥ 入社誓約書
⑦ 身元保証書
⑧ 通勤経路に関する届出書
⑨ その他、会社が指定する書類
2　従業員は、前項で提出した書類の記載事項等に変更があった場合には、2
週間以内に文書で会社に届け出なければならない。

8　身元保証

　「身元保証」とは、従業員の行為によって生じた会社の損害を保証人
が賠償する旨を、会社と保証人との間で定めるものです。実務上は、損
害塡補の意味もありますが、従業員による不正防止の抑制に主眼があり
ます。

　身元保証については、「身元保証ニ関スル法律」によって、期間、更
新、通知義務についての定めがありますので、それに従った形で運用を

する必要があります。

　身元保証の際の留意点を整理すると、以下のとおりです。

①期間を無制限にすることはできません。期間を定めない場合は３年、期間を定めるにしても５年が限度となります（更新も可能ですが、その場合も更新時から最長で５年）。

②本人の素行不良などで身元保証人がその責任を問われるおそれがある場合や、転勤、昇進などで保証人の責任が増加するなどの変化がある場合、会社は、そのことを身元保証人に通知する必要があります。

③上記②を知った保証人は将来に向けて身元保証の契約を解除できます。

④裁判所は、会社の監督責任や、身元保証人になった事由など一切の事情を考慮して、身元保証人の責任や損害額を定めることになります。

⑤会社が被った損害の全額賠償を確約させるなどの身元保証人に不利な特約はすべて無効とされます。

⑥身元保証を取る場合には、極度額（保証責任の限度額）の定めが必要です。

⑦身元保証人の人数は２名（複数）が望ましいです。

⑧身元保証人の意思確認の徹底（印鑑証明の提出など）をする必要があります。

9 入社前研修

　日本企業の多くは、新卒採用に当たり、採用内定後入社までの期間に、内定者を対象とした研修を行っています。例えば、労務行政研究所の調査では、採用内定者フォロー策の一環として、「通信教育・eラーニング」を実施している企業が53.7％と全体の半数を超え、また、36.7％の企業が集合型の採用内定者研修を実施しています（「2021年度決定初任給の最終結果」）。

書式例

〇〇株式会社　御中

身元保証書

　今般、貴社に採用されました〇〇〇〇の身元は私たちが保証いたします。同人において、採用から5年間のうちに、故意または過失により貴社に損害を与えた場合には、私たち保証人において連帯して全損害（ただし、〇〇万円以下とします）を賠償し、貴社に一切のご迷惑をおかけしないことを約束いたします。

　以上のとおり、身元保証をいたします。

　なお、採用から5年が経過した場合には、私どもは改めて、5年間に関する身元保証書を貴社に差し入れることにも同意します。

　　　　　　令和〇年〇月〇日
　　　　　　住所　〇〇県〇〇市〇〇町〇丁目〇番〇号　　氏名　〇〇〇〇
　　　　　　　　　　　　　　　　　　　　　　　　　　　本人との関係

　　　　　　住所　〇〇県〇〇市〇〇町〇丁目〇番〇号　　氏名　〇〇〇〇
　　　　　　　　　　　　　　　　　　　　　　　　　　　本人との関係

　そして、内定者を対象とする入社前研修の意義は、入社後の職務遂行のための準備として位置づけられるものであり、入社後の新入社員教育の一部前倒し、またはその前提であることが多いと思われます。

　内定の法的性質が、上述のとおり、「就労の始期」付の雇用契約であろうが、「効力発生の始期」付の雇用契約であろうが、入社前に、内定者には就労義務がないため、入社前研修の受講を命令することはできません。

　したがって、内定者に対する入社前研修は、あくまでも、会社からの受講の要請に対し、内定者が任意に同意をして実施しているということになります。

　また、内定者が、いったん、研修受講に同意した場合であっても、

「新卒採用に係る内定者の内定段階における生活の本拠は、学生生活にある」ことから、会社は、「一旦参加に同意した内定者が、学業への支障などといった合理的な理由に基づき、入社日前の研修等への参加を取りやめる旨申し出たときは、これを免除すべき信義則上の義務を負っている」と判示した裁判例（宣伝会議事件　東京地裁　平17.1.28判決　労判890号5ページ）があります。

　これを踏まえると、内定者が、入社前研修への参加に同意しない場合には、会社が強制することはできず、また、それを理由として、内定を取り消すこともできないと考えておいたほうがよいでしょう。

　また、入社前研修の参加時間が、労働基準法上の「労働時間」に該当する場合は、企業は内定者に対して、賃金を支払う必要があります。ここでいう「労働時間」については、従業員が企業の指揮命令下に置かれた時間をいいます。入社前研修の場合、上述のとおり、基本的には義務とすることはできず、また、不参加であったからといって不利益を課すこともできないため、労働時間には該当しないと評価してよい場合が多いと思います。

　したがって、賃金支払いの必要はないというケースが多いと考えます。

2

試用期間

1カ月、3カ月、半年……どのくらいの試用期間が妥当でしょうか？

「試用期間」だからといって、会社がその期間を勝手に延長したり、試用中の従業員を解雇したりすることはできません。

期間満了時に本採用を拒否する可能性も考え、試用期間を正しく理解して運用しましょう。

試用期間

①募集時の募集要項に試用期間があることを記載している	☐はい	☐いいえ
②試用期間の定めを就業規則に設けている	☐はい	☐いいえ
③試用期間の延長の定めを就業規則に設けている	☐はい	☐いいえ
④試用期間中または試用期間満了時に適格性がないと認められたときは本採用しないことを就業規則に設けている	☐はい	☐いいえ
⑤有期契約労働者に対して試用期間を設けていない	☐はい	☐いいえ
⑥有期契約労働者が無期転換した際に、試用期間を設けていない	☐はい	☐いいえ
⑦試用期間中の従業員に対しても、注意・指導等の記録を残している	☐はい	☐いいえ
⑧試用期間中の従業員には休職の定めを適用しないことを就業規則に設けている	☐はい	☐いいえ

1　募集時における試用期間の明示

　労働者を募集する時に、使用者が明示しなければならない労働条件については、19ページに記載のとおりですが、その一つとして試用期間があります。

　これは、平成30年1月1日施行の改正職安法により追加されたものですが、労働者の募集時の明示事項として、「試みの使用期間に関する事項」（職安法5条の3、職安法施行規則4条の2第3項2の2号）が追加されています。具体的には、「試用期間の有無、試用期間があるときはその期間」を明示する必要があります。

　また、実務上、試用期間中の労働条件を本採用後の労働条件よりも低く設定することがあります。このような場合には、募集時点において、試用期間中と試用期間満了後のそれぞれの労働条件を明示しなければならないとされています（職安法施行規則4条の2第6項）。

　なお、試用期間中の賃金を本採用後の賃金よりも低く設定することが、実務上多く見受けられますが、試用期間中の賃金額は、最低賃金を下回らなければ法的には問題ないと解釈されています。また、最賃法は、試用期間中の従業員について、使用者が都道府県労働局長の許可を得た場合には、最低賃金の減額の特例が認められるものとしており、減額率の上限を20%と定めています（最賃法7条2号、最賃法施行規則5条）。そして、試用期間中の従業員に対する最低賃金の減額の特例については、最長6カ月を限度とし、減額率は当該労働者の職務の内容、職務の成果、労働能力、経験等を勘案して定めるとされています（「最低賃金法第7条の減額の特例許可事務マニュアルの作成について」平20.7.1基勤勤発0701002）。

2 試用期間

　試用期間とは、いわば従業員としての適格性を判断するためのテスト期間であり、法的にいうと、試用期間中の労働関係は、解約権留保付きの労働契約です。

　判例（三菱樹脂事件　最高裁大法廷　昭48.12.12判決　民集27巻11号1536ページ）は、留保解約権に基づく解雇は、試用期間が従業員の適格性判定期間であるため、通常の解雇と比べて広い解約権が認められるとしつつ、当該留保解約権の行使は、解約権留保の趣旨、目的に照らして、客観的に合理的な理由が存し、社会通念上相当として是認され得る場合にのみ許されるとしています（下線部筆者）。

　試用期間を設けるかどうかは使用者の判断によりますが、労務行政研究所の調査では、試用期間を定めている企業（新卒入社者の場合）の割合は、87.2％となっています（「2020年度決定初任給の最終結果　付帯調査」）

　試用期間を設ける場合には、就業規則に定めておく必要があります。そこで、試用期間の長さをどの程度に設定すべきかという点ですが、筆者の実務的な感覚からすると、6カ月を超えると長いと評価される可能性が高く、1年を超えると、長過ぎると判断されるでしょう。企業によって、1カ月というところもあれば、3カ月や6カ月というところもあります。上記調査によると、試用期間を3カ月以下に設定している企業は75.9％となっています。また、回答したすべての企業が6カ月よりも短く設定しています。

　個人的には、試用期間がテスト期間であることに鑑みると、入社して1カ月では人となりを見ることは、ほぼ不可能であり短過ぎると思います。また、新卒社員を念頭に置くと、新入社員研修が1、2カ月程度あり、その後に実務についてOJTを実施する企業も多いので、3カ月でも短いと思います。そのため、試用期間については「6カ月」としておく

ことをお勧めします。

3 試用期間の延長

　試用期間の延長については、就業規則に定めがなくても延長すること
ができるとする裁判例（中田建材［賃金請求］事件　東京地裁　平
12.3.22判決　労判792号141ページ）もありますが、試用期間の定めは従
業員の労働条件や身分に影響を与える事項であり、従業員に不利益をも
たらすものですので、使用者が何らの根拠もなく一方的に試用期間を延
長することはできないという考え方が一般的です。

　就業規則に試用期間の延長の定めがない場合、従業員の同意を得なけ
れば試用期間の延長はできないことになります。また、仮に従業員の同
意を得た場合であっても、就業規則の最低基準効の点から、就業規則を
下回る合意は無効であるとして、試用期間の延長の合意は無効と評価さ
れる可能性も指摘されているところです。

　この点について、明治機械事件（東京地裁　令2.9.28判決　判時2493
号103ページ）では、試用期間の延長規定が就業規則にない場合に、同
意を得て試用期間を延長していたケースについて、「試用期間を延長す
ることは、労働者を不安定な地位に置くことになるから、根拠が必要と
解すべきであるが、就業規則のほか労働者の同意も上記根拠に当たると
解すべきであり、就業規則の最低基準効（労働契約法12条）に反しない
限り、使用者が労働者の同意を得た上で試用期間を延長することは許さ
れる。そして、就業規則に試用期間延長の可能性及び期間が定められて
いない場合であっても、職務能力や適格性について調査を尽くして解約
権行使を検討すべき程度の問題があるとの判断に至ったものの労働者の
利益のため更に調査を尽くして職務能力や適格性を見出すことができる
かを見極める必要がある場合等のやむを得ない事情があると認められる
場合に、そのような調査を尽くす目的から、労働者の同意を得た上で必

要最小限度の期間を設定して試用期間を延長することを就業規則が禁止しているとは解されないから、上記のようなやむを得ない事情があると認められる場合に調査を尽くす目的から労働者の同意を得た上で必要最小限度の期間を設定して試用期間を延長しても就業規則の最低基準効に反しないが、上記のやむを得ない事情、調査を尽くす目的、必要最小限度の期間について認められない場合、労働者の同意を得たとしても就業規則の最低基準効に反し、延長は無効になると解すべきである」と判示しています。

　いずれにしても、訴訟となった場合に余計な争点を作らないという観点からも、試用期間の延長については就業規則に定めておくべきでしょう。

　具体的な定め方ですが、延長期間は３カ月程度が妥当と考えます。延長事由について、まれに「従業員としての適格性に疑義が生じた場合」など、延長する事由を限定している例が見受けられますが、延長する事由を具体的に定めてしまうと、かえって使用者が当該規定に拘束されてしまい、柔軟な対応が取りにくくなってしまうことから、「従業員としての適格性を判定するために必要と認める場合」などと抽象的に定めておくべきでしょう。

　就業規則の記載例は、以下のとおりです。

規定例

> **（試用期間）**
> **第○条**　新たに採用された従業員については、入社日から６カ月間を試用期間とする。ただし、従業員としての適格性を判定するために必要と認める場合、３カ月を限度として試用期間を延長することがある。

　また、試用期間を延長する際の書式例は、以下のとおりです。

書式例

令和○年○月○日

○○○○殿

株式会社○○○○
代表取締役○○○○

試用期間延長の通知書

　令和○年○月○日をもって、貴殿の試用期間が満了しますが、会社は、貴殿の試用期間中の勤務状況等に照らし、就業規則第○条第○項に基づき、本日付で貴殿について、試用期間を３カ月延長することを決定しましたので、この段、通知します。

　貴殿におかれては、改めて、以下の点に十分に留意の上、勤務するよう指示します。延長期間中に改善が見られないなど、貴殿の勤務状況等によっては、会社は貴殿を本採用しないこともありますので、高い意識をもって勤務に励んでください。

① 　遅刻をしない
② 　上長から指示された業務を拒否しない
③ 　締め切りを守る
④ 　退社時には、机の上、机の周辺等を整理整頓すること

　最後に、試用期間を延長した後の本採用拒否についてですが、大阪読売新聞事件（大阪高裁　昭45.7.10判決　判時609号86ページ）では、「試用延長中には、試用延長前の事実のみを理由として解雇することは許されず、試用延長後新たに何らかの事実が発生し、それが（イ）それ自体で当然解雇の事由となし得るような事実である場合か、（ロ）その事実と試用延長となつた事由と併せ考慮するときは、〈中略〉企業から排除するのを相当と認められる場合であることを要すると解すべきである。何となれば、〈中略〉試用延長の意思表示は、試用期間の満了によつては本人を不適格として不採用としない意思を表示するものであり、従つて、そこには、一応解雇（不適格不採用）事由に該当する様なものがあつても、もはやそれのみを事由としては不採用とはしない意思表示を含

39

むと解すべきであるから、何ら新たな事実の発生がないのに、試用延長前に発生し且つ延長の事由とされた事実のみに基づいて解雇することは、被傭者に一旦与えた利益を奪うこととなつて禁反言の原則に照らしても許されないからである」と判示していることからすれば、試用期間延長後の勤務状況に問題がなかった場合、試用期間延長前の事由のみをもって本採用を拒否することはできないという点に留意する必要があります。

4 試用期間中または試用期間満了時の本採用拒否

　試用期間とは、前記のとおり、いわばテスト期間であり、その間に適格性がないと判断した場合には、本採用を拒否することができます。

　この本採用拒否は、使用者と労働者との間で既に労働契約が成立している以上、解雇に当たります。そのため、本採用を拒否する場合があることを就業規則に定めておく必要があります。まれに、就業規則で、「試用期間満了時に、従業員として不適格と認められたときは本採用しない」と定めている企業もありますが、このように規定すると、「試用期間中」の本採用拒否は認められないと解釈する余地を残してしまうことから、疑義のないように、「試用期間中または試用期間満了時に、従業員として不適格と認められたときは本採用しない」と定めておくべきでしょう。

　なお、上記のとおり本採用拒否も解雇ですので、即時解雇であれば、解雇予告手当の支払いが必要です（解雇予告手当を支払わずに、解雇予告のみで対応することはお勧めできません。解雇予告を受けた従業員を１カ月勤務させることは、従業員にとって酷であり、本人に前向きな働き方を期待することはできません。むしろ、状況によっては、職場内の情報等を持ち出す危険性すらあります）。

　本採用拒否の書式例は、以下のとおりです。

書式例

令和○年○月○日

○○○○殿

株式会社○○○○
代表取締役○○○○

不採用通知

　会社は、就業規則第○条第○項に基づき、本日付で貴殿について本採用しないこととしましたので、この段、通知します。

　なお、解雇予告手当は速やかに貴殿の給与振込口座に支払いますので受領ください。

　また、退職に必要な書類は別途郵送いたしますので、必要事項等を記入の上、提出のほど、よろしくお願いいたします。

5 有期契約労働者に対して試用期間を設けることの是非

　試用期間は、長期に雇用することを前提として作られた制度です。そのため、本来であれば、有期契約労働者については、契約期間満了で雇用契約が終了するのが前提ですので、有期契約労働者に対して、試用期間を認める必要はないのではないかという考えがあります。その一方で、企業としては、1年間の有期労働契約を締結したが、3カ月を試用期間と設定し、適格性を見たいという要望があるのも事実です。

　有期契約労働者に試用期間を設けることができるかという点について、リーディング証券事件（東京地裁　平25.1.31判決　労経速2180号3ページ）は、有期労働契約においても、従業員としての適格性が欠如している場合、期間満了を待たずに雇用契約を解約する必要性も否定できないとし、試用期間を設けることも認められると判断しています。

　もっとも、仮に試用期間の有効性を認めたとしても、1年間の有期労働契約において、3カ月の試用期間満了時に本採用拒否（解雇）をする

ことになるため、労働契約法17条1項が適用されます。同条1項は、「使用者は、期間の定めのある労働契約〈中略〉について、やむを得ない事由がある場合でなければ、その契約期間が満了するまでの間において、労働者を解雇することができない」と定め、ここでいう「やむを得ない事由」は、期間の定めのない労働契約につき解雇権濫用法理を適用する場合における解雇の合理的理由より限定された事由であって、期間満了を待たず直ちに契約を終了させざるを得ないような事由を意味するとされていること（荒木尚志・菅野和夫・山川隆一『詳説 労働契約法 第2版』［弘文堂］170ページ）、また、同条1項は強行法規であり、当事者の合意で排除できるものではないとされていることからすると、いわゆる通常の解雇よりもハードルが上がってしまい、試用期間を設ける意味が実質上ないということになりかねません。

　むしろ、有期契約労働者に対して試用期間を設けると、長期雇用を前提としていることの一つの根拠とされ、労働契約法19条2号の該当性を判断するに当たり不利益になる可能性があるのではないか、試用期間を経過した後の雇止めに当たり、ハードルが上がってしまうのではないか——という指摘もあるところです。

　そのため、筆者としては、有期契約労働者に対して、試用期間を設けることは控えたほうがよいと考えています。

6　無期転換者に対して試用期間を設けることの是非

　労働契約法18条は、いわゆる無期転換ルールを定めています。この無期転換ルールとは、有期労働契約が反復更新されて通算5年を超えた時は、労働者の申し込みにより、期間の定めのない労働契約に転換できるルールのことをいいます。

　無期転換後は、転換前とは違う役割、仕事に就いてもらうために、企業としては試用期間を設けたいという要望もあるようですが、それは可

能なのでしょうか。

　無期転換に当たっての労働条件について、労働契約法18条１項は、別段の定めがない限りは、直前の有期労働契約と同じ内容としています。したがって、無期転換の際に、試用期間を設けることは、「別段の定めがない限り」できないことになります。逆に言うと、就業規則で、無期転換した場合には試用期間を設定する記載をしておけば、「別段の定めがある」ため、試用期間を設けることは可能です。

　ただし、無期転換した従業員は、少なくとも５年以上は勤務している従業員であり、もはや、改めてテスト期間を設けることに合理性はないと一般的には考えられます。また、無期転換後は違う業務に従事してもらうことがあったとしても、それを理由に試用期間の設定を認めてしまうと、理論的に考えれば、異動のたびに試用期間を設けることができるという結論にもなりかねません。そうなると、無期転換ではなく、有期契約労働者の正社員登用の場合であっても、業務や役割が変わるため試用期間を設けることができることになりますが、その結論がおかしいことは多くの人が感じるところだと思います。

　そして、労働契約法７条は、「労働者及び使用者が労働契約を締結する場合において、使用者が合理的な労働条件が定められている就業規則を労働者に周知させていた場合には、労働契約の内容は、その就業規則で定める労働条件によるものとする」としています。これは反対解釈により、「合理的な労働条件」でなければ労働者を拘束しないと解されます。

　そのように考えると、無期転換者に試用期間を設けたとしても、労働契約法７条でいう「合理的な労働条件」とは評価されず、無効であると判断される可能性が高いと考えます。

　したがって、原則として、無期転換者に試用期間を設けることはしないほうがよいと考えます。

7 試用期間中の労務管理の重要性

　前記のとおり、試用期間とは、いわば従業員としての適格性を判断するためのテスト期間であり、判例（前記三菱樹脂事件）も、本採用拒否については、試用期間が従業員の適格性判定期間であるため、<u>通常の解雇と比べて広い解約権が認められる</u>としつつ、<u>当該留保解約権の行使は、解約権留保の趣旨、目的に照らして、客観的に合理的な理由が存し、社会通念上相当として是認され得る場合にのみ許される</u>としています（下線部筆者）。

　そのため、使用者の中には、試用期間満了での解雇は容易にできると勘違いしている人も多くいます。確かに、通常の解雇に比べれば、有効となるハードルは低いのですが、正直なところ、そこまで大きく変わらないというのが実感です。裁判例の中にも、試用期間満了による本採用拒否の事案で、解雇を無効と判断したケースは多数あります。

　そこで、試用期間中であっても、いわゆる通常の労務管理を行うことが極めて重要になります。必要な注意、指導を行い、それを記録化することが重要です。記録化に当たっては、注意をしたこと、指導をしたことだけではなく、具体的にどういった注意をしたのか、どういった指導をしたのか、それに対する従業員の反応はどうだったのかについて、少なくとも後日、立証ができるようにしておく必要があります。実務上、極めて簡単な記録しかなく、裁判で立証できないということがよくありますので、顧問弁護士や顧問社会保険労務士に相談しながら記録化したほうがよいと思います。

　また、試用期間満了時の本採用拒否をするに当たっては、いきなり解雇するのではなく、一度、退職勧奨し、合意の上での退職を模索することをお勧めしています。

　いずれにしても、試用期間満了時に本採用拒否をする可能性があるということであれば、試用期間満了の直前ではなく、もっと前に、顧問弁

護士や顧問社会保険労務士に相談するべきでしょう。実務上、試用期間満了の直前になって初めて相談に来られるケースが多くあるのですが、その場合、取り得る選択肢が少ないというのが実際のところです。

8 試用期間と休職

　入社間もない時点で、例えば精神疾患になって長期間勤務できない状況になった場合には、試用期間満了の時点、あるいはそれ以前に本採用拒否ができることが多いでしょう。

　試用期間が3カ月の企業のケースで、入社から1カ月経過時点で精神疾患に罹患し、3カ月の休務を要するという診断書が出てきた場合には、試用期間満了の時点で、本採用拒否をすることは可能だと思いますし、休み始めた時点で試用期間満了時まで勤務できないことが想定されていることから、試用期間満了まで待たずに本採用拒否をすることも十分可能だと考えます。

　もっとも、試用期間中の従業員に対しても休職を認めているとなると話が変わってきます。

　休職とは、ある従業員について、労務に従事させることが不能または不適当な事由が生じた場合に、使用者が、従業員に対し、労働契約関係そのものは維持させながら、労務への従事を免除すること、または禁止することをいいます。労働契約は、労働者が労務を提供し、それに対して使用者が賃金を支払う契約ですので、労働者が労務を提供できない状況にあれば、契約の解消（解雇）となるのが原則です。しかし、休職制度は、労働者が一時的に労務を提供できない場合であっても、人材を社内にとどめて復職後も活用しようという点に主眼がありますので、長期雇用を前提とした制度ということになります。つまり、解雇を猶予する措置が休職です。

　そのように考えると、試用期間中の従業員に対しても休職制度を適用

することになると、それは解雇の猶予措置であり、試用期間満了による本採用拒否（解雇）ができない事態にもなりかねません。

　したがって、試用期間中の従業員については、休職制度の対象から除外しておくことをお勧めします。

3

就業規則

「就業規則を作成し、所轄の労働基準監督署長に届け出ている」という会社であっても、従業員代表からの意見聴取とその選出方法は適法か、就業規則だけでなく労使協定の周知は行っているか……思わぬところで見落としがあるかもしれません。

解説を読んで、自社の就業規則や運用を確認してください。

就業規則を変更する際に実務上問題となる「不利益変更」についても、しっかり押さえておきましょう。

就業規則

①常時 10 人以上の従業員を使用しているので、就業規則を作成し、所轄労働基準監督署長に届け出ている	□はい	□いいえ
②就業規則の記載事項を漏れなく記載している	□はい	□いいえ
③従業員代表からの意見聴取を実施している（前提として、従業員代表の選出を法令にのっとって実施している）	□はい	□いいえ
④就業規則を周知している	□はい	□いいえ
⑤就業規則の変更を法令にのっとって実施している	□はい	□いいえ
⑥労使協定と労働協約との違いを理解している	□はい	□いいえ
⑦法律上、どのような場合に労使協定が必要かを理解している	□はい	□いいえ
⑧労使協定を周知している	□はい	□いいえ

1 就業規則の作成および届け出義務

　労働基準法89条は、「常時10人以上の労働者を使用する使用者」に、「就業規則を作成し、行政官庁に届け出なければならない」と規定し、刑事罰（30万円以下の罰金）を科しています（労働基準法120条1号）。

　「常時10人以上の労働者を使用する使用者」とは、具体的にどのような使用者なのかを簡単に説明していきます。

　まず、「常時」とは、常態としてという意味であり、労働契約を締結している従業員が常時9人ではあるけれども、繁忙期に2人程度を新たに雇い入れ、一時的に10人を超える場合には、「常時10人以上」には該当しません。逆に、労働契約を締結している従業員が、常時10人であるが、退職等により一時的に9人になったとしても、この場合は「常時10人以上」に該当することになります。

　「労働者」については、雇用形態の如何を問うものではなく、使用者と労働契約を締結している者すべての従業員を含みますので、正社員だけでなく、契約社員、パートタイマーも含まれます。例えば、正社員が5人、契約社員が4人、パートタイマーが1人であった場合には、合計10人ですので、就業規則の作成および届け出が義務づけられることになります。なお、受け入れている派遣労働者は、この「労働者」の数には入りませんので、例えば、正社員が5人の事業場で派遣労働者を6人受け入れている場合には、就業規則の作成および届け出は義務づけられません。

　そして、「10人以上」かどうかは、使用者全体として見るものではなく、「事業場単位」でカウントされます。したがって、A事業場には7人の正社員、B事業場には5人の正社員がいる会社では、事業場ごとに見た場合、いずれも常時10人以上とはいえないので、就業規則の作成および届け出が義務づけられていないことになります。また、A事業場には12人の正社員、B事業場には5人の正社員がいる会社では、A事業場

については、就業規則の作成および届け出が義務づけられますが、B事業場については、義務づけられません。

　ここでいう「事業場」とは、工場、鉱山、事務所、店舗等のごとく一定の場所において相関連する組織の下に業として継続的に行われる作業の一体をいいます。したがって、一の事業場であるか否かは、主として場所的観念によって決定すべきもので、同一場所にあるものは原則として一の事業場とし、場所的に分散しているものは原則として別個の事業場とします。ただし、同一場所にあっても、著しく労働の態様を異にする部門がある場合に、その部門が主たる部門との関連において従事労働者、労務管理等が明確に区別され、かつ、主たる部門と切り離して適用を定めることによって労働基準法がより適切に運用できる場合には、その部門を一の独立の事業場とします。また、場所的に分散しているものであっても、出張所、支所等で、規模が著しく小さく、組織的関連ないし事務能力等を勘案して一の事業場という程度の独立性がないものについては、直近上位の機構と一括して一の事業場として取り扱うとされています（昭22.9.13　基発17、昭23.3.31　基発511、昭33.2.13　基発90、昭63.3.14　基発150、平11.3.31　基発168、昭47.9.18　発基91参照）。

　なお、労働基準法89条でいう「就業規則」とは、従業員の就業上遵守すべき規律および労働条件に関する具体的細目について定めた規則類の総称をいいます。また、「行政官庁」は、所轄労働基準監督署長となります。

　次に、届け出の方式ですが、届け出る就業規則については、書面ではなく、一定の要件を備えた電子媒体（CD-ROM等）でも可能とされていますが（平25.4.4　基発0404第1）、届け出の際に過半数労働組合または過半数代表者の意見を記載して添付するに当たっては、書面でなければならず（労働基準法90条2項）、かつ、代表する者の署名または記名が必要とされています（労働基準法施行規則49条2項）。

　もっとも、e-Govの電子申請・届け出システムを利用することで電子

ファイルにより届け出を行うことも可能とされています（この場合、過半数労働組合または過半数代表者の意見を記載した書面については、電子化したもので可）。

2 就業規則の記載事項

　前述のとおり、「就業規則」とは、従業員の就業上遵守すべき規律および労働条件に関する具体的細目について定めた規則類の総称をいいます。実務上、よく見掛けるのが、使用者に対して義務を課する規定です。しかし、就業規則は、従業員の守るべき規律および労働条件に関することを定めるものであり、使用者の守るべき規律を記載するべきものではないと考えます。そのため、筆者は、就業規則を作成する際には、使用者に義務を課する形の定めはできる限り入れないように心掛けています。

　それを前提として、就業規則の記載事項には、①絶対的必要記載事項、②相対的必要記載事項、③任意的記載事項の三つがあります。これらのうち、絶対的必要記載事項および相対的必要記載事項の二つについては、就業規則に記載することが義務づけられています（労働基準法89条）。

　絶対的必要記載事項とは、必ず就業規則に記載しなければならない事項のことをいい、具体的には、始業・終業時刻、休憩時間、休日、休暇、交替制の場合の就業時転換に関する事項（同条1号）、賃金の決定、計算および支払い方法、賃金の締め切りおよび支払いの時期ならびに昇給に関する事項（同条2号）、退職に関する事項（解雇事由を含む）（同条3号）となっています。

　相対的必要記載事項とは、制度を採用するか否かは使用者の自由であるけれども、制度として採用する場合には必ず就業規則に記載しなければならない事項のことをいい、具体的には、退職手当に関する事項（同

条3号の2）、臨時の賃金・最低賃金額等に関する事項（同条4号）、従業員負担となる食費、作業用品、社宅費等に関する事項（同条5号）、安全衛生に関する事項（同条6号）、職業訓練に関する事項（同条7号）、災害補償および業務外の傷病扶助に関する事項（同条8号）、表彰・制裁に関する事項（同条9号）、事業場の労働者のすべてに適用される定めに関する事項（同条10号）となっています。

　任意的記載事項とは、絶対的必要記載事項、相対的必要記載事項以外の事項であり、就業規則に記載するか否かが使用者の自由に委ねられている事項のことをいいます。

　実務上、「従業員の賃金に関する事項については、賃金規程に定めるものとする」「育児・介護休業等の取り扱いについては、育児・介護休業規程に定めるものとする」などと、いわゆる委任規定を設け、別規程として作成されているものが多くあります。従来は、賃金、退職手当、安全衛生、災害補償、業務外の傷病扶助についてだけが別規程としてよいとされていましたが、平成10年の労働基準法改正により撤廃され、今では、どのような事項でも別規程とすることが可能です。

　ただ、注意が必要なのは、別規程に委任した「賃金規程」や「育児・介護休業規程」も「就業規則」の一部であり、「就業規則」と別物ではないという点です。実務上、「就業規則」という名称のものだけを労働基準監督署長に届け出ればよいと勘違いされている方が多くいますが、それは間違いです。別規程に委任した規程であっても、それは就業規則の一部であるため、労働基準監督署長に届け出る必要があります。

　届け出の様式例は、次のとおりです。

就業規則（変更）届

令和○年○月○日

○○労働基準監督署長殿

　　事業場の所在地　　○○県○○市○○町○丁目○番○号
　　事業場の名称　　　○○○○株式会社○○支店
　　使用者の名称　　　○○○○株式会社
　　代表取締役　　○○○○

　　添付のとおり、弊社の就業規則を制定（変更）しましたので、過半数代表者の意見書を添付の上、届け出いたします。

以　上

3　従業員代表からの意見聴取と従業員代表の選出方法

　使用者は、就業規則を作成した後、当該事業場に過半数労働組合がある場合にはその労働組合、過半数労働組合がない場合には過半数代表者の意見を聴かなければなりません（労働基準法90条1項）。

[1]　過半数の母数

　「過半数」とは、当該事業場で働くすべての従業員数の過半数とされていますので、正社員だけでなく契約社員、パートタイマーも含まれます。例えば、パートタイマーの就業規則を作成または変更する際であっても、労働基準法上の意見聴取の対象は、パートタイマーの過半数代表者ではなく、全従業員の過半数代表者となります（パート・有期法7条では努力義務として、パートタイマーの過半数代表者から意見を聴取することが定められているに過ぎません）。

［2］ 過半数代表者の適格性

　就業規則の意見聴取の対象となる過半数労働者については、①労働基準法41条2号に規定する監督もしくは管理の地位にある者でないこと、②労働基準法に規定する協定等をする者を選出することを明らかにして実施される投票、挙手等の方法による手続きにより選出された者であることが必要です（労働基準法施行規則6条の2第1項）。実務上、中小企業の場合には、過半数を組織する労働組合はほとんどありませんので、過半数代表者を選任しなければなりませんが、過半数代表者の選出手続きをしっかりと行っている使用者がどれだけいるのか疑問であるというのが、日頃感じるところです。

　よく聞かれるのは、中小企業の社長が、ある従業員に過半数代表者になってほしいと依頼した上、それ以上は何もせずに、当該従業員に36協定（労働基準法36条の定める労使協定）や就業規則に対する意見書に署名押印してもらい、その意見書を労働基準監督署長に届け出るという取り扱いですが、これでは適式に過半数代表者が選出されたとはいえません。

　適式に選出されたとはいえない過半数代表者が記載した意見書は無効であり、就業規則の作成あるいは改定における過半数代表者からの意見聴取をしていないという取り扱いになり、罰則（30万円以下の罰金）の対象となります（労働基準法120条1号）。なお、過半数代表者が適式に選出されないと、労使協定も適式に締結されていないということになってしまい、例えば36協定では、違法に時間外労働、休日労働をさせたとして罰則の対象となります。また、変形労働時間制や事業場外みなし労働時間制を労使協定で導入している場合には、それが否定され、未払い賃金が発生してしまうという事態も想定されます。

　平成29年6月5日の労働政策審議会の「時間外労働の上限規制等について（建議）」の記載や国会の附帯決議を踏まえ、平成30年の労働基準法施行規則の改正においては、過半数代表者の選任手続きを定める労働基準法施行規則6条の2第1項2号で、過半数代表者について、「使用

者の意向に基づき選出されたものでないこと」が要求される旨が明記されました。また、労働基準法施行規則6条の2第4項では、新たに「使用者は、過半数代表者が法に規定する協定等に関する事務を円滑に遂行することができるよう必要な配慮を行わなければならない」という条項も追加されました。具体的には、「過半数代表者が労働者の意見集約等を行うに当たって必要となる事務機器（イントラネットや社内メールを含む）や事務スペースの提供を行うこと」とされています。

中小企業においては、いま一度、過半数代表者の選出について現状を把握し、必要があれば、選出手続きを適式な形に見直すことを推奨します。

[3] 意見の内容

労働基準法上、過半数代表者からの意見を聴取することだけが義務づけられており、過半数代表者に賛成してもらう、あるいは、同意してもらうことは必要とはされていません。

過半数代表者から意見を聴取する際の書式例は、以下のとおりです。

書式例

意　見　書

令和○年○月○日

株式会社○○○○
代表取締役○○○○殿

○○事業場過半数代表者
○○○○

　令和○年○月○日付をもって意見を求められた就業規則について、以下のとおり、意見を述べます。

1　○○については異議ありません。
2　（以下、略）

以　上

---

4 就業規則の周知

使用者は、就業規則を常時各作業場の見やすい場所に掲示し、または備え付け、あるいは就業規則を交付するなどの方法によって、従業員に周知しなければならないとされています（労働基準法106条1項）。

具体的には、①常時各作業場の見やすい場所へ掲示し、または備え付けること、②書面を従業員に交付すること、③磁気テープ、磁気ディスクその他これらに準ずる物に記録し、かつ、各作業場に従業員が当該記録の内容を常時確認できる機器を設置することのいずれかとされています（労働基準法施行規則52条の2）。

ここで、留意が必要なのは、「事業場」ではなく、「各作業場」とされている点です。ここで、「作業場」とは、「事業場内において密接な関連の下に作業の行われている個々の現場をいい、主として建物別等によって判定すべきもの」とされています（昭23.4.5　基発535）。例えば、一つの事業場に建物が二つあった場合には、建物ごとに就業規則の掲示などをする必要があります。

また、就業規則の周知は極めて重要です。裁判例では、就業規則の効力を労働者に及ぼすためには、その周知が必要であるとされているためです（フジ興産事件　最高裁二小　平15.10.10判決　労判861号5ページ）。逆に言うと、就業規則の周知がなければ、当該就業規則の内容をもって従業員を拘束することはできないことになります。とりわけ、中小企業の場合、裁判で、就業規則の周知の有無が争われることが多い（例えば、固定残業代を就業規則に定めていたが、周知していたかどうかが争われることもある）ので、留意しておく必要があります。

5 就業規則の不利益変更

就業規則の内容を変更するに当たっても、手続きとしては、従業員代

表からの意見聴取と労働基準監督署長への届け出が必要となります。また、就業規則の効力発生要件が、周知であることから、周知をしなければ、従業員を拘束することはできません。

そして、就業規則の変更で、従前から数多く争われ、議論されてきたのが、「不利益変更」です。これは、従業員に対して不利益な内容に就業規則を変更するということを意味します。就業規則の不利益変更については、法的なハードルが高いといわれていますが、労働契約法には、以下のとおりの定めがあります。

（労働契約の内容の変更）

第8条 労働者及び使用者は、その合意により、労働契約の内容である労働条件を変更することができる。

（就業規則による労働契約の内容の変更）

第9条 使用者は、労働者と合意することなく、就業規則を変更することにより、労働者の不利益に労働契約の内容である労働条件を変更することはできない。ただし、次条の場合は、この限りでない。

第10条 使用者が就業規則の変更により労働条件を変更する場合において、変更後の就業規則を労働者に周知させ、かつ、就業規則の変更が、労働者の受ける不利益の程度、労働条件の変更の必要性、変更後の就業規則の内容の相当性、労働組合等との交渉の状況その他の就業規則の変更に係る事情に照らして合理的なものであるときは、労働契約の内容である労働条件は、当該変更後の就業規則に定めるところによるものとする。ただし、労働契約において、労働者及び使用者が就業規則の変更によっては変更されない労働条件として合意していた部分については、第12条に該当する場合を除き、この限りでない。

この定めからも明らかなとおり、使用者は、従業員と合意すること

く、就業規則を変更することにより、従業員に対して不利益に労働条件を変更することができないことが原則となりますが、①従業員の受ける不利益の程度、②労働条件の変更の必要性、③変更後の就業規則の内容の相当性、④労働組合等との交渉の状況その他の就業規則の変更に係る事情に照らして合理的なものであるときは、例外的に可能となっています。

　したがって、就業規則の不利益変更を行うときは、どうして労働条件を変更しなければならないのか、その必要性があることが大前提となります。その上で、従業員の受ける不利益の程度を緩和する措置を講じたか、また、必要十分な説明をしたか、従業員の大多数から同意を得ることができたか等が総合的に考慮され、その有効性が判断されます。この就業規則の不利益変更の有効性については、最終的には裁判所の判断であり、しかも、さまざまな事情を考慮して判断されることになるため、正直なところ、予測可能性が高いものではありません。

　使用者として、就業規則の不利益変更を行う際の留意点は、当然のこととではありますが、①できる限り、数多くの従業員から同意を取得する（同意を得れば、労働契約法8条に基づき不利益なものであっても従業員を拘束できる）、②就業規則を変更する（労働契約法12条によって就業規則を下回る労働条件の合意は無効となるので、従業員からの同意の取得だけでなく、就業規則の変更も行う）ことが必要となります。

6 労使協定と労働協約

　「労使協定」と「労働協約」は、名前こそ似ていますが、似て非なるものです。

　労使協定とは、「当該事業場の労働者の過半数で組織する労働組合」またはそのような組合がない場合には「当該事業場の労働者の過半数を代表する者」との書面による協定のことをいいます。労働基準法上、労

使協定があれば、賃金の全額払い原則にもかかわらず、一部を控除して支払うことができたり、時間外・休日労働を行わせることができたりします。法的には、「労使協定には免罰効果がある」（労使協定の定めによって労働させても労働基準法に違反しない）と言ったりするものです。労働基準法が、免罰的効果を付与している労使協定の種類については、後述の**7**で説明します。

　他方、労働協約とは、労働組合と使用者またはその団体との間の労働条件その他に関する協定であって、書面で作成され、両当事者が署名または記名押印したものをいいます（労働組合法14条）。この労働協約は、「規範的効力」（労働組合員の労働条件その他の従業員の待遇に関する基準に違反する労働契約の部分〔規範的部分〕は無効となり、無効となった部分は労働協約上の基準の定めるところになる。労働組合法16条）と「債務的効力」（労働条件その他の労働者の待遇に関する部分以外の部分についての契約としての効力）を有するとされています。就業規則を下回る労働契約は無効であり、就業規則の定めになりますが、労働協約を下回る就業規則および労働契約は無効となり、労働協約の定めになります。これを図式で示すと、以下の序列となります。

　　労働協約＞就業規則＞労働契約

　上述のとおり、労使協定と労働協約とは似て非なるものではありますが、両者を兼ねることがあります。それは、当該事業場の労働者の過半数で組織する労働組合がある場合です。当該労働組合が、例えば、36協定を使用者と締結した場合は、それは、労使協定であり、かつ労働協約ということになります。労使協定は、労働基準法の定め、規制を解除する免罰効果を有しているものであるのに対し、労働協約は、会社と労働組合との合意であるという点において大きく性格が異なっています。

7 労使協定が必要な事項

労働基準法において、労使協定の締結が必要となる事項は、以下のとおりです。

①貯蓄金管理（労働基準法18条2項）

②賃金控除（労働基準法24条）

③1カ月単位の変形労働時間制（労働基準法32条の2）

④フレックスタイム制（労働基準法32条の3）

⑤1年単位の変形労働時間制（労働基準法32条の4）

⑥1週間単位の変形労働時間制（労働基準法32条の5）

⑦一斉休憩の適用除外（労働基準法34条2項）

⑧時間外・休日労働（労働基準法36条）

⑨代替休暇（労働基準法37条3項）

⑩事業場外労働みなし（労働基準法38条の2第2項）

⑪専門業務型裁量労働制（労働基準法38条の3）

⑫時間単位年休（労働基準法39条4項）

⑬計画年休（労働基準法39条6項）

⑭年休日の賃金（標準報酬日額）（労働基準法39条9項）

8 労使協定の周知

就業規則の周知については、前述のとおりですが、労使協定もまた、従業員に周知をしなければなりません。具体的には、就業規則と同様であり、使用者は、労使協定を常時各作業場の見やすい場所に掲示し、または備え付け、あるいは労使協定を交付するなどの方法によって行わなければならないとされています（労働基準法106条1項）。

具体的には、①常時各作業場の見やすい場所へ掲示し、または備え付けること、②書面を従業員に交付すること、③磁気テープ、磁気ディス

クその他これらに準ずる物に記録し、かつ、各作業場に従業員が当該記録の内容を常時確認できる機器を設置することのいずれかとされており（労働基準法施行規則52条の２）、就業規則で述べたことと同じになります。

　実務上、就業規則については周知しているものの、労使協定については周知をしていないということが散見されますので、留意いただければと思います。

4

賃金

まずは基本を確認しておきましょう。

会社は、毎年改定される最低賃金額以上を支払わなければなりません。賃金は、決められた日に、通貨で、直接従業員に、毎月1回以上、定期的に全額支払うことが原則です。

賞与や退職金は、会社の裁量で決められるもので、必ず支払わなければならないものではありません。就業規則の規定例を紹介していますので、チェックしてみてください。

賃金

①最低賃金額以上の給与を支給している	□はい	□いいえ
②決められた日に、通貨で、直接従業員に、毎月1回以上、定期的に全額支払っている	□はい	□いいえ
③口座振り込みを義務づけていない	□はい	□いいえ
④社会保険・税金以外の項目を賃金から控除する際は、労使協定を締結している	□はい	□いいえ
⑤平均賃金の計算方法を理解している	□はい	□いいえ
⑥むやみに固定残業代制度を導入していない	□はい	□いいえ
⑦賃金規程に、確定的な金額の賞与を支給するとの定めをしていない	□はい	□いいえ
⑧退職金を支給する場合には、退職金規程を作成している	□はい	□いいえ

1 最低賃金

[1] 最低賃金制度の概要

　日本では、最低賃金制度が採られています。同制度は、最賃法に基づき国が賃金の最低限度を定め、使用者は、その最低賃金額以上の賃金を支払わなければならないとするものです。仮に、最低賃金額より低い賃金を従業員、使用者双方の合意の上で定めたとしても、法律により無効とされ、最低賃金額と同額の定めをしたものとされます。

　したがって、使用者が、最低賃金未満の賃金しか支払わなかった場合は、最低賃金額との差額を従業員に支払わなくてはならず、また、地域別最低賃金額以上の賃金額を支払わない場合は、最賃法に罰則（50万円以下の罰金）が定められ、特定（産業別）最低賃金額以上の賃金額を支払わない場合は、労働基準法に罰則（30万円以下の罰金）が定められています。

[2] 最低賃金の種類

　最低賃金には、「地域別最低賃金」と「特定最低賃金」の2種類があります。

(1) 地域別最低賃金

　地域別最低賃金は、産業や職種にかかわりなく、都道府県内の事業場で働くすべての従業員とその使用者に対して適用される最低賃金です。各都道府県に一つずつ、全部で47件の最低賃金が定められています。

　なお、地域別最低賃金は、従業員の生計費、従業員の賃金、通常の事業の賃金支払い能力を総合的に勘案して定めるものとされています。従業員の生計費を考慮するに当たっては、従業員が健康で文化的な最低限度の生活を営むことができるよう、生活保護に係る施策との整合性に配慮することが必要です。

(2) 特定最低賃金

　特定最低賃金は、特定の産業について設定されている最低賃金をいい

ます。関係労使の申し出に基づき最低賃金審議会の調査審議を経て、同
審議会が地域別最低賃金よりも金額水準の高い最低賃金を定めることが
必要と認めた産業について設定され、令和4年9月1日現在、全国で
226の特定最低賃金が定められています。

[3] **最低賃金の対象となる賃金**

　最低賃金の対象となる賃金は、毎月支払われる基本的な賃金で、具体
的には、実際に支払われる賃金から、次の①〜⑥の賃金を除外したもの
が対象となります。

①臨時に支払われる賃金（結婚手当など）

②1カ月を超える期間ごとに支払われる賃金（賞与など）

③所定労働時間を超える時間の労働に対して支払われる賃金（時間外割
　増賃金など）

④所定労働日以外の日の労働に対して支払われる賃金（休日割増賃金な
　ど）

⑤午後10時から午前5時までの間の労働に対して支払われる賃金のう
　ち、通常の労働時間の賃金の計算額を超える部分（深夜割増賃金など）

⑥精皆勤手当、通勤手当および家族手当

[4] **最低賃金額以上かどうかを確認する方法**

　支払われる賃金が最低賃金額以上となっているかを確認するに当たっ
ては、最低賃金の対象となる賃金額と適用される最低賃金額を、以下の
方法で比較します。

①時間給制の場合

　時間給≧最低賃金額（時間額）

②日給制の場合

　日給÷1日の所定労働時間≧最低賃金額（時間額）

　ただし、日額が定められている特定（産業別）最低賃金が適用される
場合、

　日給≧最低賃金額（日額）

③月給制の場合

月給÷1カ月平均所定労働時間≧最低賃金額（時間額）

④出来高払い制その他の請負制によって定められた賃金の場合

出来高払い制その他の請負制によって計算された賃金の総額を、当該賃金計算期間に出来高払い制その他の請負制によって労働した総労働時間数で除して時間当たりの金額に換算し、最低賃金額（時間額）と比較

⑤上記①～④の組み合わせの場合

例えば、基本給が日給制で、各手当（職務手当など）が月給制などの場合は、それぞれ上記②、③の式により時間額に換算し、それを合計したものと最低賃金額（時間額）を比較

[5] **留意点**

最低賃金は、近時は毎年大幅に増額となっています。毎年10月に最低賃金額が都道府県ごとに決まるので、念のため、自社の賃金額が最低賃金額を下回っていないか、毎年のチェックが必要です。

2 賃金支払いの5原則

[1] **賃金支払いの5原則**

賃金については、労働基準法24条が、①通貨で、②直接従業員に、③全額を、④毎月1回以上、⑤一定の期日を定めて支払わなければならないと定めています。これが「賃金支払いの5原則」と呼ばれるものです。使用者は、この5原則に従って、従業員に対して賃金を支払わなければなりません。

（1）通貨払いの原則

これは、貨幣経済の支配する社会で最も有利な交換手段である通貨による賃金支払いを義務づけることによって、価格が不明瞭で換価にも不便であり、弊害を招くおそれが多い実物給与を禁じたものです。ただし、従業員の同意を得た場合には、銀行振り込みなどの方法によること

ができます。また、労働協約で定めた場合には、通貨ではなく現物支給をすることができます。

　また、キャッシュレス決済の普及や送金サービスの多様化が進む中で、先ごろ、労働基準法施行規則が改正（令4.11.28　厚労令158）され、令和5年4月1日以降、一定の要件を満たした場合には、従業員の同意を得た上で、資金移動業者の口座への賃金支払いが認められることになりました。ただし、注意が必要なのは、仮想通貨での賃金支払いは認められていない点です。

（2）直接払いの原則

　これは、中間搾取を排除し、労務の提供をした従業員本人に賃金全額を帰属させるため、本人以外の者に賃金を支払うことを禁止するものです。未成年者がアルバイトしたことによって得る賃金を親が代わりに受けることはできません。

　ただし、使者に対して賃金を支払うことは差し支えないとされています（昭63.3.14　基発150）。使者であるか否かを区別することが実際上困難な場合は、社会通念上、本人に支払うのと同一の効果を生ずるような者であるか否かによって判断します。

（3）全額払いの原則

　これは、賃金の一部を支払い留保することによる従業員の足止めを封じるとともに、直接払いの原則と相まって、労働の対価を残りなく従業員に帰属させるため、控除を禁止するものです。したがって、積立金などの名目で強制的に賃金の一部を天引きして支払うことは禁止されています。

　ただし、所得税や社会保険料など、法令で定められているものの控除は認められています。また、従業員の過半数で組織する労働組合（以下、過半数労働組合）、過半数労働組合がない場合は従業員の過半数を代表する者（以下、過半数代表者）と労使協定を結ぶことで、賃金から積立金などを控除することが可能とされています。

(4) 毎月払いの原則

　これは、賃金支払い期の間隔が開き過ぎることによる従業員の生活上の不安を除くことを目的としています。そのため、例えば、「今月分は来月2カ月まとめて支払うので、待ってほしい」ということは認められません。

(5) 一定期日払いの原則

　これは、賃金の支払い日が不安定で間隔が一定しないことによる従業員の計画的生活の困難を防ぐことを目的としています。そのため、賃金支払い日を「毎月20〜26日の間」「毎月第4木曜日」など変動する期日とすることは認められません。

[2] 給与明細

　労働基準法には給与明細を必ず渡さなければいけないという定めはありません。そのため、給与明細を交付しなくても、同法違反にはなりません。ただし、所得税法が、給与を支払う者は給与の支払いを受ける者に支払明細書を交付しなくてはならないと定めているため、会社には従業員に給与明細を交付する義務があり、給与を支払う際に給与明細を交付しなければいけません。ただし、給与の支払いを受ける者の承諾を得て、電磁的方法により提供することができます。

3　口座振り込みの義務づけの可否

　前述のとおり、通貨払いの原則からは、使用者は従業員に対して通貨で賃金を支払わなければなりませんが、例外的に、従業員からの同意を得れば銀行口座に振り込む方法により支払うことが可能です。

　実務上、会社として、現金を用意するのが面倒であること等から、一律、賃金は銀行口座への振り込みにより行いたいという要望があったり、また、振込手数料の削減という観点から、会社が賃金振り込みの金融機関を指定したいという要望があったりします。この点については、

使用者が一方的に指定できるものではなく、従業員が同意する必要があり、この同意については、従業員の意思に基づくものである限り、形式は問いません。使用者として、これらを提案し、従業員が同意すれば問題ありませんが、使用者として強制したということになると問題になります。なお、通達（令4.11.28　基発1128第4）は、口座振り込み等により賃金支払いを行う使用者に対し、以下（1）～（4）の指導を行っています。

（1）口座振り込み等は、書面による個々の従業員の申し出または同意により開始し、その書面には、以下の事項を記載すること

①口座振り込み等を希望する賃金の範囲および金額

②指定する金融機関店舗名ならびに預貯金の種類および口座番号等

③開始希望時期

④（賃金のデジタル払いの場合）代替口座情報等

（2）過半数労働組合または過半数代表者との間で、以下の事項を記載した書面による協定を締結すること

①口座振り込み等の対象となる従業員の範囲

②口座振り込み等の対象となる賃金の範囲およびその金額

③取り扱い金融機関等の範囲

④口座振り込み等の実施開始時期

（3）口座振り込み等の対象となっている個々の従業員に対し、所定の賃金支払い日に、以下の事項を記載した、賃金支払いに関する計算書を交付すること

①基本給、手当その他賃金の種類ごとにその金額

②源泉徴収額、従業員が負担すべき社会保険料額等賃金から控除した金額がある場合には、事項ごとにその金額

③口座振り込み等を行った金額

（4）口座振り込み等がされた賃金は、所定の賃金支払い日の午前10時ごろまでに払い出しまたは払い戻し等が可能となっていること

4 賃金控除協定の締結

　前述のとおり、賃金の全額払いの原則があることから、所得税、社会保険料などの法律で定められたもの以外を控除するには、労働基準法24条の定める賃金控除協定を締結する必要があります。

　そして、同法上、労使協定において賃金から何を控除することができるのかについて特段の制約はなく、労使において自由に決めることが可能となっていますが、通達では、「購買代金、社宅、寮その他の福利、厚生施設の費用、社内預金、組合費等、事理明白なものについてのみ〈中略〉労使の協定によって賃金から控除することを認める」となっています（昭27.9.20　基発675、平11.3.31　基発168）。賃金控除協定の例は、以下のとおりです。

労使協定例

賃金控除に関する労使協定

（控除項目）
第1条　会社は、毎月の賃金、賞与から、以下に定めるものを控除することができる。
① 社宅使用料
② 会社が従業員に貸し付けた金銭の返済金
③ 団体加入保険料
④ 積立金

（退職金からの控除）
第2条　前条に定めるもののうち、従業員が会社を退職する時点で未払いのものがある場合には、会社は、従業員に対する退職金からこれを控除して支払うことができる。

令和○年○月○日

　　　　　　　　　　　　○○株式会社　代表取締役　○○○○
　　　　　　　　　　　　　　　　　　　過半数代表者　○○○○

第2条ですが、実務上、退職金からの控除を定めていない例がありますので、それも規定しておく必要があるでしょう。

　また、控除項目として、従業員が会社に対して負っている損害賠償金を対象とすることができるかという問題がありますが、上述のとおり労働基準法上の制約はないことから、私見としては可能であると考えますが、従業員のモチベーション、会社のイメージ等の観点から、あえて定めないという会社も多くあるのではないでしょうか。感覚としては、損害賠償金を定めている例は必ずしも多くはないと思います。

　加えて、賃金過払いを調整するための返済金控除項目として定める例もありますが、これについては、労使協定に定めがなくても、一定の範囲であれば相殺（調整的相殺）可能とされているので、わざわざ定めなくてもよいと考えます。

5 　平均賃金

　平均賃金は、給料の相場などという意味ではなく、労働基準法等で定められている手当や補償、減給制裁の制限額を算定するときなどの基準となる金額をいいます。平均賃金は、従業員の生活を保障するためのものであることから、通常の生活賃金をありのままに算定することを基本とし、原則として事由の発生した日以前3カ月間に、その従業員に支払われた賃金の総額をその期間の総日数（暦日数）で除した金額で算出します（労働基準法12条）。

[1] 平均賃金が必要な場面

　平均賃金を算出する必要がある場合として代表的なのが、以下の場面です。

①解雇する場合の予告に代わる解雇予告手当

　平均賃金の30日以上（労働基準法20条）

②使用者の都合により休業させる場合に支払う休業手当

１日につき平均賃金の６割以上（労働基準法26条）

③年次有給休暇を取得した日について平均賃金で支払う場合の賃金（労働基準法39条）

④従業員が業務上負傷し、もしくは疾病にかかり、または死亡した場合の災害補償等（労働基準法76〜82条、労働者災害補償保険法）

　休業補償給付など労災保険給付の額の基礎として用いられる給付基礎日額も原則として平均賃金に相当する額とされています。

⑤減給制裁の制限額

　１回の額は平均賃金の半額まで、何回も制裁する際は支払い賃金総額の１割まで（労働基準法91条）

⑥じん肺管理区分により地方労働局長が作業転換の勧奨または指示を行う際の転換手当

　平均賃金の30日分または60日分（じん肺法22条）

[2]　事由の発生した日

　平均賃金算定に当たっての「事由の発生した日」とは、以下のとおりです。

①解雇予告手当の場合は、従業員に解雇を通告した日

②休業手当の場合は、休業の発生した初日

③年次有給休暇に支払われる賃金の場合は、年次有給休暇を与えた最初の日

④災害補償の場合は、事故発生の日または診断によって疾病の発生が確定した日

⑤減給の制裁の制限額については、減給の意思が相手に到達した日

[3]　事由の発生した日以前３カ月

　「３カ月」は暦日による３カ月です（民法143条）。文言上は算定すべき事由の発生した日も含まれると読めますが、その当日は労務の提供が完全になされず、賃金も全部支払われない場合が多いので、当日は含めないことになります。なお、賃金締め切り日がある場合は、算定すべき

事由の発生した日の直前の賃金締め切り日が起算日になり、この場合は直前の賃金締め切り日当日を含めます（民法140条ただし書き）。

［4］ 控除期間

　平均賃金が不当に低くなることを防ぐため、次の期間がある場合には、これらの期間中の日数と賃金を控除して、平均賃金を算定することになります。

①業務上の負傷・疾病による療養のための休業期間

②産前産後の休業期間

③使用者の責めに帰すべき事由による休業期間

④育児および介護休業期間

⑤試みの使用期間

［5］ 雇用開始から３カ月未満の場合の処理

　雇用開始から３カ月未満の場合、算定事由発生の日以前３カ月の期間をとって算定することができません。そのため、雇入れ後の期間とその期間中の賃金総額で算定しますが、この場合でも、賃金締め切り日があるときは、算定事由発生日の直前の賃金締め切り日から起算します。

　ただし、直前の賃金締め切り日から起算すると、算定期間が一賃金締め切り期間（１カ月を下回らない期間）に満たなくなる場合には、事由の発生の日から計算することになります。

［6］ 支払われた賃金の総額

　算定期間中に支払われる時間外労働割増賃金や各種手当を含む賃金のすべてが含まれ、いわゆる手取り金額ではなく、税・保険料等を控除しない賃金総額です。なお、賃金の総額には次の賃金は含みません。

①臨時に支払われた賃金（結婚手当・私傷病手当・見舞金・退職金等）

②３カ月を超える期間ごとに支払われる賃金（年２回の賞与等）

③通貨以外のもので支払われた賃金、いわゆる現物給与

［7］ 最低保障額

　賃金が日給制、時間給制、出来高払い制およびその他請負制の場合に

は、最低保障額があります。算定期間中にその従業員に対し支払われた賃金の総額を、その期間中に実際に労働した日数で除した金額の100分の60の金額であり、以下のように算出します。

最低保障額＝算定期間中に支払われた賃金総額÷算定期間中に労働した日数×0.6

[8] 端数

賃金の総額をその期間の総日数で除した金額に1銭未満の端数が生じた場合、1銭未満の端数を切り捨てて平均賃金の1日分にできます。実際に手当を支払うときには1円未満の端数を四捨五入しますが、特約がある場合はこの限りではありません（通貨の単位及び貨幣の発行等に関する法律3条）。

6　固定残業代制度

[1] 類型

固定残業代は、「定額残業代」ともいわれますが、一定時間分の時間外労働、休日労働および深夜労働に対して定額で支払われる割増賃金のことです。例えば、類型としては、①基本給に組み入れる方法（基本給には20時間相当分の時間外割増賃金が含まれるなど）、②手当として支給する方法（営業手当は時間外割増賃金として支払うなど）とがあります。

[2] 要件

この固定残業代の適法性を検討するとき、まずもって挙げられる裁判例が、小里機材事件（東京地裁　昭62.1.30判決　労判523号10ページ）です。この判旨では、「月15時間の時間外労働に対する割増賃金を基本給に含める旨の合意がされたとしても、その基本給のうち割増賃金に当たる部分が明確に区分されて合意がされ、かつ労基法所定の計算方法による額がその額を上回るときはその差額を当該賃金の支払期に支払うこ

とが合意されている場合にのみ、その予定割増賃金分を当該月の割増賃金の一部又は全部とすることができる」とされています。

　この裁判例からすると、①残業代の趣旨で支給されていること（対価性）、②残業代部分と通常の賃金とが判別できること（明確区分性）、③不足額を精算する合意ないし取り扱いの三つが要件とされそうですが、現在の裁判所の扱いは、③は要件とはせずに、①および②のみを要件としているといわれています。

　まず、①対価性についてですが、日本ケミカル事件（最高裁一小　平30.7.19判決　労経速2358号３ページ）は、業務手当名目で支給されていた固定残業代の有効性が争われた事案で、裁判所は、「雇用契約においてある手当が時間外労働等に対する対価として支払われるものとされているか否かは、雇用契約に係る契約書等の記載内容のほか、具体的事案に応じ、使用者の労働者に対する当該手当や割増賃金に関する説明の内容、労働者の実際の労働時間等の勤務状況などの事情を考慮して判断すべきである」としました。

　明確区分性については、テックジャパン事件（最高裁一小　平24.3.8判決　労判1060号５ページ）の櫻井龍子裁判官の補足意見では、「支給時に支給対象の時間外労働の時間数と残業手当の額が労働者に明示されていなければならない」とされていますが、現在の裁判実務では、割増賃金が支払われているか検証できる程度の労働条件が明示されていることは必要であるが、支給時ごとに、支給対象となる時間外労働の時間数および残業手当の額を明示することを要求はしていないとされています。

［3］ リスク

　例えば、基本給25万円、営業手当12万5000円の場合で、ある月の残業代が15万円であったが、追加支給していないと仮定しましょう。この営業手当が固定残業代として有効と判断されると、残業代２万5000円を追加支給すればよいということになります。

　他方で、固定残業代が無効と判断されると、①残業代の単価が1.5倍（残業代の単価の算定基礎に営業手当が加わるため）になり、②営業手当12万5000円は残業代として控除できず追加支給となるので、結局、残業代15万円×1.5＝22万5000円を追加支給する必要ありということになります。

　このとおり、固定残業代が無効と判断されると、残業代の単価が大きくなることにより、支払わなければならない金額が膨れ上がるというリスクがあります。

[4] 手当型の留意点

　手当型の固定残業代を入れる際に参考にすべき裁判例として、アクティリンク事件（東京地裁　平24.8.28判決　労判1058号5ページ）があります。これは、営業手当は時間外労働割増賃金で月30時間相当分として支給する（賃金規程）と定められていた事案です。裁判所は、「営業手当は、売買事業部の従業員が顧客と面談する際にかかる諸経費をまかなう趣旨を含んでいたこと、〈中略〉業務部の従業員も時間外労働に従事しているにもかかわらず、業務部の従業員に営業手当は支払われておらず、これと同趣旨の別の手当が支払われているわけでもないこと等の事実を認めることができる。これらの事実にかんがみれば、営業手当は、営業活動に伴う経費の補充または売買事業部の従業員に対する一種のインセンティブとして支給されていたものとみるのが相当であり、実質的な時間外労働の対価としての性格を有していると認めることはできない」と判示し、実態を踏まえた判断をしています。

　また、イーライフ事件（東京地裁　平25.2.28判決　労判1074号47ページ）は、精勤手当について「会社は、営業社員について本規程第15条の超過勤務手当に代えて、精勤手当を定額で支給する」と定められていた事案です。裁判所は、「精勤手当は、その支給額が原告の年齢、勤続年数、被告の業績等により本件全請求期間だけでも数回にわたって変動していることが認められる。そうだとすると上記精勤手当は、時間外労働

の対価としての性質以外のものが含まれているものとみるのが自然」であり、時間外労働の対価とは言い難いとして、これも実態を見ています。

　これらの裁判例から分かることは、いかに、賃金規程に固定残業代として手当を支払うと書いてあったとしても、それだけでは認められず、結局は、実態を見られる、つまり、それが本当に残業代の趣旨で支払われているのかを確認するということになります。

　実務上、就業規則や賃金規程さえ整えれば大丈夫、問題ないという風潮がありますが、決してそうではないことは留意いただきたいと思います。そのほかにも、固定残業代の時間数が多いことで制度として無効とされた裁判例も多数あります。

　このことから、個人的な見解としては、極力、固定残業代制度は入れるべきではないと考えています。

7　賞与

　賞与は、会社の業績等に応じて特別に従業員に支給するものです。したがって、支給してもしなくても構わず、会社の裁量となります。また、会社が人件費を圧縮する際に、法的にリスクがあまりなく、最も簡単に削減できるのが賞与となります。そのため、就業規則で賞与を定める場合に、例えば、「賞与として基本給の3カ月分を支給する」というような記載をしてしまうと、就業規則を変更しない限り、支給額を3カ月未満とすることができません。企業としての裁量を残すためにも、支払い金額等は記載すべきではありません。

　また、「賞与を支給する」と定めている例もありますが、そうすると厳密には、1円でも支給をしなければならないことになりますので、「支給することがある」という形で定めておくべきでしょう。

　多くの会社では、賞与については、過去の労働に対する報奨だけでな

く将来への期待も含めているという考え方から、賞与の支給日に在籍していない限りは賞与を支給しないという取り扱いをしていると思います。したがって、支給日在籍の要件を課すか否か、検討したほうがよいでしょう。

規定例

（賞与）
第○条 会社は、会社の業績、従業員各人の勤務成績等を勘案し、支給日に在籍する従業員に対し、賞与を支給することがある。
2 賞与の支給対象期間および支給月は以下のとおりとする。

支給対象期間	支給月（原則）
1月1日～6月30日	6月
7月1日～12月31日	12月

---

8 退職金

使用者が、退職する従業員に対して、退職金を支給するかどうかは使用者の裁量です。したがって、退職金を支払わないことも可能ですし、退職金を支払うことも可能です。

退職金を支払うということであれば、どういった制度にするのかを検討し、それを退職金規程として、就業規則の一部として策定する必要があります。ここでは、自己都合退職金制度を前提として、留意点を見ていきます。

[1] 制度設計の方法

退職金制度を定めるに当たっては、さまざまなバリエーションがあり、例えば、ポイント制によって退職金の金額を決める方法、退職時の基本給額に勤続年数に応じた数値を乗じて退職金の金額を定める方法などがあります。

まずは、どういった制度設計にするかを検討する必要があります。

[2] 自己都合と会社都合で退職金を変える場合の留意点

多くの会社では、自己都合による退職の場合に退職金額を減額しています。一例として「自己都合による退職の場合には退職金を〇％減額する」という趣旨の定めがあります。

この「自己都合」とは、具体的にどういう意味なのかが実務上争われることがあり、就業規則で特段の定めがない場合には、雇用保険における自己都合・会社都合と同じように判断されると思われます。

しかし、そもそも、退職金制度は会社がその裁量で策定することができるものであり、自己都合の意味を雇用保険における区分と異なる意味にすることも可能であり、退職金規程には、自己都合または会社都合がどういった意味の概念なのかを明記しておいたほうが無用な紛争を招かないということになろうかと思います。

[3] 退職金からの控除

前述のとおり、賃金控除協定で、退職金からの控除を定めることがありますが、この場合、就業規則にもその旨が明記されていないといけないという見解もあり得るので、忘れずに定めておく必要があります。

[4] 不支給または減額

多くの会社では、懲戒解雇、諭旨解雇となった従業員については、不支給または減額を定めていると思います。ただ、この規定のみにしてしまうと、退職後、退職金の支給日前に懲戒解雇に相当する事由が発覚した場合にも退職金を支給しなければならないことになってしまいます。

そのため、不支給または減額の事由として、「在籍期間中に懲戒解雇・諭旨解雇に相当する事由があったとき」を定めておく必要があります。

また、既に退職金を支給してしまった後に懲戒事由が発覚した場合に備えて、退職金を取り戻すことができる旨の定めも必要となります。

加えて、退職後に懲戒解雇相当事由が発覚した場合に、調査未了のた

めに所定の期日に退職金を支給することができない場合にも備えて、退職金の支給を停止することがある旨も定めておくべきでしょう。

[5] 死亡退職の場合の定め

　従業員が死亡した場合の退職金の支払いについても定めておく必要があります。実務上は、遺族の誰に支払うのかということが問題になるので、その順位等を定める必要がありますが、多くの場合は労働基準法79条の遺族補償を受けるべき者にならって「労働基準法施行規則第42条から第45条による」としているのではないでしょうか。

規程例

【退職金規程】
（目的）
第1条　この規程は、就業規則第○条に基づき、従業員の退職金について必要な事項を定めたものである。
（適用範囲）
第2条　この規程は、就業規則第○条第○項に定める従業員のうち、勤続1年以上の者に適用する。
（算出方法）
第3条　退職金は、次の算定式によって算出する。
　　　　　退職金＝退職時の基本給×支給率
（支給率）
第4条　支給率は、勤続年数を基準として定めるものとし、「別表」のとおりとする。ただし、私傷病その他の事由による休職期間、育児休業期間および介護休業期間については勤続年数に算入しない。
（1年未満の端数の取り扱い）
第5条　勤続年数の計算において1年未満の端数があるときは、月割り計算を行う。1カ月未満の日数については、在籍期間が1日でもあれば当月を1カ月として計算する。
（自己都合退職の減額）
第6条　会社は、自己都合で退職する従業員については、第3条に基づき算出される退職金から20％を減額して支払う。
2　前項の自己都合とは、雇用保険における自己都合と必ずしも一致するものではなく、従業員個人の都合による退職の申し出、諭旨解雇に応じた退職、その他会社が自己都合と判断した場合をいう。
（不支給および支給減額）
第7条　会社は、以下の従業員については退職金を不支給とし、または減額とすることがある。

① 懲戒解雇されたもの
② 諭旨解雇されたもの
③ 在籍期間中に懲戒解雇・諭旨解雇に相当する事由があったとき
2　退職金を支給後、前項第3号に該当する事由が発覚したときは、会社は、当該従業員に対し、既に支給した退職金の全部または一部の返還を求めることができる。

（支払い方法および支払い時期）
第8条　会社は、退職金について、その全額を一時金として、従業員の給与振込口座に支払う。
2　会社は、前項にかかわらず、法令に定められたものおよび労使協定により定めたものを退職金から控除することができる。
3　会社は、退職金を退職日の翌日から1カ月以内に支給する。ただし、当該従業員について退職後、退職金の支給前に、在職中における前条第1項第3号の事由に該当する行為の有無が問題となった場合は、その調査の期間、支給を停止することができる。

（死亡退職のときの取り扱い）
第9条　社員が死亡したときは、退職金は遺族に対して支払う。
2　遺族の範囲および順位は、労働基準法施行規則第42条から第45条までの規定を適用する。

（受給権の処分禁止）
第10条　従業員は、この規程により退職金を受ける権利を譲渡し、または担保に供してはならない。

（附則）
本規程は、令和○年○月○日から適用する。

（別表） 支給率表

5

労働時間・休憩時間

労働時間は「所定労働時間」と「法定労働時間」に区別され、この違いは重要な意味を持っています。まずは定義を確認しましょう。

変形労働時間制やフレックスタイム制などを採用する場合には、就業規則等の規定もそれぞれ異なるので、ここで紹介している規定例を参考にしてください。

労働時間・休憩時間

①労働時間の意義を理解している	□はい	□いいえ
②所定労働時間を就業規則に定めている	□はい	□いいえ
③変形労働時間制について理解し、必要に応じて就業規則に定めている	□はい	□いいえ
④フレックスタイム制について理解し、必要に応じて就業規則に定めている	□はい	□いいえ
⑤裁量労働制について理解し、必要に応じて就業規則に定めている	□はい	□いいえ
⑥事業場外労働について理解し、必要に応じて就業規則に定めている	□はい	□いいえ
⑦休憩時間を就業規則に定めている	□はい	□いいえ
⑧勤務間インターバルについて理解し、必要に応じて就業規則に定めている	□はい	□いいえ

1 労働時間の意義

労働基準法32条は、以下のとおり定めています。

（労働時間）

第32条 使用者は、労働者に、休憩時間を除き1週間について40時間を超えて、労働させてはならない。

2 使用者は、1週間の各日については、労働者に、休憩時間を除き1日について8時間を超えて、労働させてはならない。

労働基準法上は、原則として、1週40時間、1日8時間以内のみ労働させることを認めています。同法は、労働時間の規制については、1週間単位の規制を基本としていることから、1項にその原則を定め、2項では、それを各日に割り振り、1日の労働時間を定めています。ここにいう「1週間」とは、日曜日から土曜日の暦週のことをいいますが、就業規則でそれを変更することができます。また、「1日」とは、午前0時から午後12時までの暦日のことをいいます。

この1週40時間、1日8時間のことを「法定労働時間」といいます。

また、始業時刻と終業時刻までの時間を「所定就業時間」といいます。これは、「拘束時間」とも呼ばれます。

そして、所定就業時間から休憩時間を除いた時間のことを「所定労働時間」といいます。

この「所定労働時間」と「法定労働時間」の区別は、極めて重要です。法定労働時間とは、法律（労働基準法）が定めた労働時間の上限のことであり、所定労働時間とは、法定労働時間の範囲内で使用者が決める労働時間のことを指します。会社によっては、所定労働時間を7時間とするところもあります。法律上は、所定労働時間は8時間以内であれば、会社が自由に設定することができます。

次に、労働基準法32条が定める「労働」「労働時間」とは、どういうものを指すのかという点については、三菱重工業長崎造船所事件（最高裁一小　平12.3.9判決　民集54巻3号801ページ）が、「労働者が使用者の指揮命令下に置かれている時間」をいうと判示しています。この指揮命令下にあると評価できるのか否かという点について、待機時間であるとか、仮眠時間であるとか、着替えの時間であるとか、さまざまなものについて、議論されています。

　この点については、「労働時間の認定に係る質疑応答・参考事例集の活用について」（令3.3.30　基補発0330第1）が、詳細に取りまとめていて、参考になります。

　実務上、よくある問題として、残業の計算に当たり、1日8時間を超えた時間を残業として取り扱っていたものの、1週40時間を超えた時間を残業としてカウントしていなかったということがあります。例えば、月曜日から木曜日まで1日当たり10時間勤務した場合には、木曜日までの時点で労働時間が40時間となります。そのため、金曜日の労働時間は最初から残業時間としてカウントする必要があります。

2　所定労働時間と就業規則への定め方

　就業規則では、1日の「始業及び終業の時刻」を定めなければなりません（労働基準法89条1号）。

　まれに「1日の労働時間は8時間とする」とだけ定められていて、始業・終業時刻の定めがないケースを見掛けますが、それは不適法となります。

　業界によっては、1日の労働時間が前日あるいは当日にならないと分からないため、所定労働時間を定めることができないという例もあるようですが、だからといって始業・終業時刻を定めなくてもよいことにはなりません。そのような場合、所定労働時間を短く定めて、必要な場合

には時間外労働（法内または法外）で対応するということも一つです。

　また、会社の業務上の都合によって、始業・終業時刻を繰り上げたり、繰り下げたりする必要が生じる場合があります。会社の一方的な命令で、始業・終業時刻の繰り上げ・繰り下げを行うためには、就業規則での定めが必要です。

　就業規則に定めがない場合には、始業・終業時刻の繰り上げ・繰り下げを一方的に行うことはできず、従業員の同意が必要となります。従業員が同意しない場合には、時間外労働を命じて対応せざるを得ません。始業・終業時刻を繰り上げたり繰り下げたりするだけでは所定労働時間は変わらないため、割増賃金は不要ですが、時間外労働として始業時刻前・終業時刻後の勤務を命じる場合は、割増賃金の問題が出てくることになります。

規定例

（所定労働時間）
第○条　所定労働時間は、次のとおりとする。
　始業時刻　午前９時
　終業時刻　午後６時
　休憩時間　正午から午後１時まで
２　業務の都合、その他やむを得ない事情により、会社は、始業・終業時刻を繰り上げ、または繰り下げることがある。この場合、前日までに会社は従業員に通知する。

3　変形労働時間制

　変形労働時間制とは、一定期間を単位として、その期間内の所定労働時間を平均して法定労働時間数以内であることを条件に、１日および１週の法定労働時間を超える労働を認める制度です。これによって、業務の繁閑に応じて労働時間を効率的かつ合理的に配分することが可能となり、総労働時間の短縮も可能となります。他方で、労働時間が日や週に

よって変動することは労働者にとって生活のリズムを乱すこともあり得ることから、労働基準法は一定の要件を定め、それを満たす場合にのみ変形労働時間制の適用を認めています。

労働基準法は、①１カ月以内を単位期間とする変形労働時間制（同法32条の２）、②１年以内を単位期間とする変形労働時間制（同法32条の４）、③１週間単位の変形労働時間制（同法32条の５）を認めています。

［1］ １カ月単位の変形労働時間制

１カ月単位の変形労働時間制を導入するに当たっては、就業規則または労使協定で一定の事項について定めをする必要がありますが、多くの会社では、就業規則であれば会社側が一方的に策定できるため、労使協定ではなく、就業規則で定めています。

１カ月単位の変形労働時間制を採用するには、①変形労働時間制を採用する旨の定め、②労働日、労働時間の特定、③変形期間の所定労働時間、④変形期間の起算日を定める必要があります。導入に当たっては、作成・変更した就業規則や締結した労使協定を所轄労働基準監督署長に届け出ることが必要です。

②については、具体的には、変形期間における各日、各週の労働時間をあらかじめ具体的に定めておく必要があり、各日の労働時間は単に「労働時間は１日８時間とする」という定め方ではなく、始業・終業時刻を具体的に定め、かつ、これを労働者に周知する必要があります。

③については、変形期間の労働時間を平均して１週間の労働時間が法定労働時間を超えないこととされているため、変形期間の所定労働時間の合計は、「１週間の法定労働時間×変形期間の暦日数（１カ月以内）÷７日（１週間）」によって計算された範囲内とする必要があります。これを計算すると、１カ月の労働時間の総枠は、［図表1］のとおりとなります。

図表1　1カ月の労働時間の総枠

1カ月の暦日数	労働時間の総枠
31日	177.1時間
30日	171.4時間
29日	165.7時間
28日	160.0時間

④については、変形期間の始期を明らかにしておく必要があります。

以下の参考規定例では、年間休日カレンダー方式の場合と月間シフト表方式の場合の2通りについて定めています。

なお、就業規則ではなく労使協定で定める場合には、有効期間を3年以内程度とするのが望ましいとされています（平11.3.31　基発169）。

規定例

【年間休日カレンダー方式】
（1カ月単位の変形労働時間制）
第○条　○○部に所属する従業員の労働時間については、毎月1日を起算日とする1カ月単位の変形労働時間制とし、1カ月を平均して1週40時間以内とする。
2　各日の始業時刻は午前9時、終業時刻は午後6時、休憩時間は正午から午後1時までとする。
（休日）
第○条　休日は前条の1カ月につき最低9日（ただし、1カ月の暦日数が28日の場合は8日とする）とし、暦年ごとに作成する年間休日カレンダーのとおりとする。
2　毎週日曜日および第2・第4土曜日は休日とする。
3　年間休日カレンダーは毎年12月中に各従業員に明示する。

【月間シフト表形式】
（1カ月単位の変形労働時間制）
第○条　○○部に所属する従業員の労働時間は、毎月1日を起算日とする1カ月単位の変形労働時間制とし、1カ月を平均して1週40時間以内とする。
2　各勤務シフトにおける各日の始業時刻と終業時刻および休憩時間は以下のとおりとする。

シフト名	始業	終業	休憩時間
A	午前8時	午後5時	午前11時30分～午後0時30分
B	午前9時30分	午後6時30分	午後0時30分～午後1時30分
C	午前11時	午後8時	午後1時～午後2時

3　各従業員の勤務シフトと休日の割り振りは、グループごとに毎起算日の1週間前までに決定して月間勤務シフト表を従業員に示す。

（休日）

第○条　休日は前条の1カ月につき最低9日（ただし、1カ月の暦日数が28日の場合は8日とする）とし、同条の月間勤務シフト表のとおりとする。ただし、毎週日曜日は必ず休日とする。

[2]　1年単位の変形労働時間制

　1年単位の変形労働時間制は、業務に繁閑のある事業場で、繁忙期には長い労働時間を設定し、閑散期には短い労働時間を設定することによって、効率的に労働時間を配分して年間の総労働時間の短縮を図る仕組みです。

　1年単位の変形労働時間制を実施するには、労使協定において、①対象労働者の範囲、②対象期間（1カ月を超え1年以内の期間に限る）および起算日、③特定期間（特に業務が繁忙な時期）、④労働日および労働日ごとの労働時間、⑤労使協定の有効期間を定めた上で、所轄労働基準監督署長に提出することが必要です。また、就業規則においても、1年単位の変形労働時間制を採用する旨および変形期間中の各日の始業・終業時刻等を定めることが必要となります。

　①については、1年単位の変形労働時間制により労働させる労働者の範囲を明確にする必要があります。

　②については、1年間が最長期間ですので、対象期間が1年以内であれば3カ月、4カ月、半年などの対象期間を採用することも可能です。

　③については、「特定期間」とは対象期間中の特に業務が繁忙な期間をいうことから、対象期間の相当部分を特定期間と定めることはできな

いとされ、また、対象期間中に特定期間を変更することはできません（平11.1.29　基発45）。

　④については、対象期間を平均して１週間の労働時間が40時間を超えないように対象期間内の各日、各週の所定労働時間を定めることが必要で、対象期間の全期間にわたって定める必要があります。すなわち、対象期間が１年（365日）であれば2085.71時間（40時間×〔365日÷７日〕）という法定労働時間の総枠に収まるようにする必要があります。ただし、対象期間を１カ月以上の期間に区分することとした場合には、労使協定では最初の期間における労働日および当該労働日ごとの労働時間、ならびに当該最初の期間を除く各期間における労働日数および総労働時間を記載すれば足ります。このような場合には、各区分期間が開始する30日前に事業場の過半数組合または過半数代表者の同意を得て、当該区分期間の労働日と各労働日の所定労働時間を書面で定めなければなりません。

　また、対象期間における労働日数の限度は１年当たり280日です（対象期間が３カ月以内であれば限度はありません）。なお、対象期間が３カ月を超える場合は、次の計算式により求められる労働日数が限度となります。

　280日×（対象期間の暦日数÷365日）

　例えば、対象期間が４月１日〜９月30日までの６カ月の場合は、「280日×（183日÷365日）＝140.38日」となり、140日が限度となります。

　１日の労働時間の限度は10時間、１週間の労働時間の限度は52時間、対象期間における連続して労働させる日数の限度は６日、特定期間における連続して労働させる日数の限度は１週間に１日の休日が確保できる日数（最長12日）となっています。なお、対象期間が３カ月を超える場合、この限度時間を設定できる範囲には、次のような制限があります。

❶所定労働時間が48時間を超える週は、連続３週以内とすること

❷対象期間を初日から３カ月ごとに区分した各期間において、所定労働

時間が48時間を超える週の初日が3回以内であること

また、労働基準法89条1号が、就業規則で始業・終業時刻および休日を定めることとしているため、1年単位の変形労働時間制を採用する場合であっても、就業規則で、対象期間における各日の始業・終業時刻と休日を定める必要があります。

規定例

（1年単位の変形労働時間制）
第○条　会社は、従業員の全部または一部につき、1年単位の変形労働時間制に関する労使協定を締結した場合には、所定労働時間は対象期間を平均して1週40時間以内とする。
2　1年単位の変形労働時間制の労働日ごとの所定労働時間、始業・終業時刻および休憩時間は以下のとおりとする。なお、年間における休日は別途定める年間カレンダー表によるものとする。

月	所定労働時間	始業時刻	終業時刻	休憩時間
4〜11月、1・2月	7時間30分（ただし、日曜日は6時間）	午前9時	午後5時30分（ただし、日曜日は午後4時）	正午〜午後1時
12月、3月	8時間30分	午前8時30分	午後6時	同上

3　第1項の対象期間は1年間とし、その起算日は毎年4月1日からとする。

［3］1週間単位の変形労働時間制

1週間単位の変形労働時間制は、業務の繁閑の激しい零細規模の一部サービス業についてのみ、労使協定に所定の事項を定めることにより利用することができます。

具体的には、常時使用する従業員数が30人未満の「小売業、旅館、料理店及び飲食店」の事業に限られています（労働基準法32条の5、同法施行規則12条の5）。

1週間単位の変形労働時間制を採用するためには、労使協定を締結し、所轄労働基準監督署長に届け出なければなりません。具体的には、

労使協定例

１年単位の変形労働時間制に関する労使協定

（勤務時間）

第１条　所定労働時間は、１年単位の変形労働時間制によるものとし、１年を平均して週40時間を超えないものとする。

2　１日の所定労働時間、始業・終業の時刻、休憩時間は、以下のとおりとする。

①　12月、３月

　　所定労働時間：１日８時間30分（始業時刻：午前８時30分、終業時刻：午後６時、休憩時間：正午～午後１時）

②　①以外の月

　　所定労働時間：１日７時間30分（始業時刻：午前９時、終業時刻：５時30分、休憩時間：正午～午後１時。ただし、日曜日は終業時刻を１時間繰り上げ６時間とする）

（起算日）

第２条　対象期間の起算日は令和○年４月１日とする。

（休日）

第３条　休日は、別紙年間カレンダー表のとおりとする。

（特定期間）

第４条　特定期間は次のとおりとする。

　　７月４日～７月17日

（適用対象者）

第５条　本協定による変形労働時間制は、製造部に所属する従業員に適用する。

（有効期間）

第６条　本協定の有効期間は起算日から１年間とする。

令和○年○月○日

　　　　　　　　　　　○○株式会社　代表取締役　　○○○○

　　　　　　　　　　　　　　　　　過半数代表者　○○○○

①１週間単位の変形労働時間制をとること、②変形労働時間制をとる１週間の所定労働時間（40時間以下）、③変形労働時間制をとる１週間の起算日とその期間を定める必要があります。

　法は、１週間単位の変形労働時間制の下では従業員に対して、厚生労働省令で定めるところにより当該労働をさせる１週間の各日の所定労働時間をあらかじめ従業員に通知しなければならないとしており（労働基準法32条の５第２項）、同法施行規則12条の５第３項は、「少なくとも、当該１週間の開始する前に、書面により行わなければならない」としています。ただし、「緊急でやむを得ない事由がある場合には、使用者は、あらかじめ通知した労働時間を変更しようとする日の前日までに書面により当該労働者に通知することにより、当該あらかじめ通知した労働時間を変更することができる」としています。

　また、１週間単位の変形労働時間制においては、事前通知により労働させることができる１日の所定労働時間の上限は10時間とされています（昭63.1.1　基発１・婦発１）。

　１週間単位の変形労働時間制は、業務の繁閑が激しい場合において、週ごとに各日の所定労働時間を定める制度ですので、就業規則で各日の始業・終業時刻、休憩時間を定める必要はありません。

規定例

（１週間単位の変形労働時間制）
第○条　会社は、労使協定により１週間単位の変形労働時間制をとる場合には、従業員の始業・終業時刻および休日は、第○条及び第○条の定めにかかわらず、労使協定に基づき従業員に書面で通知することによる。

労使協定例

1週間単位の変形労働時間制に関する労使協定

（所定労働時間）
第1条　会社は、1週間（月曜日から翌週日曜日）の所定労働時間を40時間、1日の所定労働時間の限度を10時間として各日の労働時間を定める。
（休日）
第2条　休日は月曜日とする。ただし、業務上の都合により休日を他の日に振り替えることがある。
（勤務時間）
第3条　各従業員の各日の勤務時間は前2条の範囲内で決定し、当該週の開始する前日の日曜日までに週間勤務カレンダーをもって通知する。
2　前項にかかわらず、緊急やむを得ない事情が生じたときは、会社は、前日までに当該従業員に書面をもって通知することにより勤務時間を変更することができる。

令和○年○月○日

　　　　　　　　　　　　　○○株式会社　代表取締役　　○○○○
　　　　　　　　　　　　　　　　　　　　過半数代表者　○○○○

4　フレックスタイム制

[1] 清算期間を1カ月とするフレックスタイム制

　「フレックスタイム制」とは、従業員が、一定の清算期間の中で一定時間数労働することを条件として、1日の労働時間を自己の選択するときに開始・終了することができる制度をいいます（労働基準法32条の3）。

　フレックスタイム制を導入するための要件としては、①就業規則で始業・終業時刻をその労働者の決定に委ねる旨を定めること、②労使協定で一定事項を定めることです。

　したがって、就業規則においては、始業・終業時刻を労働者の決定に委ねる旨のみを定めることで問題はありません。もっとも、一般的に

は、「従業員への周知」という観点からも、フレキシブルタイム（自らの選択によって労働時間を決定することができる時間帯）とコアタイム（1日のうち必ず働かなければならない時間帯）を具体的に定めているものが多いと思います。なお、コアタイムなしのフレックスタイム制を定めることも可能です。

実務上、フレックスタイム制を設けたものの、中にはコアタイムに勤務しない従業員が出てくることがあります。この場合、懲戒処分を行うこともできますが、会社の判断で当該従業員のフレックスタイム制の適用を外すこともできるように、就業規則において、会社の判断でフレックスタイム制の適用をいつでも中止することができる旨を記載しておいたほうがよいでしょう。

フレックスタイム制を導入するための要件として、一定の事項を労使協定で定める必要がありますが、具体的には、次の①～⑥の六つです。

①対象となる労働者の範囲

②清算期間

③清算期間における起算日

④清算期間における総労働時間（清算期間における所定労働時間）

⑤標準となる1日の労働時間

⑥コアタイム、フレキシブルタイムを設ける場合にはその開始および終了時刻

このうち、④を定めるに当たっては、下記の計算式に基づき、法定労働時間の総枠の範囲内としなければなりません。

1週間の法定労働時間×（清算期間の暦日数÷7日）

すなわち、清算期間を1カ月とするフレックスタイム制の法定労働時間の総枠は、89ページの1カ月単位の変形労働時間制の場合と同じく、［図表2］のとおりとなります。

図表2　法定労働時間の総枠（清算期間を1カ月とする場合）

清算期間の暦日数	法定労働時間の総枠
31日	177.1時間
30日	171.4時間
29日	165.7時間
28日	160.0時間

　そして、フレックスタイム制を採用した場合の時間外労働は、1日および1週間単位では判断せず、この清算期間における法定労働時間の総枠を超えた時間となります。

　そのため、時間外労働に関する協定（36協定）も、1日の延長時間について協定する必要はなく、清算期間を通算しての延長時間および1年間の延長時間の協定をすればよいことになります。

　具体的には、「法定労働時間を超える時間数」「1日」欄には、時間を明示せず「－」としておけば足ります。

規定例

（フレックスタイム制）
第○条　労使協定によりフレックスタイム制を適用することとした従業員については、始業および終業時刻を当該従業員の自主的な決定に委ねるものとする。ただし、始業および終業時刻につき従業員の自主的決定に委ねる時間帯（フレキシブルタイム）、必ず勤務しなければならない時間帯（コアタイム）、休憩時間は次のとおりとする。
①フレキシブルタイム
　始業時間帯　午前7時から午前10時まで
　終業時間帯　午後3時から午後7時まで
②コアタイム
　午前10時から午後3時まで
③休憩時間
　正午から午後1時まで
2　会社は、いつでも、フレックスタイム制の適用者について、フレックスタイム制の適用を中止することができる。

フレックスタイム制に関する労使協定

（適用対象者）

第１条　○○部に所属する従業員に対しては、フレックスタイム制を適用する。

（清算期間）

第２条　労働時間の清算期間は、毎月１日から月末までの１カ月とする。

（総労働時間）

第３条　清算期間における総労働時間は、１日８時間に当該清算期間における所定労働日数を乗じて得られた時間とする。

（１日の標準労働時間）

第４条　１日の標準労働時間は８時間とする。

（コアタイム）

第５条　従業員が必ず勤務しなければならない時間帯は、午前10時～午後３時までとする。

（フレキシブルタイム）

第６条　始業時刻につき従業員の自主的決定に委ねる時間帯は、午前７時～午前10時とし、終業時刻につき従業員の自主的決定に委ねる時間帯は、午後３時～午後７時とする。

（労働時間の過不足の取り扱い）

第７条　フレックスタイム制の対象となる従業員が清算期間における法定労働時間を超えて労働した場合は、時間外割増賃金を支払う。

２　フレックスタイム制の対象となる従業員の実労働時間が清算期間における総労働時間に不足したときは、不足した時間を次の清算期間に法定労働時間の範囲内で繰り越す。

（有効期間）

第８条　本協定の有効期間は令和○年○月○日から同年○月○日までの１年間とする。ただし、有効期間満了の１カ月前までに、当事者のいずれからも更新しない旨の申し出がないときは、自動的に更新し、その後も同様とする。

令和○年○月○日

　　　　　　　　　　　　　　　○○株式会社　代表取締役　　○○○○

　　　　　　　　　　　　　　　　　　　　　　過半数代表者　　○○○○

[2] 清算期間を1カ月超3カ月とするフレックスタイム制

　フレックスタイム制については、現在、清算期間の上限が3カ月となっています。もっとも、多くの企業は、清算期間を1カ月とするフレックスタイム制を導入しています。

　清算期間を1カ月とするフレックスタイム制の場合には、清算期間における実労働時間が、あらかじめ定めた総労働時間を超過した場合には、超過した時間について割増賃金を支払う必要があります。一方で、実労働時間が総労働時間に達しない場合には、①欠勤扱いとなり、賃金が控除されるか、②仕事を早く終わらせることができる場合でも、欠勤扱いとならないようにするため総労働時間に達するまでは労働しなければならないといった状況もあります。

　清算期間を延長することで、2カ月、3カ月といった期間の総労働時間の範囲内で、労働者の都合に応じた労働時間の調整が可能です。

　清算期間が1カ月を超える場合には、①清算期間における総労働時間が法定労働時間の総枠を超えないこと（清算期間全体の労働時間が、週平均40時間を超えないこと）に加え、②1カ月ごとの労働時間が、週平均50時間を超えないことの2点を満たす必要があります。①、②のいずれかを超えた時間は時間外労働となるため、月によって繁閑差が大きい場合にも、繁忙月に過度に偏った労働時間とすることはできません。

　清算期間が1カ月を超えるフレックスタイム制を導入するに当たっては、1カ月以内の清算期間の場合と同様、就業規則等への制定、労使協定の策定は必要ですが、それに加えて、所轄の労働基準監督署長に労使協定を届け出る必要があります。

　【規定例】については、前記「[1]　清算期間を1カ月とするフレックスタイム制」のフレックスタイム制と同様となりますので、そちらを参照してください。

労使協定例（清算期間を３カ月とする場合）

フレックスタイム制に関する労使協定

（適用対象者）

第１条　○○部に所属する従業員に対しては、フレックスタイム制を適用する。

（清算期間）

第２条　労働時間の清算期間は、４月、７月、10月、１月の１日から翌々月末日までの３カ月間とする。

（総労働時間）

第３条　清算期間における総労働時間は、１日８時間に当該清算期間における所定労働日数を乗じて得られた時間数とする。

　　総労働時間＝８時間×３カ月の所定労働日数

（１日の標準労働時間）

第４条　１日の標準労働時間は８時間とする。

（コアタイム）

第５条　従業員が必ず勤務しなければならない時間帯は、午前10時～午後３時までとする。

（フレキシブルタイム）

第６条　始業時刻につき従業員の自主的決定に委ねる時間帯は、午前７時～午前10時とし、終業時刻につき従業員の自主的決定に委ねる時間帯は、午後３時～午後７時とする。

（労働時間の過不足の取り扱い）

第７条　フレックスタイム制の対象となる従業員が清算期間における法定労働時間を超えて労働した場合は、時間外割増賃金を支払う。

２　フレックスタイム制の対象となる従業員の実労働時間が清算期間における総労働時間に不足したときは、不足した時間を次の清算期間に法定労働時間の範囲内で繰り越す。

（有効期間）

第８条　本協定の有効期間は令和○年○月○日から同年○月○日までの１年間とする。ただし、有効期間満了の１カ月前までに、当事者のいずれからも更新しない旨の申し出がないときは、自動的に更新し、その後も同様とする。

令和○年○月○日

　　　　　　　　　　　　○○株式会社　代表取締役　○○○○

　　　　　　　　　　　　過半数代表者　○○○○

5　裁量労働制

[1] 専門業務型裁量労働制

　専門業務型裁量労働制は、業務の性質上、業務遂行の手段や方法、時間配分等を大幅に労働者の裁量に委ねる必要がある業務として、法令等により定められた19業務の中から、対象となる業務を労使協定で定め、労働者を実際にその業務に就かせた場合、労使協定であらかじめ定めた時間を労働したものとみなす制度です（労働基準法38条の３）。

(1) 就業規則で定める事項

　導入に当たっては、まず、①就業規則において、専門業務型裁量労働制をとることがある旨を定めておく必要があります。

　そして、上述のとおり、専門業務型裁量労働制は、始業・終業時刻の定めの例外であることから、勤務した場合には、実際の時間はともかくとして、②労使協定で定める時間労働したものとみなす旨の規定も必要です。

　また、始業・終業時刻の定めの例外だからといって、他の労働者とは全く異なる時間に出勤してよいということにすると、他の労働者が不平・不満等を持つ可能性もあること等から、③「始業・終業時刻は、第○条で定める所定就業時刻を基本とするが」という文言を入れておいたほうがよいと考えます。始業・終業時刻がないことから、休憩時間についても裁量で時間変更をできる旨も定めます。

　専門業務型裁量労働であっても、休日については、他の従業員と同様に適用されることから、他の従業員と同じであることを念のため定めたほうがよいでしょう。

　さらに、休日に労働した場合は休日労働、深夜に労働した場合は深夜労働となり、割増賃金の対象となりますので、企業としては、裁量労働適用者が自由に休日、深夜に勤務できるとするのではなく、休日、深夜の勤務については、あらかじめ上長の許可が必要である旨を定め、従業員に周知しておく必要があると考えます。

加えて、会社として、裁量労働適用者について、いつでも裁量労働制の適用を中止できる旨の定めを入れておいたほうがよいでしょう。

（2）労使協定で定める事項

　また、専門業務型裁量労働制を導入するに当たっては、以下の①〜⑦に掲げる事項について労使協定で定めることが必要となります。なお、必要事項のうち、健康・福祉を確保するための措置や、苦情処理については、厚生労働省等のひな型を使うのではなく、会社として実際に実施できることを定めることが必要です。

①対象業務

②１日のみなし労働時間

③対象業務を遂行する手段および時間配分の決定等に関し、対象業務に従事する労働者に具体的な指示をしないこと

④対象業務に従事する労働者の労働時間の状況の把握方法と把握した労働時間の状況に応じて実施する健康・福祉を確保するための措置（以下、健康・福祉確保措置）の具体的内容

⑤対象業務に従事する労働者からの苦情の処理のため実施する措置（以下、苦情処理措置）の具体的内容

⑥有効期間（３年以内が望ましい）

⑦上記④および⑤に関し、把握した労働時間の状況と講じた健康・福祉確保措置および苦情処理措置の記録を協定の有効期間中およびその期間の満了後５年間（ただし、当分の間は３年間）保存すること

規定例

（専門業務型裁量労働制）
第○条　専門業務型裁量労働制は、労使協定で定める対象労働者に適用する。
2　前項で適用する労働者（以下、「裁量労働適用者」という）が、所定労働日に勤務した場合には、第○条に定める就業時間にかかわらず、労使協定で定める時間労働したものとみなす。
3　裁量労働適用者の始業・終業時刻は、第○条で定める所定就業時刻を基本

とするが、業務遂行の必要に応じ、裁量労働適用者の裁量により具体的な時間配分を決定する。
4　裁量労働適用者の休憩時間は、第○条の定めによるが、裁量労働適用者の裁量により時間変更できるものとする。
5　裁量労働適用者の休日は第○条で定めるところによる。
6　裁量労働適用者が、休日または深夜に労働する場合については、あらかじめ上長の許可を受けなければならない。
7　会社は、いつでも、裁量労働適用者について、専門業務型裁量労働制の適用を中止することができる。

労使協定例

専門業務型裁量労働制に関する労使協定

（適用対象者）
第1条　本協定は、次の各号に掲げる従業員（以下、「裁量労働適用者」という）に適用する。
①　○○の業務に従事する従業員
②　○○の業務に従事する従業員

（専門業務型裁量労働制の原則）
第2条　裁量労働適用者の始業・終業時刻は、就業規則第○条の所定労働時間を基本とし、休憩時間についても、就業規則第○条の所定休憩時間を基本とする。ただし、会社は、裁量労働適用者に対して、業務遂行の手段および時間配分の決定等につき具体的な指示をしない。

（1日のみなし労働時間）
第3条　裁量労働適用者が所定労働日に勤務した場合は、就業規則第○条に定める就業時間にかかわらず、1日8時間労働したものとみなす。

（休日、深夜労働）
第4条　裁量労働適用者が休日労働または深夜労働を行う場合には、あらかじめ上長の許可を受けなければならない。

（健康と福祉の確保）
第5条　会社は、裁量労働適用者の健康と福祉を確保するために次の措置を講ずる。
①　在社時間の把握
②　2カ月に1回、上長による健康状態についてのヒアリングの実施
2　会社は、前項の結果を取りまとめ、産業医に提出するとともに、産業医

の指示があるときは、特別健康診断を実施する。

3　会社は、裁量労働適用者が精神・身体両面の健康に関する相談ができる相談室を人事部内に設置する。

（苦情の処理）

第6条　裁量労働適用者から苦情等があった場合には、次の手続きに従い、対応するものとする。相談を受けた者は、必要に応じ、実態調査を行い、関係部門に報告する。

① 裁量労働相談室を人事部内に設置し、毎週水曜日の10時から17時まで相談を受け付ける。

② 裁量労働相談室で取り扱う苦情は、裁量労働制の運用に関する全般の事項、裁量労働適用者に適用されている評価制度、賃金制度等の処遇一般とする。

（裁量労働適用の中止）

第7条　会社は、必要に応じ、裁量労働適用者について、専門業務型裁量労働制の適用を中止することができる。

（勤務状況等の保存）

第8条　会社は、裁量労働適用者の勤務状況、裁量労働適用者の健康と福祉を確保するために講じた措置、裁量労働適用者からの苦情について講じた措置の記録を、本協定の有効期間の始期から有効期間満了後3年間を経過するときまで保存する。

（有効期間）

第9条　本協定の有効期間は、令和○年○月○日から同○年○月○日までの3年間とする。

令和○年○月○日

○○株式会社　代表取締役　○○○○

過半数代表者　○○○○

［2］ 企画業務型裁量労働制

　企画業務型裁量労働制は、事業の運営に関する事項についての企画、立案、調査および分析の業務であって、業務の性質上、業務遂行の手段や方法、時間配分等を大幅に労働者の裁量に委ねる必要がある業務に従業員を従事させる場合に、労使委員会の決議により、あらかじめ定めた時間を働いたものとみなす制度です（労働基準法38条の4）。

(1) 就業規則で定める事項

　導入に当たっては、まず、①就業規則において、企画業務型裁量労働制をとることがある旨定めておく必要があります。

　そして、上述のとおり、企画業務型裁量労働制は、始業・終業時刻の定めの例外であることから、勤務した場合には、実際の時間はともかくとして、②労使委員会の決議で定める時間労働したものとみなす旨の規定も必要です。

　また、始業・終業時刻の定めの例外だからといって、他の労働者とは全く異なる時間に出勤してよいということにすると、他の労働者が不平・不満等を持つ可能性もあること等から、③「始業・終業時刻は、第〇条で定める所定就業時刻を基本とするが」という文言を入れておいたほうがよいと考えます。始業・終業時刻がないことから、休憩時間についても裁量で時間変更をできる旨も定めます。

　企画業務型裁量労働であっても、休日については、他の従業員と同様に適用されることから、他の従業員と同じであることを念のため定めたほうがよいでしょう。

　さらに、休日に労働した場合は休日労働、深夜に労働した場合は深夜労働となり、割増賃金の対象となりますので、会社としては、裁量労働適用者が自由に休日、深夜に勤務できるとするのではなく、休日、深夜の勤務については、あらかじめ上長の許可が必要である旨を定め、従業員に周知しておく必要があると考えます。

　加えて、会社として、裁量労働適用者について、いつでも裁量労働制の適用を中止できる旨の定めを入れておいたほうがよいでしょう。

(2) 労使委員会の設置・決議内容

　企画業務型裁量労働制を導入するに当たっては、会社は、対象業務の存する事業場において、労使委員会を設置し、その決議により、対象業務、対象となり得る従業員の範囲、みなし労働時間等、一定の事項に関して決議をし、その決議書を所定の様式により、所轄労働基準監督署長

に届け出る必要があります（労働基準法38条の４第１項、同法施行規則24の２の３第１項）。

　具体的には、以下の事項を決議する必要があります。

①対象業務

②対象となり得る従業員の範囲

③１日のみなし労働時間

④健康・福祉確保措置

⑤苦情処理措置

⑥上記①の業務に就かせたときは上記③の時間労働したものとみなすことにつき対象となる従業員の同意を得なければならないこと

⑦同意をしなかった従業員に対し、解雇その他の不利益な取り扱いをしてはならないこと

⑧決議の有効期間（３年以内が望ましい）

⑨会社が、次の事項に関する従業員ごとの記録を決議の有効期間中と有効期間満了後５年間（ただし、当分の間は３年間）保存すること

　　ア　対象従業員の労働時間の状況

　　イ　健康・福祉確保措置として講じた措置

　　ウ　対象従業員からの苦情処理措置として講じた措置

　　エ　対象従業員の同意

規定例

（企画業務型裁量労働制）

第○条　企画業務型裁量労働制は、本社事業場労使委員会の決議（以下、「決議」という）で定める対象労働者であって決議で定める同意を得た者（以下、「裁量労働適用者」という）に適用する。

2　前項の同意は、書面により行うものとする。

3　裁量労働適用者が、所定労働日に勤務した場合には、第○条に定める就業時間にかかわらず、決議で定める時間労働したものとみなす。

4　裁量労働適用者の始業・終業時刻は、第○条で定める所定就業時刻を基本とするが、業務遂行の必要に応じ、裁量労働適用者の裁量により具体的な時

　　間配分を決定する。
5　　裁量労働適用者の休憩時間は、第○条の定めによるが、裁量労働適用者の裁量により時間変更できるものとする。
6　　裁量労働適用者の休日は第○条で定めるところによる。
7　　裁量労働適用者が、休日または深夜に労働する場合については、あらかじめ上長の許可を受けなければならない。
8　　会社は、いつでも、裁量労働適用者について、企画業務型裁量労働制の適用を中止することができる。

　事業場外労働

　事業場外労働のみなし労働時間制とは、従業員が業務の全部または一部を事業場外で従事し、会社の指揮監督が及ばず、当該業務に係る労働時間の算定が困難な場合に、会社の労働時間に係る算定義務を免除し、その事業場外労働について所定労働時間を労働したとみなすことができる制度です。また、その業務を遂行するためには通常所定労働時間を超えて労働することが必要な場合は、当該業務に関して、当該業務の遂行に通常必要とされる時間労働したものとみなします。例えば、外勤の営業社員など、常態として事業場外で勤務したり、出張など臨時に事業場外で勤務したりすることによって労働時間の算定が困難となる場合に利用されています。

　事業場外労働のみなし労働時間制を導入するためには、それが労働契約の内容となっていなければならないことから、本制度を導入していることを就業規則に明記する必要があります。そのため、就業規則で「従業員が、労働時間の全部または一部について、事業場外で労働した場合において、労働時間を算定することが困難であるときは、所定労働時間労働したものとみなす」という趣旨の規定を定めておく必要があります。

　また、事業場外での業務を遂行するために通常、所定労働時間を超えて労働することが必要となる場合には、労使協定で定めた「当該業務の

遂行に通常必要とされる時間」を労働したものとみなすことができるので、「事業場外の労働が通常、所定労働時間を超える場合には、通常必要とされる時間労働したものとみなす」こと、そして、「『通常必要とされる時間』について労使協定を締結したときは、労使協定で定める時間労働したものとみなす」という定めもしておく必要があります。

　上述のとおり、事業場外の業務であって、労働時間の算定が困難で、通常所定労働時間を超えて労働することが必要な場合には、「通常必要とされる時間」を労使協定で定めることになります。労使協定での締結事項は、①対象とする業務、②みなし労働時間、③有効期間です。

　労使協定を締結するに当たって留意すべき点は、②みなし労働時間です。実際の規定例では「労働時間の全部を事業場外で勤務した場合」と「労働時間の一部を事業場外で勤務した場合」とを分けていない例が見られます。

　例えば、「１日の労働時間の全部または一部を事業場外で業務に従事し、労働時間を算定することが困難であるときは、事業場外での業務遂行に通常必要とされる時間は、１日９時間とする」という趣旨の定めを見ることがあります。この場合、労働時間の「全部」を事業場外での業務に従事する場合にはこの定めでも特段問題は生じませんが、労働時間の「一部」について事業場外での業務に従事する場合には、行政当局が、事業場外で勤務した分についてはみなし時間をカウントし、事業場内で勤務した分については実労働時間をカウントし、その合計がその日の労働時間であるという解釈をしていることから（昭63.3.14　基発150。この考え方自体には批判も多くあるところです）、その日の労働時間は、事業場外労働のみなし時間である９時間と、事業場内で勤務した時間の合計であると判断される可能性があります。

　したがって、みなし労働時間を定めるに当たっては、労働時間の全部を事業場外で勤務した場合と労働時間の一部を事業場外で勤務した場合とで、明確に分けて定めておいたほうがよいと考えます。

　なお、みなし時間が8時間を超える場合には、労使協定を所定の様式により所轄労働基準監督署長に届け出る必要がある点を見落としがちですので、注意が必要です（労働基準法38条の2第3項、同法施行規則24条の2第3項・第4項）。

規定例

（事業場外労働）
第○条　従業員が、労働時間の全部または一部について、事業場外で労働した場合において、労働時間を算定することが困難であるときは、所定労働時間労働したものとみなす。
2　前項の事業場外の労働が、通常、所定労働時間を超える場合には、通常必要とされる時間労働したものとみなす。
3　前項に定める「通常必要とされる時間」について、労使協定を締結したときは、労使協定で定めた時間労働したものとみなす。

労使協定例

事業場外労働に関する労使協定

（適用対象者）
第1条　本協定は、営業部に所属する従業員で、主として事業場外において営業業務に従事する者に適用する。
（みなし労働時間）
第2条　前条の従業員が、1日の労働時間の全部を事業場外で業務に従事し、労働時間を算定することが困難であるときは、所定労働時間労働したものとみなす。
2　前条の従業員が、1日の労働時間の一部を事業場外で業務に従事し、労働時間を算定することが困難であるときは、事業場外での業務遂行に「通常必要とされる時間」は、1日4時間とする。
（有効期間）
第3条　本協定の有効期間は、令和○年1月1日から同年12月31日までの1年間とする。ただし、期間満了の1カ月前までに会社または従業員代表のいずれからも改定の申し出がない場合は、1年ごとに自動更新とする。

令和○年○月○日

　　　　　　　　　　　　　　○○株式会社　代表取締役　　○○○○
　　　　　　　　　　　　　　　　　　　　　過半数代表者　○○○○

7 休憩時間

[1] 就業規則への明記

　就業規則では、１日の「休憩時間」を定めなければならないとされています（労働基準法89条１号）。

　多くの会社では、「正午から午後１時まで」「午前11時30分から午後０時30分まで」のように、休憩時刻が特定されていると思います。もっとも、業種や業態によっては、休憩時刻を特定できない会社もあるでしょう。このような場合、休憩時刻を就業規則に定めなければならないのかという問題があります。労働基準法89条１号は、労働時間については、「始業及び終業の時刻」を記載すべきとしていますが、休憩時間については、単に「休憩時間」を記載すべき（休憩時刻となっていない）としていますので、休憩時刻を就業規則で特定しなくてもよいと解されます。

　ただ、休憩時間の長さ、休憩時間の与え方は就業規則に定める必要があると行政当局は考えていることから（厚生労働省労働基準局編『令和３年版 労働基準法・下』労働法コンメンタール③［労務行政］1004ページ）、休憩時間の長さ（例えば、１時間）、休憩時間の与え方（労働時間の中途に与える）は記載しておいたほうが無難でしょう。

[2] 繰り上げ・繰り下げ

　上記のとおり、多くの会社では就業規則で休憩時刻が特定されていますが、その場合、特定された休憩時刻が労働契約の内容となっています。

　したがって、会社が一方的な命令として、休憩時刻を変更できるための根拠規定として、休憩時刻の繰り上げ、繰り下げの定めを置いておく必要があります。仮に、これがない場合には、休憩時刻の繰り上げ、繰り下げを一方的に行うことができず、従業員の同意が必要となります。

　なお、休憩時刻を特定していない企業の場合には、その都度、休憩時

刻を定めることになりますが、一度定めた休憩時刻を変更する際には、やはり根拠規定が必要なので、繰り上げ、繰り下げの定めを置いておく必要があります。

[3]　休憩時間の一斉付与

　休憩時間については、労働基準法34条2項本文により、一斉に付与することが定められています。ただし、例外として、(1) 適用除外事業(事業の種類によってはそもそも休憩時間の一斉付与の規制をしない)である場合、(2) 労使協定を締結した場合には、一斉付与をしなくてもよいとなっています。

　(1) の適用除外事業としては、①道路、鉄道、軌道、索道、船舶または航空機による旅客または貨物の運送の事業、②物品の販売、配給、保管もしくは賃貸または理容の事業、③金融、保険、媒介、周旋、集金、案内または広告の事業、④映画の製作または映写、演劇その他興行の事業、⑤郵便、信書便または電気通信の事業、⑥病者または虚弱者の治療、看護その他保健衛生の事業、⑦旅館、料理店、飲食店、接客業または娯楽場の事業、⑧官公署の事業があります(労働基準法40条、同法施行規則31条)。

　(2) の適用除外としては、労使協定に、①一斉に休憩を与えない従業員の範囲、②当該従業員に対する休憩の与え方について、定める必要があります(同法施行規則15条)。

規定例

【休憩時刻を特定する場合】
　(休憩時間)
第○条　休憩時間は正午から午後1時とする。
2　休憩時間は一斉に付与する。ただし、労使協定に定めるところにより交替制とすることがある。
3　業務の都合、その他やむを得ない事情により、会社は、休憩時間を繰り上げ、または繰り下げることがある。

【休憩時刻を特定しない場合】
　（休憩時間）
第○条　休憩時間は1時間とし、労働時間の中途に与える。
2　休憩時間は一斉に付与する。ただし、労使協定に定めるところにより交替制とすることがある。
3　業務の都合、その他やむを得ない事情により、会社は、指定した休憩時間を繰り上げ、または繰り下げることがある。

労使協定例

休憩時間に関する労使協定

第1条　以下の部門に所属する従業員については、交替で休憩時間を与える。
　　　　コールセンター部門
　　　　受付部門
第2条　コールセンター部門の休憩時間は次のとおりとする。
　　　　Aチーム　午前11時30分〜午後0時30分
　　　　Bチーム　正午〜午後1時
　　　　Cチーム　午後0時30分〜午後1時30分
2　受付部門の休憩時間は次のとおりとする。
　　　　Aチーム　午前11時30分〜午後0時30分
　　　　Bチーム　正午〜午後1時
　　　　Cチーム　午後0時30分〜午後1時30分

令和○年○月○日

　　　　　　　　　　　　　○○株式会社　代表取締役　　○○○○
　　　　　　　　　　　　　　　　　　　　過半数代表者　○○○○

8　勤務間インターバル

　勤務間インターバルとは、前日の終業時刻と翌日の始業時刻の間に、一定時間の休息を設定する制度であり、労働者の生活時間や睡眠時間を確保し、健康な生活を送るために重要なものです。

　この勤務間インターバルについて、「ニッポン一億総活躍プラン」（平成28年6月2日閣議決定）では、「自発的導入を促進するため、専門的な知識やノウハウを活用した助言・指導、こうした制度を積極的に導入しようとする企業に対する新たな支援策を展開する」とされました。また、「働き方改革実行計画」（平成29年3月28日働き方改革実現会議決定）では、「労働時間等の設定の改善に関する特別措置法を改正し、事業者は、前日の終業時刻と翌日の始業時刻の間に一定時間の休息の確保に努めなければならない旨の努力義務を課し、制度の普及促進に向けて、政府は労使関係者を含む有識者検討会を立ち上げる。また、政府は、同制度を導入する中小企業への助成金の活用や好事例の周知を通じて、取り組みを推進する」とされています。働き方改革関連法により改正された労働時間等設定改善法2条では"事業主は、勤務間インターバル制度の導入に努めること"とされました。

　勤務間インターバルを設計するに当たっては、休息時間が次の勤務時間に及ぶ場合の勤務時間の取り扱いが問題となります。制度設計の方向性としては、次の二つの方法があります。

①休息時間と次の所定労働時間が重複する部分を働いたものとみなす方法

②次の始業時刻を繰り下げる方法

　②には、（ア）当日の終業時刻も繰り下げる方法、（イ）終業時刻はそのままとして勤務時間が短くなった場合でも給与支払い対象とする方法、（ウ）フレックスタイム制が適用されている労働者においては労働時間を調整する方法などがありますが、あまり体力のない中小企業では、（ア）が現実的かと思います。

　また、年末年始や業務の緊急性など特別な事情が生じた場合などを適用除外として運用することも可能です。

　この勤務間インターバルを導入するに当たって、必ずしも就業規則に明記をする必要はありませんが、就業規則に定める場合の規定例は以下

のとおりです。

（勤務間インターバル）

第○条 会社は、労働者ごとに１日の勤務終了後、次の勤務開始までに少なくとも、○時間の継続した休息時間を与える。ただし、災害その他避けることができない場合は、この限りではない。

2 前項の休息時間の満了時刻が、次の勤務の所定始業時刻以降に及ぶ場合、翌日の始業時刻は、前項の休息時間の満了時刻後最初に到来する「○時」まで繰り下げ、終業時刻も同様に繰り下げる。

6

休日・休暇、時間外・休日・深夜労働

休日や年次有給休暇の付与を適法に行うことは労務管理の基本です。年５日以上の年次有給休暇の付与等、法定の要件をしっかりと把握しておきましょう。時間外・休日労働については36協定に関する事項のほか、就業規則上の定めや割増賃金の計算方法について解説します。こちらも確実に押さえておいてください。

休日・休暇、時間外・休日・深夜労働

①休日を与えている	□はい	□いいえ
②振替休日と代休の違いを理解している	□はい	□いいえ
③法定以上の年次有給休暇を付与している	□はい	□いいえ
④年次有給休暇を年5日以上取得させている	□はい	□いいえ
⑤計画年休を実施するに当たっては労使協定を締結している	□はい	□いいえ
⑥時間単位年休を実施するに当たっては労使協定を締結している	□はい	□いいえ
⑦時間外労働、休日労働をさせるに当たっては、就業規則に定めを設けるとともに、36協定を締結し、届けを出している	□はい	□いいえ
⑧時間外労働、休日労働、深夜労働をさせる場合には法定以上の割増率で計算した時間外割増賃金を支払っている	□はい	□いいえ
⑨管理監督者にも深夜割増賃金を支払っている	□はい	□いいえ

1 休日の付与義務

[1] 休日の意義

労働基準法35条は、以下のとおり定めています。

> **第35条** 使用者は、労働者に対して、毎週少くとも1回の休日を与えなければならない。
> 2 前項の規定は、4週間を通じ4日以上の休日を与える使用者については適用しない。

ここでいう休日とは、従業員が労働契約において労働義務がないとされている日をいいます。そして、休日は、単に連続24時間の休業ではなく、「午前0時～午後12時」（編注：「午後12時」は翌日の午前0時のこと）までの暦日の休業をいいます（昭23.4.5 基発535）。

もっとも、下記の例外があります。

（1）例外①：8時間3交代連続勤務の番方編成の場合

番方編成による交代制が就業規則等により制度化され、各番方の交代が規則的に定められているものであって、勤務割表等によりその都度設定されるものでない場合には、継続24時間を与えれば休日を付与したことになります（昭63.3.14 基発150）。

（2）例外②：旅館業の場合

フロント係、調理係、仲番および客室係に限り、2暦日にまたがる休日となることやその時間帯が従業員に明示されており、正午から翌日の正午までの24時間を含む継続30時間（当分の間27時間）の休息が確保されれば、休日を付与したことになります。なお、この取り扱いにおいては、年間の法定休日数のうち少なくとも2分の1は暦日で与えること、年間に法定休日数を含めて60日以上の休日を確保することなどを指導することとされています（昭57.6.30 基発446、昭63.3.14 基発150、平11.3.31 基発168）。

（3）例外③：自動車運転者の場合

　タクシー、トラック、バス等の自動車運転者については、休息時間（原則として８時間）プラス24時間の連続した時間をもって休日を付与したことになるとされています。すなわち、少なくとも32時間以上の連続した時間の休業が必要となります。なお、休日を２日連続で取得する場合には、２日目については、連続24時間の休業で足りるとされています（平元.2.9　労告7、最終改正：平30.9.7　厚労告322、平元.3.1　基発93）。

[2] **休日と休暇の違い**

　休日は、上述のとおり、従業員が労働契約において労働義務がないとされている日であり、他方で、休暇は、従業員が労働契約において労働義務があるとされている日について、従業員がその権利を行使して、労働義務を消滅させる日のことをいいます。つまり、労働義務の有無が違いになります。

[3] **法定休日と法定外休日の違い**

　労働基準法35条に定めている休日を法定休日といい、労働基準法を上回る休日制度を採用した場合（週休２日制や国民の祝日を休日とする制度など）に、法定休日に加えて付与される休日を法定外休日といいます。両者の共通点は、労働義務がない日であることです。

　労働基準法36条に定める休日労働に該当するのは、法定休日に労働する場合のことを指す点に留意が必要です。

　そして、法定休日に労働させた場合は、割増賃金が３割５分であり、法定外休日に労働させた場合は、１週間の法定労働時間である40時間を超えたときに、割増賃金が２割５分となります。

　実務上よくあるのが、休日労働をした場合には３割５分の割増賃金を支払うと賃金規定に書かれているケースです。この場合、法定外休日の労働は２割５分の割増賃金で足りるのに、３割５分の割増賃金を支払う必要が出てきてしまいます。

[4] 付与義務

よくある誤解が、1週1日あるいは4週4日の休日付与義務は、実際に休日を付与しないといけないというものです。

36協定を締結し、法定休日に勤務させることは可能です。この場合、休日付与義務を履行した上で、適法にその日に労働させたということになるので、労働基準法35条との関係では、法定休日を与えたという整理になります。

[5] 休日の特定

労働基準法は、法定休日の特定を義務づけているものではないと解釈されています。その理由は、①労働基準法35条の文言、②労働基準法89条に「休日」とだけ書かれているという点にあります。

もっとも、行政通達は、就業規則において休日をできる限り特定することが望ましい（昭23.5.5 基発682、昭63.3.14 基発150、4週4日の変形休日制に関して、昭22.9.13 発基17）としています。

週休2日制を採用している場合に、いずれの休日が法定休日となるのかという点が問題となることがありますが、①就業規則で日曜日を法定休日とするとあれば日曜日となります。②それがない場合には、起算日から計算して7日の期間である週の起算日が就業規則に定められているときはそれに従うことになりますが、定めがないときには、週の起算日は日曜日となる（昭63.1.1 基発1）ため、日曜日と土曜日の両方に労働した場合、暦週（日〜土）で後順位に位置する土曜日が法定休日労働になります（平22.4.1施行「改正労働基準法に係る質疑応答」 平21.10.5公表）。

[6] よくある誤解

裁量労働制は、一定の専門的・裁量的業務に従事する従業員について、実際の労働時間数にかかわらず一定の労働時間数だけ労働したものと見なす制度であり、また、フレックスタイム制度は、3カ月以内の期間内において一定時間数労働することを条件に、1日の労働時間を従業

員に委ねる、つまり、始業時刻および終業時刻を委ねる制度です。すなわち、ともに「労働時間」に関する規制の対象外とはされているものの、休日は関係なく、休日付与の規制は及びます。

[7] 労働日の時間外労働や法定休日の休日労働が、翌日の午前０時を過ぎた場合の考え方

　２暦日にわたる１勤務については、継続勤務はたとえ暦日を異にする場合でも、１勤務として取り扱うべきであるから始業時刻の属する日の労働として、当該日の「１日」の労働と解する（昭42.12.27　基収5675、平11.3.31　基発168）とされています。

　そのため、午前０時をまたぐ勤務は、翌日の始業時刻に至るまでの労働時間が前日の勤務の継続として時間外労働となります。

　他方で、３割５分以上の割増賃金の対象となる休日労働は、「法定休日である日の午前０時から午後12時までの時間帯に労働した部分が休日労働となる」（平6.5.31　基発331）とされているので、法定休日翌日の午前０時以降については、法定の休日労働とはならず、３割５分以上の割増賃金の対象とはなりません。

[8] 就業規則での定め方

　休日の就業規則例は、以下のとおりです。

規定例

（休日）
第○条　休日は次のとおりとする。
　①土曜日、日曜日
　②国民の祝日・休日
　③その他会社が定める日
２　毎週の休日のうち休日労働のない最後の日またはすべての休日を労働した場合の最後の労働した日を法定休日とする。

2 振替休日と代休

[1] 振替休日

　事前の手続きによって、休日（法定休日）を労働日と入れ替え、代わりにあらかじめ労働日として予定していた日を休日とすることを「振替休日」または「休日の振り替え」といいます。振替休日は、事前に休日と労働日を入れ替えるため、本来の休日における労働は労働日の労働となり、休日労働のための36協定の締結や割増賃金の支払いは必要ありません。

　振替休日については、就業規則に定めがなければ、従業員の個別同意が必要となります。

　また、振替休日は、事前に休日と労働日を入れ替えるため、法定休日を振り替える場合には1日単位でしかできませんが、法定外休日については、時間単位での休日振り替え、半日単位での休日振り替えが可能です（もちろん、就業規則上の根拠は必要です）。

　振替休日の就業規則例は、以下のとおりです。

> **規定例**
>
> **（休日の振替）**
> **第○条**　会社は、業務の都合などやむを得ない事由のある場合、第○条の休日を他の日に振り替えることができる。

[2] 代休

　代休は、休日のまま従業員に労働をさせた上で、その代償として他の労働日を休日に変更することになるため、労働させた日が法定休日であった場合には、休日労働のための36協定の締結、割増賃金の支払いが必要となります。

　代休は、事後的ではありますが、労働日の労働を免除するものであるので、不就労分の賃金を差し引くことが考えられます。それを行うに

は、就業規則にその旨を明記しておく必要があります。ただし、休日の135（通常の労働分100＋割り増し分35）と代休日の100の差し引きは、同一の賃金計算期間内の場合でなければできません。

また、代休の付与は、半日単位、時間単位でも可能です。

代休の就業規則例は、以下のとおりです。

規定例

（代休）
第○条　会社は、従業員が休日に８時間以上、労働した場合には、当該日から１カ月以内に代休を与えることがある。
2　前項の代休は無給とする。

3　年次有給休暇の付与

［1］年次有給休暇の法的性質

年次有給休暇は、従業員の健康で文化的な生活の実現に資するために、従業員に対し、休日のほかに毎年一定日数の休暇を有給で保障する制度です。

年次有給休暇の権利は、従業員が６カ月間継続勤務し、全労働日の８割以上出勤するという客観的要件を充足することによって「法律上当然に」発生する権利であり、従業員が年次有給休暇の「請求」をして初めて生じるものではありません。

そして、年次有給休暇は「労働者の請求する時季に与えなければならない」との法規定（労働基準法39条５項）は、既に発生している年次有給休暇の権利について、年次有給休暇の具体的時期を特定するための「時季指定権」を定めたものです。

このように、客観的要件充足によって当然に成立する年次有給休暇の権利と、その目的物を特定するための時季指定権とは、相互に明確に区

分されます。

[2] 年次有給休暇の権利の発生要件

年次有給休暇の権利が発生するためには、①入社から6カ月間（その後は1年間）継続勤務すること、②全労働日の8割以上を出勤することの二つが要件です。

入社から6カ月間の起算日は、労働基準法39条1項に「その雇入れの日から起算して」とあるので、入社日となります。初日不算入ではない点に留意する必要があります。

また、「継続勤務」は、労働契約が存続している期間の意味であり、いわゆる在籍期間のことをいい、実質的に判断されることになります。例えば、臨時従業員の正社員への採用、定年退職者の嘱託としての再採用、短期労働契約の更新、在籍での出向、休職者の復職などは、実態から見て、継続勤務に該当すると判断されます。また、継続勤務は、労働契約が存続していることで足りるので、休業中や休職中であっても継続勤務となります。

次に、「全労働日の8割以上の出勤」ですが、6カ月経過時点でこの要件を満たさないと、次の1年間については、年次有給休暇の権利は1日も発生しません。

具体的には、令和4年4月1日に入社した社員が同年9月末日の時点で全労働日の8割以上の出勤があれば、令和4年10月1日に10日の有給休暇の権利が発生しますが、全労働日の8割以上の出勤がなければ、令和4年10月1日に有給休暇の権利は発生しません。そして、令和4年10月1日から同5年9月末日までの期間で全労働日の8割以上の出勤があれば、令和5年10月1日に初めて、11日の年次有給休暇の権利が発生するということになります。

なお、「全労働日」というのは、1年間の暦日数から休日を除いた日数、すなわち、従業員が、労働契約上、労働義務を課せられている日をいいます。実質的に見て労働義務のない日（休日と同様の一般休暇日）

は、「労働日」には当たりません。

　例えば、不可抗力による休業日、使用者側に起因する経営・管理上の障害による休業日、正当な争議行為により就労しなかった日は、「労働日」には該当しないですし、就業規則上定められている慶弔休暇を取得した日も「労働日」には該当しないという扱いが通例です。

　これに対して、同じ休業日等でも「労働日」には該当するものの、出勤したものと見なすという扱いをする場合もあります。例えば、業務上の傷病により療養のために休業した期間、産前産後の休業期間、育児介護休業法に定める育児ないし介護休業を取得した期間がこれに該当します（労働基準法39条10項）。また、年次有給休暇を取得した日も同じ取り扱いになります。

［3］年次有給休暇の日数

（1）法定の発生日数

　年次有給休暇の権利の発生日数は、［図表1］のとおりです。

　ここでいう1日というのは、暦日計算によることが原則です。例えば、一昼夜交代勤務（午前9時〜翌日午前9時）の場合、2労働日となるので、年次有給休暇の権利を使う場合は2休暇日となります。

（2）法を上回る付与

　上述のとおり、年次有給休暇の権利の発生要件は、従業員が6カ月間継続勤務し、全労働日の8割以上出勤することですが、法律を上回る取り扱いをすることは可能です。例えば、入社日に3日、6カ月経過時に7日と分割して有給休暇の権利を認めることも可能です。ただし、この取り扱いをする場合には、①分割付与により法定の基準日以前に付与す

図表1　年次有給休暇の発生日数（フルタイム従業員）

勤続年数	6カ月	1年6カ月	2年6カ月	3年6カ月	4年6カ月	5年6カ月	6年6カ月
日数	10日	11日	12日	14日	16日	18日	20日

る場合の年次有給休暇の付与要件である8割出勤の算定は、短縮された期間は全期間出勤したものと見なすものであること、②次年度以降の年次有給休暇の付与日についても、初年度の付与日を法定の基準日から繰り上げた期間と同じかまたはそれ以上の期間、法定の基準日より繰り上げることの2点を満たす必要があると通達（平6.1.4　基発1）が定めています。

(3) パートタイム従業員の発生日数（比例付与）

　以上の年次有給休暇の権利の発生日数はいわゆるフルタイム従業員を前提としていましたが、所定労働日数が4日以下のパートタイム従業員については、[図表2] のとおりです。

　例えば、週所定労働日数を4日とする1年契約を締結した場合には、6カ月経過時に7日間の年次有給休暇の権利が発生します。そして、翌年の契約更新の際、週所定労働日数を3日とする1年契約を（更新）締結した場合には、1年6カ月経過時に6日間の年次有給休暇の権利が発生します。

図表2　年次有給休暇の発生日数（パートタイム従業員）

週所定労働日数	1年間の所定労働日数	雇入れの日からの継続勤務期間						
		6カ月	1年6カ月	2年6カ月	3年6カ月	4年6カ月	5年6カ月	6年6カ月
4日	169〜216日	7日	8日	9日	10日	12日	13日	15日
3日	121〜168日	5日	6日	6日	8日	9日	10日	11日
2日	73〜120日	3日	4日	4日	5日	6日	6日	7日
1日	48〜72日	1日	2日	2日	2日	3日	3日	3日

このとおり、契約により所定労働日数が変動する場合、年次有給休暇の権利の発生するときの契約の所定労働日数に基づいて、年次有給休暇の権利が発生します。他方で、１日の労働時間が３時間であったとしても、所定労働日数が週５日の場合は比例付与ではなく、原則どおりの日数の年次有給休暇の権利が発生します。

[4] 時季指定権の行使による法的効果

　上述のとおり、年次有給休暇については、具体的時期を特定するための「時季指定権」を行使することによって法的な効果が発生します。具体的には、①時季指定権を行使した日の就労義務が消滅し、②法所定の賃金請求権を取得するということになります。

（1）就労義務の消滅

　時季指定権を行使することによって就労義務が消滅するということからすると、当初から就労義務がないとされている日に時季指定権を行使するということはできません。

　例えば、休職期間中や育児介護休業中は、労働義務が免除されているので、有給休暇を取得することはできません。他方で、労働災害で休業中の場合は、労働義務が免除されているわけではないので、有給休暇を取得することが可能です。

　また、時季指定権の行使について、就業規則で前々日までに行使しなければならないという定めをすることができるかという問題がありますが、前々日であれば合理的であり問題ないと考えます（１週間前までに行使しなければならないとなると、法的には厳しい判断をされる可能性が高いと思います）。

　実務上、よくある問題として、欠勤日を年次有給休暇に振り替えることができるかということがあります。例えば、令和４年４月５日に病気で欠勤したところ、翌４月６日に、前日の病気欠勤を有給休暇に振り替えてほしいと従業員が要望してきたというケースです。

　そもそも、時季指定権を過去にさかのぼって指定することはできませ

ん。したがって、欠勤を年次有給休暇に振り替えることはできないというのが理論的です。ただ、会社として、そのような特別扱いを認めることは可能です。会社によっては、就業規則にその旨を記載しているところもあります。

(2) 賃金請求権の取得

年次有給休暇を取得した日について、使用者は、従業員に賃金を支払う義務があります。この賃金については、次の3種類の方法での支払いが認められています。

---

①所定労働時間労働した場合に支払われる通常の賃金

②平均賃金

③健康保険法40条1項で定める標準報酬月額の30分の1に相当する金額（労使協定がある場合に限る）

上記のいずれにするかは、就業規則で明確に規定しておく必要があります。また、その都度、従業員ごとに計算方法を変えるということは認められていません。

[5] 時季変更権

使用者は、従業員による時季指定権に対抗する手段としては、時季変更権しか持っていません。この時季変更権は、指定された日に事業の正常な運営を妨げる事由が存在する場合に認められます。なお、時季変更権の行使に当たって、代わりの日を提案する必要まではありません。

事業の正常な運営を妨げる事由については、当該従業員の所属する事業場を基準として、事業の規模・内容、当該従業員の担当する作業の内容、性質、作業の繁閑、代行者の配置の難易、労働慣行等、諸般の事情を考慮して客観的に判断すべきとされており、使用者として通常の配慮をしないことによって、代替要員が確保できないなどの理由では、事業の正常な運営を妨げる場合には該当しないと判断されたケースがあります。

実務上の感覚としては、時季変更権が認められるケースは限られているという印象です。もっとも、長期間の取得であったり、研修中に時季指定がなされたりした場合には、時季変更権は認められやすい傾向にあるかと思います。

　実務上よくあるのが、退職の申し出をした従業員が、残りの期間すべてについて有給休暇を取得するとして時季指定するケースです。この場合、使用者としては、業務の引き継ぎ等もあることから、何とか勤務してもらえないかと考え、時季変更権の行使を検討することとなるでしょう。しかし、時季変更権の行使については、代わりに時季指定できる日がなければなりませんので、退職日までに残りのすべての有給休暇を取得するという場合には、時季変更権を行使することはできません。これを解決するには、従業員と協議し、残存有給休暇を買い上げることを約束し、勤務してもらうという方法があります。有給休暇の買い上げは違法であり、できないのではないかという声も聞きますが、退職時点で未消化の有給休暇を買い上げることは適法です。

［6］半日単位の年次有給休暇

　年次有給休暇は、原則として1労働日を単位として付与すべきであり、従業員が半日単位で年次有給休暇を時季指定したとしても、会社はそれに応じる義務はありません。

　もっとも、従業員が半日単位での年次有給休暇の取得を希望して時季を指定し、使用者がこれに同意した場合であり、かつ、本来の取得方法による年次有給休暇の取得の阻害とならない範囲内で運用される限りは、問題ないとされています。

　逆に言うと、従業員が1日単位で年次有給休暇の時季を指定しているにもかかわらず、使用者が半日単位で認めるということはできません。

4 年次有給休暇の時季指定

　平成31年４月１日施行の改正労働基準法により、年次有給休暇が10日以上付与される従業員について、年５日の年次有給休暇を取得させることが使用者の義務となりました（同法39条７項）。具体的には、以下のとおりです。

①対象者は、年次有給休暇が10日以上付与される従業員であり、管理監督者も、また、契約社員、パートタイマーも含まれます。

②使用者は、従業員ごとに、年次有給休暇を付与した日（基準日）から１年以内に５日について、取得時季を指定して年次有給休暇を取得させなければなりません。既に５日以上の年次有給休暇を請求・取得している従業員に対しては、使用者による時季指定をする必要はなく、また、することもできません。

③使用者は、時季指定に当たっては、従業員の意見を聴取しなければなりません。また、できる限り従業員の希望に沿った取得時季になるよう、聴取した意見を尊重するよう努めなければなりません。

④使用者は、従業員ごとに年次有給休暇管理簿（時季、日数および基準日を従業員ごとに明らかにした書類）を作成し、３年間保存しなければなりません。

　また、労働基準法89条１号は就業規則の絶対的必要記載事項を定めていますが、そこには、「休暇」に関する事項が列挙されています。ここでいう「休暇」とは、年次有給休暇、産前産後休暇、生理休暇、育児休業、介護休業、子の看護休暇のほか、慶弔休暇等の当事者が制度化した休暇も含まれるとされています。

　そのため、年次有給休暇の時季指定についても、就業規則で定めておく必要があります。

（年次有給休暇）

第○条　会社は、年次有給休暇が10日以上与えられた従業員に対しては、付与日から１年以内に、当該従業員の有する年次有給休暇日数のうち５日について、当該従業員から意見を聴取し、その意見を尊重した上で、あらかじめ時季を指定して取得させる。ただし、従業員が、年次有給休暇を取得した場合、当該取得した日数分を５日から控除する。

5　計画年休

　わが国における年次有給休暇の取得率が欧米諸国と比べて極めて低い水準にとどまっていることに鑑み、年次有給休暇の取得率を向上させ、労働時間短縮を推進するためには、職場において、従業員が自己の業務を調整しながら、気兼ねなく年次有給休暇を取得できることとすることが有効であるとして、従業員の個人的事由による取得のために一定の日数を留保しつつ、これを超える日数については、労使協定による年次有給休暇の計画的付与（以下、計画年休）を実施することが認められています（昭63.1.1　基発１）。

　計画年休の方式としては、次の３通りが考えられ、それぞれの場合に労使協定で定められるべき事項として、次のものが考えられます。

①事業場全体の休業による一斉付与…具体的な年次有給休暇の付与日

②班別の交代制付与…班別の具体的な年次有給休暇の付与日

③年次有給休暇付与計画表による個人別付与…計画表を作成する時期、手続き等

　計画年休の対象とできる年次有給休暇は、保有する年次有給休暇のうち５日を超える部分になりますが、従業員によっては年次有給休暇の日

数が5日に満たない場合、年次有給休暇がない場合もあります。そのような従業員も含めて一律に計画年休を付与する場合には、休日振り替えの措置や、5日分の年次有給休暇を確保しつつ、さらに計画年休として付与する分を与えられるように、不足分の年次有給休暇を特別に上乗せする等の措置を取るなどして対応することが考えられます（昭63.1.1基発1）。

なお、そのような措置を取らずに、計画年休の期間に休業させる場合には、休業手当の支払いが必要とされています（昭63.3.14　基発150）。

規定例

（年次有給休暇の計画的付与）
第○条　前第○条の規定にかかわらず、会社は、従業員の過半数を代表する者との書面による協定により、従業員の有する年次有給休暇日数のうち5日を超える部分については、あらかじめ時季を指定して取得させることができる。

労使協定例①（事業場全体の休業による一斉付与）

年次有給休暇の計画的付与に関する労使協定

　○○株式会社と過半数代表者は、令和○年度の年次有給休暇の計画的付与（以下、「計画年休」という）に関して次のとおり協定する。

（計画年休期間）
第1条　令和○年度の年次有給休暇について、次のとおり計画的付与を行う。
　　○月○日から同月○日まで
（対象者）
第2条　計画年休の対象者は、全従業員とする。
（計画年休期間の変更）
第3条　業務運営上支障を来す場合、会社は、第1条で定めた計画年休の期間を変更することがある。

令和○年○月○日

　　　　　　　　　　　　　○○株式会社　代表取締役　　○○○○
　　　　　　　　　　　　　　　　　　　　過半数代表者　　○○○○

労使協定例② (班別の交代制付与)

年次有給休暇の計画的付与に関する労使協定

　○○株式会社と過半数代表者は、令和○年度の年次有給休暇の計画的付与（以下、「計画年休」という）に関して次のとおり協定する。

（計画年休期間）
第1条　各課において、その所属の従業員をA、Bの2グループに分ける。その調整は各課長が行う。
2　各従業員が有する令和○年度の年次有給休暇のうち5日分については、各グループの区分に応じて、次表のとおり与える。

Aグループ	○月○日～○日
Bグループ	○月○日～○日

（計画年休期間の変更）
第2条　業務運営上支障を来す場合、会社は、前条第2項で定めた計画年休の期間を変更することがある。

令和○年○月○日

　　　　　　　　　　　　　　　　○○株式会社　代表取締役　　○○○○
　　　　　　　　　　　　　　　　過半数代表者　○○○○

労使協定例③（個人別付与）

年次有給休暇の計画的付与に関する労使協定

　○○株式会社と過半数代表者は、令和○年度の年次有給休暇の計画的付与（以下、「計画年休」という）に関して次のとおり協定する。

（計画年休期間）
第1条　各従業員が有する令和○年度の年次有給休暇のうち5日分については、次のとおり計画的付与を行う。
　　　前期：4〜9月の間で3日間
　　　後期：10月〜翌年3月の間で2日間
2　各個人別の年次有給休暇付与計画表は、各期の期間が始まる2週間前までに会社が作成し、従業員に周知する。
3　各従業員は、年次有給休暇付与計画の希望表を、所定の様式により、各期の計画付与が始まる1カ月前までに、所属課長に提出しなければならない。
4　各課長は、前項の希望表に基づき、各従業員の休暇日を調整し、決定する。
（計画年休期間の変更）
第2条　業務運営上支障を来す場合、会社は、前条で定めた計画年休の期間を変更することがある。

令和○年○月○日

　　　　　　　　　　　　　　　○○株式会社　代表取締役　　○○○○
　　　　　　　　　　　　　　　　　　　　　　過半数代表者　　○○○○

6　時間単位年休

　平成22年4月1日施行の改正労働基準法により、まとまった日数の休暇を取得するという年次有給休暇制度本来の趣旨を踏まえつつ、仕事と生活の調和を図る観点から、年次有給休暇を有効に活用できるようにすることを目的として、時間単位で年次有給休暇を付与する制度（以下、時間単位年休）が認められました。

時間単位年休については、労働基準法39条４項および労働基準法施行規則24条の４により、次の事項を労使協定により規定する必要があります。

> ①時間単位年休の対象従業員の範囲
> ②時間単位年休の日数（５日以内）
> ③年次有給休暇１日分に相当する時間単位年休の時間数（１日の所定労働時間に１時間に満たない端数がある場合は時間単位に切り上げて計算する）
> ④１時間以外の時間を単位とする場合はその時間数

　時間単位年休の対象従業員の範囲については、通達（平21.5.29　基発0529001）により、事業の正常な運営との調整を図る観点から労使協定で定めることができるとされており、例えば、一斉に作業を行うことが必要とされる業務に従事する従業員は時間単位年休にはなじまないとされています。

　また、時間単位年休も「休暇」に該当するので、導入する場合は就業規則にも定めを置く必要があります。

　さらに、時間単位年休についても、使用者の時季変更権の対象となりますが、従業員が時間単位による取得を請求した場合に日単位に変更することや、日単位による取得を請求した場合に時間単位に変更することは時季変更に当たらず、認められないとされています（上記通達）。

　次に、使用者が時季を指定すべき年５日の年次有給休暇との関係では、時間単位年休については、使用者による時季指定の対象とはならないことから、従業員が自ら取得した場合でも、その時間分を５日から控除することはできないこととなっているため、留意が必要です。

規定例

（時間単位の年次有給休暇）
第○条　労使協定の定めにより、前条の年次有給休暇の日数のうち、1年度に5日以内の限度において時間単位で年次有給休暇を請求することができる。ただし、裁量労働制が適用されている従業員は除く。
2　時間単位の年次有給休暇の1日の年次有給休暇に相当する時間は、8時間とする。

労使協定例

時間単位の年次有給休暇に関する労使協定

　○○株式会社と過半数代表者は、時間単位の年次有給休暇に関して次のとおり協定する。

（時間単位の年次有給休暇を取得できる従業員）
第1条　本協定に基づき、時間単位の年次有給休暇を取得できる従業員は、就業規則第○条の手続きを経て採用され、期限の定めのない労働契約を締結した従業員で同規則第○条による年次有給休暇を取得した者とする。ただし、裁量労働制が適用されている従業員は除く。
（時間単位の年次有給休暇の日数および時間数）
第2条　時間単位として与えることができる年次有給休暇の日数は、前年度からの繰り越し分を含めて、5日を限度とする。
2　時間を単位として年次有給休暇を与える場合、1日の年次有給休暇を8時間として計算する。
（取得単位）
第3条　本協定に基づき取得することができる時間単位の年次有給休暇の単位は、1時間とする。

令和○年○月○日

　　　　　　　　　　　　　　○○株式会社　代表取締役　　○○○○
　　　　　　　　　　　　　　　　　　　　　過半数代表者　○○○○

7 36協定の締結と届け出

[1] 就業規則上の定め

労働契約上、従業員には所定労働時間、労働する義務が課せられていますが、繁忙等を理由として、企業が従業員に対して所定労働時間を超えて労働させる必要が生じることがあるのは、周知のとおりです。

したがって、企業が従業員に対して一方的に所定労働時間を超えて、あるいは所定労働日以外にも労働させるためには、就業規則あるいは労働契約においてその根拠が必要となり、時間外勤務命令、休日勤務命令について就業規則で定めなければなりません。

なお、いわゆる36協定の締結および届け出は、あくまで労働基準法上、時間外労働、休日労働をさせるに当たって必要となるだけに過ぎず、それだけで、従業員に対して、時間外労働、休日労働を課すことはできません。

[2] 定め方

まず、当然のことですが、「会社は、業務上の都合により第○条の所定労働時間を超え、または第○条の休日に労働させることがある」という定めをする必要があります。

ここで留意してほしいのは、「法定労働時間」「法定休日」という表現を使用していない点です。例えば、所定労働時間が7時間30分、法定休日が日曜日の場合を考えてみると、「法定労働時間を超え」とか「法定休日に」としてしまうと、所定労働時間と法定労働時間の差の30分の間、また法定外休日には労働義務を課すことができなくなってしまいます。あくまで労働契約上、従業員が負っている労働義務は、「所定労働時間」「所定労働日」ですので、それを超える部分について労働義務を課すためには、「所定労働時間」を超えて、また「休日」とする必要があります。

そして、労働基準法36条は、企業が一方的に法定労働時間を超えて、

または法定休日に労働させるためには労使協定が必要であり、労使協定の範囲内での命令ができるとしていることから、ただし書きとして、「会社は、法定労働時間を超える労働または法定休日における労働をさせる場合は、労働基準法第36条の定める労使協定の範囲内で、時間外、休日労働を命じる」としておきます。

（時間外および休日労働）
第○条　会社は、業務上の都合により第○条の所定労働時間を超え、または第○条の休日に労働させることがある。ただし、会社は、法定労働時間を超える労働または法定休日における労働をさせる場合は、労働基準法第36条の定める労使協定の範囲内で、時間外、休日労働を命じる。
2　従業員が、時間外労働、休日労働および深夜労働を行う場合には、あらかじめ上長の許可を受けなければならない。

[3] 36協定の締結

36協定を締結することにより、時間外労働および休日労働をさせることができますが、その時間数には限度があります。すなわち、時間外労働（休日労働は含まない）は、原則として、月45時間、年間360時間が上限となりますが、臨時的な特別な事情があって労使が合意する場合には、①時間外労働は年間720時間以内、②時間外労働＋休日労働は月100時間未満、かつ、2〜6カ月平均80時間以内で設定することができます。また、この場合、③時間外労働が月45時間を超えることができるのは年間6回までとなっています。

36協定の記載例については、厚生労働省の公表しているものが分かりやすいです［図表3〜4］。

図表3　36協定記載例（一般条項）

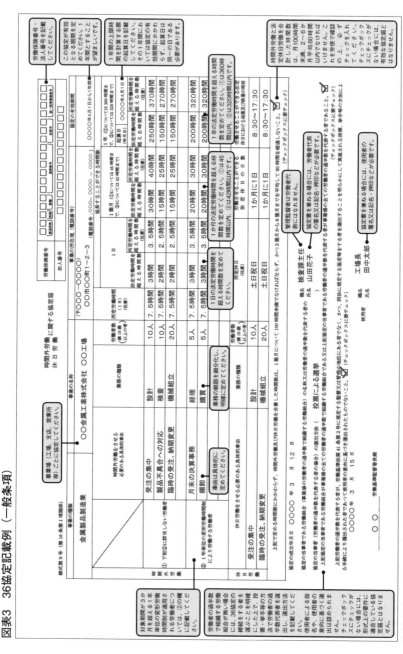

資料出所：厚生労働省「36協定記載例（一般条項）」

138

図表4　36協定記載例（特別条項）

（1枚目）

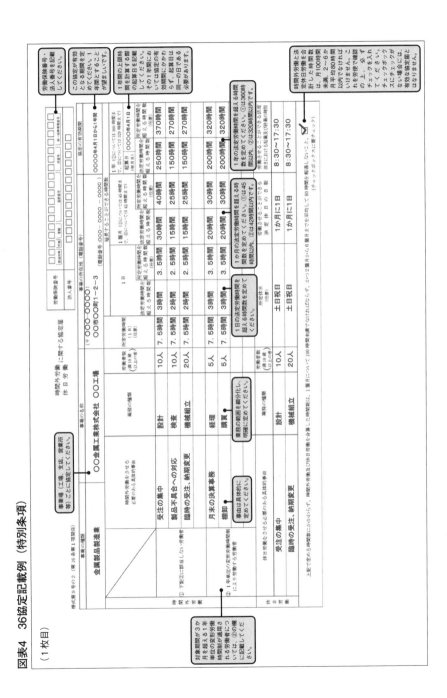

(2枚目)

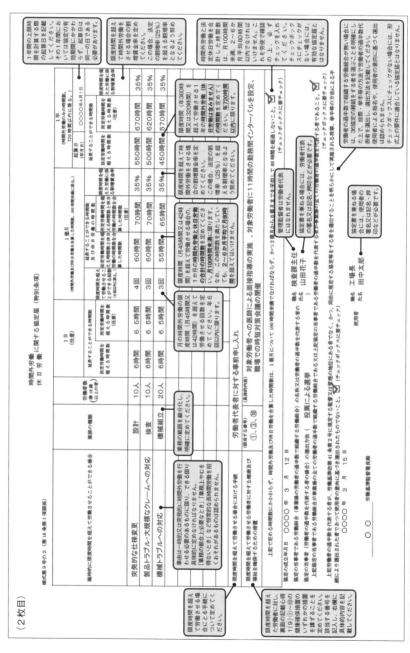

資料出所：厚生労働省「36協定記載例（特別条項）」

8 割増賃金の支払い

労働基準法上、割増賃金を支払う必要がある場合は、法定労働時間を超えて労働させたとき、法定休日に労働させたとき、深夜時間（午後10時〜午前5時）に労働させたときの3場面です。

法定労働時間を超えて労働させたときは、25％以上の割増率の割増賃金を支払う必要があります。また、法定労働時間を超えて労働させた時間が1カ月60時間を超えた場合には、超えた分については50％以上の割増率の割増賃金を支払う必要があります。ただし、中小企業については、現在、60時間超えの割増率50％以上については適用が猶予されていますが、令和5年4月1日から猶予されなくなりますので対応が必要です。

法定休日に労働させたときは、35％以上の割増率の割増賃金を支払う必要があります。

深夜に労働させたときは、25％以上の割増率の割増賃金を支払う必要があります。

例えば、所定労働時間が午前9時〜午後5時（休憩1時間）という場合に、午前9時から翌日午前5時まで勤務したとしましょう。この場合、午後5時〜午後6時は法定内残業ですので、時間外割増賃金を支払う必要はありません。午後6時〜午後10時までが法定外残業となりますので、25％以上の割増率の割増賃金を支払う必要があります。午後10時〜午前5時は法定外残業に深夜労働がプラスされることから、合わせて50％以上の割増率の割増賃金を支払う必要があります。これらはあくまで割増賃金の話であり、所定労働時間外である午後5時〜午前5時の12時間については、1時間当たりの賃金も支払う必要があります。これを計算式で表すと、

午後5時〜午後6時：1時間当たりの賃金×1.00×1時間
午後6時〜午後10時：1時間当たりの賃金×1.25×4時間

午後10時〜午前５時：１時間当たりの賃金×1.5×７時間
となります。

　また、法定休日に午前９時〜午前０時まで勤務したとしましょう。この場合、午前９時〜午後10時（休憩１時間）までは法定休日労働となりますので、35％以上の割増率の割増賃金を支払う必要があります。午後10時〜午前０時は法定休日労働に深夜労働がプラスされることから、合わせて60％以上の割増率の割増賃金を支払う必要があります。これらはあくまで割増賃金の話であり、いずれの時間についても１時間当たりの賃金も支払う必要があります。これを計算式で表すと、

　午前９時〜午後10時：１時間当たりの賃金×1.35×12時間
　午後10時〜午前０時：１時間当たりの賃金×1.60×２時間
となります。

　１時間当たりの賃金の算出に当たっては、月給制の場合、「月給÷１年間における１カ月平均所定労働時間」で計算します。

　この場合の月給には、原則として、家族手当、通勤手当、別居手当、子女教育手当、住宅手当、臨時の手当、１カ月を超える期間ごとに支払われる賃金は含まれません（これらを除外賃金といいます。労働基準法37条５項、労働基準法施行規則21条）。

　また、「１年間における１カ月平均所定労働時間」は、「１日の所定労働時間×１年間の所定労働日数（365日−年間所定休日）÷12カ月」で算出することになります。

　なお、割増賃金を支払う際に、１日の労働時間を15分刻みで、端数を切り捨ててカウントするということが行われる場合がありますが、それは違法です。ただし、１カ月の労働時間を通算して30分未満の端数が出た場合に切り捨て、30分以上の端数を１時間に切り上げて計算することは認められています。

9 管理監督者

[1] 概要

　労働基準法41条は、労働時間、休憩、休日に関する規制の適用除外者として、①農業または水産業等の労働者、②管理監督の地位にある者または機密の事務を取り扱う者、③監視または断続的労働の従事者で行政官庁の許可を受けた者を定めています。

　したがって、管理監督者については、労働時間、休憩、休日の規制がありませんので、時間外労働、休日労働というものが観念できないということになり、もちろん、時間外割増賃金、休日割増賃金の支払い義務もありません。

　企業として、一部管理者について、管理監督者として労働時間、休憩および休日の規制を外すというのであれば、就業規則にその旨を定めておく必要があります。

　企業の多くは、役職を定め、「課長」「部長」「本部長」などを管理監督者として、労働時間の規制の対象とならない者として取り扱っているものと思われますが、法律の定める管理監督者の範囲は極めて狭く、就業規則に労働時間の適用除外として管理監督者を定めたとしても、それだけで例えば課長が管理監督者に該当するから残業代が不要になるというものではありません。あくまでこの点も実態で判断されることに留意してください。

　なお、まれに誤解が見られるのですが、管理監督者であっても、深夜労働の割増賃金の支払い義務がある点にも注意が必要です。

　また、労働安全衛生法によって、管理監督者であっても、労働時間の状況を把握しなければなりません（同法66条の8の3）。

[2] 管理監督者の意義

　管理監督者とは、労働条件その他労務管理について経営者と一体的な立場にある者です。労働基準法上の労働時間等に関する規制の枠を超え

て活動することが要請されざるを得ない、重要な職務と責任を有し、現実の勤務態様も、これらの規制になじまないような立場にある者に限って、適用を除外した趣旨とされています。

　通達では、管理監督者の判断に当たっては、資格および職位の名称にとらわれることなく、職務内容、責任と権限、勤務態様に着目する必要があり、かつ、管理監督者の地位にふさわしい待遇がされているか留意する必要があるとされています（昭22.9.13　発基17、昭63.3.14　基発150）。

　裁判例では、大きく三つの点から判断がされています。
①当該従業員が実質的に経営者と一体的な立場にあるといえるだけの重要な職務と責任、権限を付与されているか
　ア　経営に関する決定への参画状況
　　・重要決定事項への発言力、影響力の有無・程度
　　・経営会議、幹部会議などへの参加の有無
　イ　労務管理上の指揮監督権
　　・人事権限（採用、解雇、人事考課）の有無・内容
　　・勤務管理（勤務時間制、シフト表の作成）の決定権限
　　・待遇（給与、賞与等）の決定権限
　ウ　実際の職務内容および職責の重要性
　　・経営計画への関与・度合い
　　・予算案への関与・度合い
　　・業務分掌立案への関与・度合い
　エ　企業全体の運営への関与の必要性
　経営者は、管理職に対して、企業組織の部分ごとに管理を分担させつつ、それらを連携統合しているのが一般的であり、担当する組織部分について経営者の分身として経営者に代わって管理を行う立場にあることを意味します。そのため、部門全体の統括的な立場にあるか否かという観点からの検討がされる傾向にあります。

②自己の裁量で労働時間を管理することが許容されているか

 ア タイムカード等による出退勤の管理の有無

 イ 遅刻・早退による賃金控除の有無

 ウ 交代勤務やバックアップでの勤務の義務づけの有無

③給与等に照らし管理監督者としての地位や職責にふさわしい待遇がなされているか

 ア 社内における収入の順位

 イ 平均収入の下位職種との比較

 ウ 金額

 ③ウについては、当該従業員に管理職手当や役職手当等の支給がされていて、職務内容等から見て通常想定できる時間外労働に対する手当と遜色がない金額の手当等が支払われているといえるか否かがポイントになります。

7

降格、
異動・出向

「配転」「出向」「転籍」「労働者派遣」「業務請負」
の違いについて、正しく理解していますか？
会社が従業員に配転や出向を行うには、雇用契約
上の根拠が必要であるため、就業規則への明記に
ついて解説します。
また、配転命令が権利濫用とならないためのポイ
ントを押さえるとともに、命令を拒否された場合
の対処法も事前に決めておきましょう。

降格、異動・出向

①降格をする場合に備えて就業規則に明記している	☐はい	☐いいえ
②配転、出向、転籍の違いを理解している	☐はい	☐いいえ
③出向、労働者派遣、業務請負の違いを理解している	☐はい	☐いいえ
④配転を命じるために就業規則に明記している	☐はい	☐いいえ
⑤配転に応じない場合の対処方法を決めている	☐はい	☐いいえ
⑥出向を命じるために就業規則に明記している	☐はい	☐いいえ
⑦出向に当たって出向契約書を締結している	☐はい	☐いいえ

1　降格

[1]　降職と降格の違い

実務に携わっていると、降職と降格の違いを意識されていない方が多いと感じるので、まず、これらの概念の整理をします。

「降職」とは、職位の引き下げのことをいいます。「職位」とは、企業組織内における地位（役職を含めた職務遂行上の地位）をいいます。例えば、「部長」「課長」「係長」が、これに該当します。なお、反対概念は「昇進」になります。

「降格」とは、職能資格制度上の資格の引き下げをいいます。「職能資格制度」とは、従業員の職務遂行能力を体系化して格付け（資格化）し、その資格に基づき賃金を決定する制度のことをいいます。なお、反対概念は「昇格」になります。

職能資格制度においては、職務遂行能力は勤続によって蓄積されていく性質のものであって、一度蓄積した能力が低下するということは想定されていないという点に留意する必要があります。

なお、最近では、職務の価値に応じて等級（グレード）を決定し、これに基づいて給与を設定する職務等級制度を導入している会社もありますが、下位の等級に位置づけられている職務に担当を変更することは、厳密には降格という概念には当たりません（あくまでそれは配置転換に当たります）。

[2]　職能資格制度を導入しているのかを確認する

中小企業のご相談にあずかっていると、職能資格制度を導入している会社はあまり多くないというのが実感です。それにもかかわらず、就業規則の降格のところには「資格等級の引き下げ」が定められている例が多くあります。就業規則は、現状の会社の制度を基に作成すべきことは当然ですから、職能資格制度を導入していないのであれば、「資絡等級の引き下げ」という表現は避けるべきでしょう。

[3] 降職と降格の両方ができるように就業規則に定める

　まれに、「会社は、従業員の勤務成績が不良であるなどの職務不適格の事由がある場合には、役職または資格等級の引き下げを命じることがある」という趣旨の定めをしている就業規則が見受けられますが、この場合には、日本語としては、役職あるいは資格等級の引き下げのどちらかしかできないことになってしまいます。実務上、役職を引き下げるとともに資格等級も引き下げるということも多くありますので、それに対応できるように文言を工夫する必要があるでしょう。

規定例

> **（降格）**
> **第○条**　会社は、従業員の勤務成績が不良であるなどの職務不適格の事由がある場合には、役職の引き下げ、資格等級の引き下げなどの降格を命じることがある。

[4] 降格に伴う賃金の変更

　役職手当を設けている会社において、役職の引き下げである降職をする場合には、賃金規程の内容如何（いかん）にもよりますが、多くの場合、役職と役職手当の関連性が明確になっているため、役職手当を支給しない、あるいは降格後の役職に従った役職手当の支給をするということに、法的な問題はあまりありません。

　他方、職能資格制度や職務等級制度においては、降格に伴う賃金の変更について必ずしも賃金規程において明確に記載されていないことが見受けられるので、賃金を変更するのであれば、明確に定める必要があります。

2　配転、出向、転籍

　「配転」とは、従業員の配置の変更であって、職務内容または勤務場

図表1　配転、出向、転籍の違い

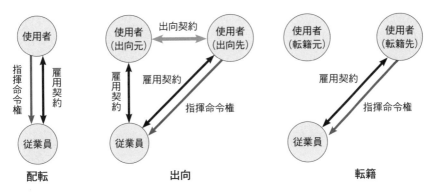

所が相当の長期間にわたって変更されるものをいい、「配置転換」「異動」「配置換え」と呼ぶことがあります。「出向」とは、従業員が自己の雇用先の会社に在籍したまま、他社の従業員（ないし役員）となって相当長期間にわたって当該他社の業務に従事することをいいます。「転籍」とは、従業員が自己の雇用先の会社から他社へ籍を移して当該他社の業務に従事することをいいます。以下では、配転、出向、転籍の違いについて、従業員と使用者の関係性から確認していきましょう［図表1］。

［1］配転と出向

　配転は、同一使用者との間の関係ですが、出向は、使用者が2者（出向元・出向先）になります。つまり、出向元である使用者と出向先である使用者との間で、「出向契約」を締結し、従業員を出向させることを取り決めます。従業員は、出向元の使用者との間で雇用契約が存在しますが、出向により、部分的に、出向先の使用者との間でも雇用契約が存在するといわれています。

［2］配転と転籍

　転籍は、簡単に言うと、転籍元との間にあった雇用契約を転籍先に移すものであり、同一使用者との関係である配転とは異なります。

[3] 出向と転籍

　出向は、出向元である使用者と従業員との間、出向先である使用者と従業員の間に雇用契約がありますが、転籍の場合は、転籍先である使用者との間にしか雇用契約はないという点で異なります。転籍は、一言で言えば、他社への転職と同じです。

3 出向、労働者派遣、業務請負

　出向とは、前述のとおり、従業員が自己の雇用先の会社に在籍したまま、他社の従業員（ないし役員）となって相当長期間にわたって当該他社の業務に従事することをいいますが、「労働者派遣」「業務請負」との違いに注意が必要です。労働者派遣とは、自己の雇用する従業員を当該雇用関係の下に、かつ、他人の指揮命令を受けて、当該他人のために労働に従事させることをいい、従業員を当該他人に雇用させることを約して行われるものを含みません。一方、業務請負とは、請負会社が発注会社に対してその一定の業務の処理を請け負い、この請負業務を遂行するために自己の雇用する従業員を発注会社の事業場において自己の指揮命令下に労働させることをいいます。以下では、出向、労働者派遣、業務請負の違いについて、確認していきましょう［図表2］。

[1] 出向と労働者派遣

　労働者派遣は、派遣元である使用者との間にだけ雇用契約があり、派遣元と派遣先との「派遣契約」に従い、派遣先が従業員に対して、指揮命令できるというものです。出向の場合は、出向先と従業員との間に雇用契約があるので、指揮命令が当然できますが、労働者派遣の場合は、派遣先と従業員との間には雇用契約はないものの指揮命令だけを認めているということになります。

[2] 出向と業務請負

　業務請負の場合、発注元の仕事を発注先が請け負い、それを発注先と

図表2 出向、労働者派遣、業務請負の違い

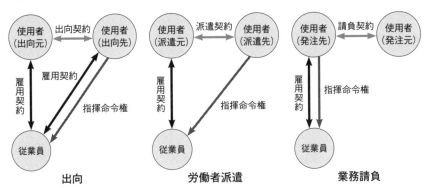

の間で雇用契約を締結している従業員が行います。発注元である使用者は、発注先の従業員に対しては、雇用契約も何もないことから、指揮命令をすることはできません。実務上、発注元の従業員が発注先の従業員に対して指示をしているというケースがありますが、それは何ら契約にも基づかない行為で根拠がないものです。

[3] 労働者派遣と業務請負

労働者派遣の場合、派遣先は派遣契約に基づき、派遣元の従業員に対して、指揮命令をすることができますが、業務請負の場合、発注元は、発注先の従業員に対して、指揮命令をすることはできません。発注元が発注先の従業員に対して指揮命令をすると、それは形式上請負契約であっても、実態は「労働者派遣」であるとして、いわゆる偽装請負になり、労働者派遣法の適用を受けることになってしまう点に注意が必要です。

4 配転の要件

[1] 配転の要件（契約上の根拠）

配転の要件は、人事権の一内容として、従業員の職務内容や勤務地を

決定する権限を使用者は有していなければなりません。使用者がその権限を有しているというためには、雇用契約上、明確になっている必要があるため、就業規則あるいは雇用契約書に配転についての定めをする必要があります。

　就業規則では、以下のとおり定めておくべきでしょう。

規定例

> **（配転）**
> **第○条**　会社は、業務上の必要に基づき、従業員に配転を命ずることがある。

　配転について、以下のような条項の就業規則を見ることがありますが、必要以上のことが書かれており、会社の自由を制限してしまっているので、シンプルに書くべきと考えます。

> **（配転）**
> **第○条**　会社は、業務上の必要がある場合、従業員に配転を命ずることがある。
> 2　従業員は、正当な理由がない限り配転命令を拒むことができない。ただし、職種または勤務地が限定されている従業員については個別に同意を得るものとする。
> 3　会社は、住居の移転を伴う配転を命ずる場合、子の養育または家族の介護を行うことが困難となる従業員に対しては当該従業員の事情を配慮するものとする。

> **（配転）**
> **第○条**　会社は、業務上の必要がある場合、雇用契約の内容に抵触しない範囲で配転を命ずることがある。
> 2　前項の「雇用契約の内容に抵触しない範囲」とは、雇用契約において職務の限定、勤務時間の限定、勤務地の限定などがある場合の、その限定の枠内のことをいう。
> 3　第1項の命令を受けた従業員は正当な理由がない限り、これを拒むことができない。
> 4　会社は、配転を行うに当たり、本人に対して原則として4週間前までに部署、職務、役職、時期などを通知し、それに関する意向を聴取し、健康状態および家庭の事情などを十分に考慮してから行う。なお、当該異動で労働条件の変更により契約内容の変更を伴う場合には、従業員の同意を得て行うも

のとする。
5　会社は、配転を命じる場合において、子の養育または家族の介護を行うことが困難となる従業員がいるときは、当該従業員の子の養育または家族の介護の状況に配慮しなければならず、また、不利益が少なくなるよう努めるものとする。

　就業規則に配転についての定めがあったとしても、使用者と従業員との間で勤務地や勤務場所を限定する特約を締結している場合、使用者は一方的に配転をすることはできないということになります。そのため、誤解を生まないためにも、労働条件通知書の就業場所、従事する業務の内容を記載する際には、入社時のものであり、入社後、変更となることがあり得ることを明記しておくべきでしょう。

[2] 権利濫用に当たらないこと

　配転を行う根拠があったとしても、配転も業務命令権の一環であることから、権利濫用に当たる場合には無効となります。

　配転の有効性について判断したリーディングケースである東亜ペイント事件（最高裁二小　昭61.7.14判決　労判477号6ページ）は、業務上の必要性が存しない場合または業務上の必要性が存する場合であっても、他の不当な動機・目的をもってなされたものであるとき、もしくは労働者に対し通常甘受すべき程度を著しく超える不利益を負わせるものであるときは、権利濫用になると判示しました。

　権利濫用になるかどうかの判断フローは、［図表3］のとおりになります。

　業務上の必要性については、当該転勤先への異動が余人をもっては容易に替え難いといった高度の必要性に限定することは相当ではなく、労働力の適正配置、業務の能率増進、労働者の能力開発、勤務意欲の高揚、業務運営の円滑化など企業の合理的運営に寄与する点が認められる限りは、業務上の必要性の存在を肯定すべきであるとして、緩やかに認められるとされています。

図表3　権利濫用に関する判断フロー

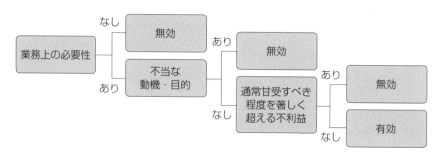

　不当な動機・目的については、退職に追いやる目的、退職勧奨を拒否したことに対する嫌がらせ、不当労働行為、男女差別、不利益取り扱いなどは、不当な動機・目的に該当するとされています。

　通常甘受すべき程度を著しく超える不利益については、家庭生活上の不利益と職業生活上の不利益とが考えられますが、前掲東亜ペイント事件の最高裁判決は、神戸営業所から名古屋営業所への転勤事案で、母親（71歳）、妻（28歳、保母として勤務）および長女（2歳）と別居を余儀なくされるという家庭生活上の不利益は、転勤に伴い通常甘受すべき程度のものであると判断しました。

　その他、家庭生活上の不利益としては、単身赴任を強いられる、通勤時間が相当長時間になる、子の看護、介護、育児、本人の健康などがありますが、個別具体的な判断となります。

　他方で、職業生活上の不利益については、賃金の減額、キャリア形成上の不利益などがありますが、これも、個別具体的な判断となります。

　なお、配転を命じる際の配転命令書の例は次ページのとおりです。

書式例

令和○年○月○日

○○○○殿

株式会社○○○○
人事部長○○○○

配転命令書

　会社は、貴殿を、就業規則第○条に基づき、令和○年○月○日付で、以下の部署に配転する。

1　部署　　　○○部
2　勤務場所　○○○

5　配転命令拒否

　前述のとおり、配転命令は業務命令権の一環であり、それが有効である場合、従わなければ業務命令違反となります。そのため、懲戒処分の対象となります。

　従業員が配転命令を拒否するケースとしては、例えば、東京事業所で勤務していた従業員に対し、令和○年○月○日付で、大阪事業所に配転するという配転命令を出したものの、当該従業員が、令和○年○月○日以降も、東京事業所に勤務するという場合です。実務上、東京事業所に出勤してきた従業員に対して、従前の上長が配転命令に従うようにと説得はするのですが、当該従業員が納得せず、従来の自席に座り、仕事を行い、上長はそれを放置するということがあります。しかし、これでは、会社が当該従業員が配置転換に応じないことを事実上黙認していると評価される可能性がありますので、当該従業員に対しては、勤務場所は東京事業所ではないので大阪事業所に出勤するようにと指示し、東京事業所から出てもらうべきです。当該従業員が出て行かない場合には何

157

度も説得し、仕事をしようとしたら仕事はしないようにと注意し、それらを記録に残しておくことが重要です。

　会社としては、何日もかけて、何度も注意し、説得を繰り返し、それでも配転命令に応じないという場合に、最後、懲戒解雇あるいは普通解雇を行うことになります。この場合には、配転命令に応じないとして、けん責や減給などの懲戒処分を行ってしまうと、二重処罰の関係で、さらに同じ事由を理由とする懲戒処分は行えなくなるという点に留意する必要があります。

 # 6　出向の要件

[1] 出向の要件（契約上の根拠）

　出向の類型としては、在籍型出向と移籍型出向（転籍と同じ）があります。出向の目的は、通常、①従業員を離職させるのではなく、関係会社において雇用機会を確保する、②経営指導、技術指導の実施、③職業能力開発の一環として行う、④グループ会社内の人事交流の一環として行う等が多いです。

　出向については、労働契約法14条が、「使用者が労働者に出向を命ずることができる場合において、当該出向の命令が、その必要性、対象労働者の選定に係る事情その他の事情に照らして、その権利を濫用したものと認められる場合には、当該命令は、無効とする」と定めています。

　ここでいう「使用者が労働者に出向を命ずることができる場合」について、使用者が従業員に対し、個別的同意を得ることなく出向を命じるためには、就業規則において、出向を命じることがあるといった一般的な規定をするだけでは足りず、出向期間中の労働条件、出向期間、勤続年数の取り扱い等に関する具体的な規定が整っていることが必要という見解もあります。頻繁に出向があるわけではないのであれば、具体的な規定までは整える必要はないだろうと個人的には考えています。

　そして、「権利を濫用したもの」でないことは、出向の必要性（会社経営上当該出向を行う業務上の必要性の有無とその程度）、対象従業員の選定（人選基準の合理性とその具体的適用の合理性）、その他の事情（従業員が出向によって被る生活関係や労働条件等における不利益の有無やその程度、出向命令に至る手続きの相当性など）を総合考慮して判断されることになるので、個別判断となります。

[2] 出向中の労働関係

　出向元と従業員との雇用契約は保持されたまま、出向元と出向先との間の出向協定の合意を介して、労務指揮権の全部または一部が出向元から出向先に移転することになります。

　通常の場合には、賃金の支払い義務（一次的には出向先が支払うことが多くありますが、最終的な支払い義務は出向元が負う場合がほとんどです）および解雇権など雇用契約の基本部分は、出向元が保持します。一方で、労働時間等の就業管理および職場秩序維持に関する権限は、出向先が保持し、労働安全衛生法上の事業者責任は、出向先が負担し、労災保険上の事業主は、原則として出向先となります。

　そして、雇用保険上の事業主は、主たる賃金の支払者と認められるほうであり、年次有給休暇については、出向者が出向元で発生した年次有給休暇を出向先で行使することもできます。出向者が休職（病気）となった場合には、出向を解除して、出向元に戻した上で、休職とする取り扱いが一般的です。懲戒処分については、懲戒解雇、諭旨解雇を除いて、出向先・出向元のそれぞれにおいて可能であり、出向元と出向先の企業秩序を乱したといえれば、双方で処分をしても、二重処分に該当しないとされています。ただし、出向元においては、企業秩序に与える影響は間接的なので、懲戒処分は慎重に判断する必要があるでしょう。

[3] 就業規則の記載例

　出向についての就業規則の記載例は次ページのとおりです。

（出向）
第○条　会社は、業務上の必要に基づき、従業員に出向を命ずることがある。

　また、出向規程を策定する場合には、①出向先企業の範囲、②出向に当たっての手続き、③出向期間、④出向中の労働条件、⑤復帰時の手続き、⑥復帰後の労働条件を定めておく必要があるでしょう。

　コロナ禍で仕事が激減したことにより、他社への出向で雇用を確保するという動きもあり、雇用を維持する観点からの出向については、一定の要件の下、助成金も支給されることになっています。

　出向規程を定める場合には、厚生労働省が公表している「在籍型出向『基本がわかる』ハンドブック（第2版)」を参考に策定するとよいでしょう。

　具体的な記載例は、以下のとおりです。

【出向規程】
（目的）
第1条　この規程は、就業規則第○条に定める出向の取り扱いを定めるものである。
（出向条件の明示）
第2条　会社が出向を命じるときは、その目的、出向先の内容、労働条件その他の必要事項を出向者に明示する。
（出向者の所属）
第3条　出向者の所属は原則として人事部とする。
（出向者の身分）
第4条　出向者は、出向期間中は就業規則第○条に基づき、休職扱いとなる。
（出向期間）
第5条　出向期間は原則として○年以内とする。ただし、会社または出向先の業務の都合により、その期間を延長または短縮することがある。
2　出向者の出向期間は、勤続年数に通算する。
（労働時間、休憩時間、休日、休暇）
第6条　出向者の労働時間、休憩時間、休日、休暇その他の労働条件は、特に定めた事項以外は出向先の就業規則の定めによる。

（年次有給休暇等）

第7条 出向期間中の年次有給休暇、特別休暇は、出向先の定めるところによる。ただし、出向先における年次有給休暇、特別休暇の日数が会社の基準を下回るときは、会社の基準による日数、休暇を認める。

（給与・賞与）

第8条 出向者の給与および賞与は会社の就業規則を適用し、会社が支給する。

（社会保険等）

第9条 出向者の健康保険、厚生年金保険、雇用保険、労働者災害補償保険は出向先との出向契約により定める。

（人事評価）

第10条 出向者の人事考課、昇格・降格、昇給・降給等は、出向先における勤務成績および評価等を踏まえ、会社が行う。

（表彰・懲戒）

第11条 出向先において表彰または懲戒に該当する行為があった場合には、懲戒解雇、諭旨解雇を除き、出向先の就業規則の定めにより出向先が取り扱う。ただし、出向先と会社が協議の上、会社の就業規則の定めにより会社が取り扱うこともある。

（退職・解雇）

第12条 出向者が出向期間中に退職または解雇となるときは、復職を命じた上で、会社の就業規則に基づき退職または解雇となる。

（出向解除）

第13条 会社は、いつでも出向者の出向を解除することができる。

7 出向契約書の締結

　6では、出向元が、従業員に対して出向を命じるために必要な就業規則の内容、出向規程について見てきましたが、出向に当たっては、出向元と出向先との間で出向契約を締結し、従業員の出向を行うことを約束する必要があります。

　出向契約書の例は次ページのとおり、会社間（出向元・出向先）で、①基本契約の趣旨で締結する場合と、②出向の都度締結する場合があります。

出向契約書

　○○株式会社（以下、「甲」という）と△△株式会社（以下、「乙」という）は、甲の従業員が乙に出向するに当たっての取り扱いについて、以下のとおり契約する。

（出向期間）
第１条　出向期間は、原則として３年とする。ただし、業務上の必要に基づき延長・短縮することが必要な場合には、双方で協議して延長・短縮することがある。

（労働条件）
第２条　出向中の従業員の労働時間・休憩時間・休日・休暇に関する取り扱いについては、原則として乙の就業規則を適用する。

（賃金）
第３条　出向中の従業員の給与および賞与は、甲の就業規則の規定を適用し、甲が支給する。

（社会保険）
第４条　出向中の従業員の健康保険・厚生年金保険・雇用保険は甲の被保険者資格を継続し、労働者災害補償保険は乙で加入する。

（費用の負担）
第５条　甲が出向中の従業員に支払った賃金および社会保険料の事業主負担分については、乙が全額負担し、後日、甲に支払う。

（情報の提供）
第６条　乙は、出向中の従業員の勤怠および勤務状況を毎月○日までに甲に通知する。

（表彰および懲戒）
第７条　出向中の従業員の表彰および懲戒は、乙の就業規則に基づいて、乙が行うことができる。

（協議）
第８条　本契約に定めのない事項および疑義が生じた場合は、甲乙協議の上、決定する。

令和○年○月○日

甲　○○株式会社
代表取締役○○○○
乙　△△株式会社
代表取締役○○○○

書式例②（会社間〔出向元・出向先〕で出向の都度締結）

出向契約書

　○○株式会社（以下、「甲」という）と△△株式会社（以下、「乙」という）は、甲の従業員□□（以下、「丙」という）が乙に出向するに当たっての取り扱いについて、以下のとおり契約する。

　（出向期間）
第1条　出向期間は、令和○年○月○日～同○年○月○日とする。ただし、業務上の必要に基づき延長・短縮することが必要な場合には、双方で協議して延長・短縮することがある。
　（労働条件）
第2条　出向中の丙の労働時間・休憩時間・休日・休暇に関する取り扱いについては、原則として乙の就業規則を適用する。
　（賃金）
第3条　出向中の丙の給与および賞与は、甲の就業規則の規定を適用し、甲が支給する。
　（社会保険）
第4条　出向中の丙の健康保険・厚生年金保険・雇用保険は甲の被保険者資格を継続し、労働者災害補償保険は乙で加入する。
　（費用の負担）
第5条　甲が出向中の丙に支払った賃金および社会保険料の事業主負担分については、乙が全額を負担し、後日、甲に支払う。
　（情報の提供）
第6条　乙は、出向中の丙の勤怠および勤務状況を毎月○日までに甲に通知する。
　（表彰および懲戒）
第7条　出向中の丙の表彰および懲戒は、乙の就業規則に基づいて、乙が行うことができる。
　（協議）
第8条　本契約に定めのない事項および疑義が生じた場合は、甲乙協議の上、決定する。

令和○年○月○日

甲　○○株式会社
代表取締役○○○○
乙　△△株式会社
代表取締役○○○○

8

有期労働契約

有期労働契約だからといって、解雇や雇止めが当然に認められるわけではありません。有期労働契約の場合、よほどのことがない限りは期間途中の解雇はできませんし、期間満了で新しい契約を締結しない雇止めも慎重に検討する必要があります。

5年を超えて有期労働契約が更新されたときの「無期転換」や、「同一労働同一賃金」への対応も、実務上重要なポイントです。

有期労働契約

①有期労働契約を締結するに当たり、法律の定める事項を明示している	□はい	□いいえ
②有期労働契約に試用期間を設けていない	□はい	□いいえ
③有期労働契約の期間途中で解雇する際には慎重に検討している	□はい	□いいえ
④有期労働契約の雇止めに当たっては慎重に検討している	□はい	□いいえ
⑤有期契約労働者が無期転換権を行使した場合の対応は検討済みである	□はい	□いいえ
⑥有期契約労働者を対象とした就業規則を策定している	□はい	□いいえ
⑦有期契約労働者と無期契約労働者の処遇の差を合理的に説明できる	□はい	□いいえ

1 有期労働契約を締結する際の労働条件明示

　労働契約を締結するに当たって、どのような労働条件を明示しなければならないのかについては「1　募集・採用」で述べたとおりですが、有期契約労働者、パートタイマーに対しては、そこで述べたことに加えて、一部、明示事項が拡大されています（パート・有期法6条）。

（労働条件に関する文書の交付等）

第6条　事業主は、短時間・有期雇用労働者を雇い入れたときは、速やかに、当該短時間・有期雇用労働者に対して、労働条件に関する事項のうち労働基準法（昭和22年法律第49号）第15条第1項に規定する厚生労働省令で定める事項以外のものであって厚生労働省令で定めるもの（次項及び第14条第1項において「特定事項」という。）を文書の交付その他厚生労働省令で定める方法（次項において「文書の交付等」という。）により明示しなければならない。

2　事業主は、前項の規定に基づき特定事項を明示するときは、労働条件に関する事項のうち特定事項及び労働基準法第15条第1項に規定する厚生労働省令で定める事項以外のものについても、文書の交付等により明示するように努めるものとする。

　そして、パート・有期法施行規則2条では、パート・有期法6条1項の厚生労働省令で定めるものを明記しています。

　パートタイマー、有期契約労働者については、①昇給の有無、②退職手当の有無、③賞与の有無、④雇用管理の改善等に関する事項に係る相談窓口の四つを、原則として文書で明示しなければなりません。注意が必要なのは、最初の雇入れ時だけではなく、契約更新時も同様の明示が要求されるという点です。

　なお、令和4年3月に公表された「多様化する労働契約のルールに関

する検討会報告書」では、有期契約労働者の無期転換権に関し、使用者に、無期転換申込権の要件を満たす従業員に対して無期転換申し込みの機会を通知するよう義務づけることが適当とされ、今後、改正により追加される可能性があります。

2 有期労働契約と試用期間

　有期契約労働者に対して、試用期間を設けるべきではないということは、「2　試用期間」に解説したとおりです。

3 有期労働契約と期間途中の解雇

　有期契約労働者に対して、期間途中で解雇することも法的には可能です（労働基準法19条の解雇制限、同法20条の解雇予告も適用されます）。
　ただし、労働契約法17条1項が以下のとおり定めています。

> 　使用者は、期間の定めのある労働契約〈中略〉について、やむを得ない事由がある場合でなければ、その契約期間が満了するまでの間において、労働者を解雇することができない。

　この条文は、強行法規といわれており、合意をもって適用を排除することはできません。そして、「やむを得ない事由」とは、有期労働契約につき解雇権濫用法理を適用する場合における解雇の合理的理由より限定された事由であって、期間満了を待たず直ちに契約を終了させざるを得ないような事由を意味するとされています。すなわち、無期労働契約者を解雇するよりも法的なハードルが高いことを意味しています。したがって、よほどのことがない限りは、有期契約労働者の期間途中の解雇はできず、裁判では無効と判断される傾向にあります。そのため、使用者としては、期間途中の解雇をするかどうかは、慎重に検討をする必要

があるでしょう。

4 有期労働契約の雇止め

3と異なり、有期労働契約の期間満了のケースが、雇止めです。有期労働契約は、期間を定めた契約であることから、期間が満了すれば、その契約は終了します。労働契約においては、期間満了で契約を終了させ、新たな契約を締結しないことを「雇止め」といいます。

この雇止めについては、労働契約法19条が以下のとおり定めています。

> **（有期労働契約の更新等）**
>
> **第19条** 有期労働契約であって次の各号のいずれかに該当するものの契約期間が満了する日までの間に労働者が当該有期労働契約の更新の申込みをした場合又は当該契約期間の満了後遅滞なく有期労働契約の締結の申込みをした場合であって、使用者が当該申込みを拒絶することが、客観的に合理的な理由を欠き、社会通念上相当であると認められないときは、使用者は、従前の有期労働契約の内容である労働条件と同一の労働条件で当該申込みを承諾したものとみなす。
>
> 一　当該有期労働契約が過去に反復して更新されたことがあるものであって、その契約期間の満了時に当該有期労働契約を更新しないことにより当該有期労働契約を終了させることが、期間の定めのない労働契約を締結している労働者に解雇の意思表示をすることにより当該期間の定めのない労働契約を終了させることと社会通念上同視できると認められること。
>
> 二　当該労働者において当該有期労働契約の契約期間の満了時に当該有期労働契約が更新されるものと期待することについて合

　具体的に説明すると、［図表1］のとおり、1段階目の審査として、労働契約法19条1号、2号該当性の問題があり、そのいずれにも該当しないと判断された場合には、雇止めは理由の如何（いかん）を問わず、有効ということになります。他方で、労働契約法19条1号、2号のいずれかに「該当する」と判断された場合には、2段階目の審査があり、雇止めが、客観的に合理的な理由を欠き、社会通念上相当であると認められないかどうかが判断され、それが「認められる」となれば、雇止めは有効となり、「認められない」となると、雇止めは無効となります。

　1段階目の審査として、実務上よく問題となるのは、労働契約法19条2号です。つまり、雇用継続についての合理的な期待があるのかないのかという点が争われますが、これは、契約更新回数、雇用期間の長さ、更新時の手続き、契約内容、業務の内容、職務上の地位、採用時・更新時の説明内容、他の労働者の更新状況等を総合的に考慮して判断することになります。また、近時は、更新は3回までしかしない等の更新上限をあらかじめ定めておくことで、それ以上の雇用継続についての合理的な期待を抱かせないようにするということも実務上行われます。

　2段階目の審査については、これは解雇と同様であり、法的にはハー

図表1　雇止めの判断枠組み

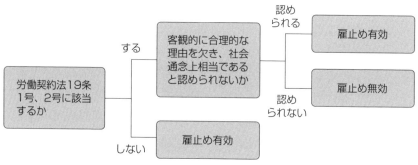

ドルは高いと考えておいたほうがよいでしょう。能力不足による雇止め
であれば、改善の見込みがないということが要求されます。場合によっ
ては、雇止めをしないで1回契約を更新し、チャンスを与え、それでも
改善されなかった場合に、次回に雇止めをするということもあります。
いずれにせよ、雇止めをするに当たっても慎重に検討する必要があるで
しょう。

　なお、雇止めについては、有期労働契約を3回以上更新しているか、1
年を超えて継続勤務している場合には、少なくとも30日前までに予告し
なければならないという雇止め予告の手続きを遵守する必要があります。

5 有期契約労働者の無期転換権行使

　労働契約法18条は、有期契約労働者の無期転換権を定めています。

　これは、平成24年の労働契約法改正によって導入された制度であり、
有期労働契約が5年を超えて更新された場合は、有期契約労働者の申し
込みにより、期間の定めのない労働契約（無期労働契約）に転換させる権
利を付与したものです。無期転換の申し込みがあった場合には、申し込
み時の有期労働契約が終了する日の翌日から無期労働契約となります。

　具体的に検討すると、[図表2]では、1年契約を5回締結し、6回
目の1年契約を締結（更新）した場合に、無期転換権が発生し、それを
行使すると、6回目の1年契約が終了する日の翌日から無期労働契約と
なります。

図表2　無期転換権の発生（事例1）

1年契約　1年契約　1年契約　1年契約　1年契約　1年契約

この契約を締結（更新）した場合に、
無期転換権が発生する

[図表3] では、例えばアルバイトで１カ月だけ契約し、その後１年契約を締結した例ですが、１年契約を４回締結し、５回目の１年契約を締結すると、通算期間が５年１カ月となることから、５回目の１年契約を締結することで無期転換権が発生し、それを行使すると、５回目の１年契約が終了する日の翌日から無期労働契約となります。

　今日、有期契約労働者の約３割が、通算して５年を超えて契約が更新されている実態にあります。無期転換権は、このように多くの会社で有期契約労働者が戦力として定着している状況にあり、事業運営に不可欠で恒常的な従業員であることが多いことから、有期契約労働者の雇用の安定化を図るために導入されたといわれています。ここで留意が必要なのは、自動的に無期転換するのではなく、あくまで、従業員が希望した場合、つまり無期転換権を行使した場合に限るという点です。また、無期転換権を行使した場合には、現在の有期労働契約の契約期間満了日の翌日から無期労働契約になりますが、その際の労働条件は、原則として、有期労働契約のときと同じで、期間の定めがなくなるだけです。もっとも、例外的に、会社が「別段の定め」をすることによって、無期転換した後の労働条件を従前の有期労働契約時と異なるものとすることは可能です。有期契約労働者が無期転換すると、期間の定めがなくなり、従前と同様の労働条件とすると、定年がなくなってしまうことから、正社員との均衡等の観点から、定年制度を設けるなどがあります。

　そこで、有期契約労働者の就業規則に、「無期転換」という章を設け、そこに、無期転換後の労働条件を記載するということが多く行われてい

図表3　無期転換権の発生（事例2）

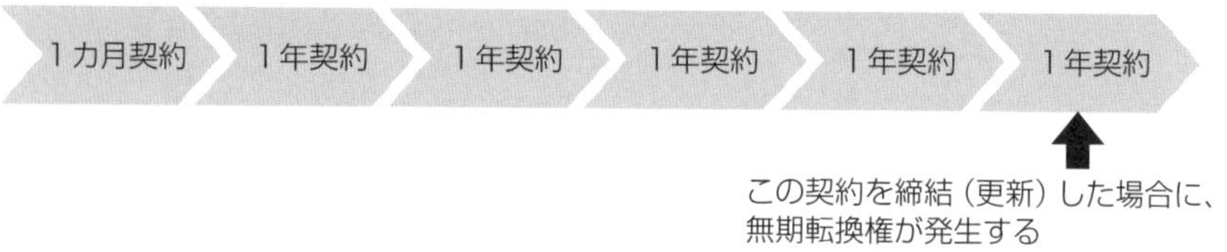

１カ月契約　１年契約　１年契約　１年契約　１年契約　１年契約

この契約を締結（更新）した場合に、
無期転換権が発生する

ます。具体的な記載方法は、千差万別ですが、大事なことは、有期契約労働者が無期転換した場合の労働条件をどうするのかを検討し、それを就業規則に明記をしておくということです。

6　有期契約労働者対象の就業規則

「3　就業規則」の章でも説明したとおり、常時10人以上の労働者を使用する使用者には就業規則を作成し、届け出る義務があります（労働基準法89条）。この点について、正社員の就業規則だけを作成すればよいと考えている方も多くいるようですが、それは間違いです。会社に有期契約労働者がいれば、有期契約労働者を対象とした就業規則を策定する必要があります。労働契約書のみで対応するというのは問題です。

正社員の就業規則に有期契約労働者も対象にしてしまうことで一本化することも考えられますが、正社員と有期労働契約社員との労働条件は異なる部分も多いことから、一本化することでより煩雑になってしまいます。そのため、王道としては、有期契約労働者対象の就業規則も作成するということをお勧めします。もちろん、会社の中の従業員区分として、フルタイムの有期契約労働者を「契約社員」、1日の労働時間が短い有期契約労働者を「パートタイマー」と位置づけているのであれば、契約社員の就業規則だけではなく、パートタイマーの就業規則も作成すべきです。

7　同一労働同一賃金

[1]　法律の定め

令和2年4月1日に施行されたパート・有期法（中小企業における適用は令和3年4月1日）では、8条で不合理な待遇の禁止（均衡待遇）が、9条で差別的取り扱いの禁止（均等待遇）が定められています。具

体的には、次のように規定されています。

（不合理な待遇の禁止）

第8条　事業主は、その雇用する短時間・有期雇用労働者の基本給、賞与その他の待遇のそれぞれについて、当該待遇に対応する通常の労働者の待遇との間において、当該短時間・有期雇用労働者及び通常の労働者の業務の内容及び当該業務に伴う責任の程度（以下「職務の内容」という。）、当該職務の内容及び配置の変更の範囲その他の事情のうち、当該待遇の性質及び当該待遇を行う目的に照らして適切と認められるものを考慮して、不合理と認められる相違を設けてはならない。

（通常の労働者と同視すべき短時間・有期雇用労働者に対する差別的取扱いの禁止）

第9条　事業主は、職務の内容が通常の労働者と同一の短時間・有期雇用労働者（第11条第1項において「職務内容同一短時間・有期雇用労働者」という。）であって、当該事業所における慣行その他の事情からみて、当該事業主との雇用関係が終了するまでの全期間において、その職務の内容及び配置が当該通常の労働者の職務の内容及び配置の変更の範囲と同一の範囲で変更されることが見込まれるもの（次条及び同項において「通常の労働者と同視すべき短時間・有期雇用労働者」という。）については、短時間・有期雇用労働者であることを理由として、基本給、賞与その他の待遇のそれぞれについて、差別的取扱いをしてはならない。

　これらを整理すれば、正社員と契約社員・パートタイマーとの間で、①職務内容、②職務内容・配置の変更の範囲が同じ場合は、差別的取り扱いが禁止される、つまり、処遇を同じにしなければならず、①職務内容、②職務内容・配置の変更の範囲、③その他の事情の内容を考慮して、不合理な待遇差が禁止されるということです。

[2] 雇用形態と労働条件の現状把握

　まず対応しなければならないのは、現状の把握です。すなわち、会社内の雇用形態と労働条件をすべて洗い出し、一覧表などで整理することです。非正規労働者の呼称は、会社によって「パートタイマー」「契約社員」「嘱託社員」とさまざまですが、数多くの雇用形態があると思いますので、まずはそれをすべてピックアップします。

　次に、雇用形態ごとの労働条件を整理します。中小企業特有の問題としては、賃金規程等には明示されていない手当が支給されているというケースが多いので、労働条件を把握する際には、給与明細も参照するほうがよいと考えます。また、手当等の賃金だけではなく、特別休暇などもすべて網羅する必要があるという点に留意してください。

[3] 労働条件と処遇差の有無を確認し、説明できる待遇差か検討

　このように現状を整理した後に、正社員と契約社員・パートタイマーとの間で、職務の内容に違いがあるのかどうか、職務の内容・配置の変更の範囲に違いがあるのかを確認し、処遇に差があるのかを確認します。そして、処遇に差があるということであれば、その理由を説明することができるのかを検討します。その結果、理由を説明することが困難ということになれば、何かを変えなければなりません。何を変えるかという点ですが、まずは、職務の内容、職務の内容・配置の変更の範囲を変更することで、待遇差の説明がつけば、それらを変更することで対応すればよいでしょう。それらの変更では待遇差の説明がつかないのであれば、処遇の変更に手を付ける必要があります。

　正社員と契約社員・パートタイマーの処遇については、以上の点を踏まえて、制定あるいは改定を行っていく必要があるでしょう。また、パート・有期法14条2項で次のように規定していますので、契約社員・パートタイマーの処遇については、一度整理して、変更の必要がないかを検討する必要があります。

（事業主が講ずる措置の内容等の説明）

第14条 〈中略〉

2　事業主は、その雇用する短時間・有期雇用労働者から求めが
　あったときは、当該短時間・有期雇用労働者と通常の労働者との
　間の待遇の相違の内容及び理由並びに第6条から前条までの規定
　により措置を講ずべきこととされている事項に関する決定をする
　に当たって考慮した事項について、当該短時間・有期雇用労働者
　に説明しなければならない。

9

育児・介護

持続可能な社会への関心の高まりとともに、従業員の多様な働き方を実現するため、男女にかかわらず「育児・介護」と仕事の両立に対する支援が求められています。

昨今の法改正では、育児休業等に関する制度の拡充が行われたことから、その内容を取り上げつつ解説します。制度だけでなく、雇用環境整備や育児休業取得状況の公表など、法律に定められた対応が必要です。

育児・介護

①育児・介護と仕事の両立支援の重要性を理解している	□はい	□いいえ
②育児休業制度を導入している	□はい	□いいえ
③介護休業制度を導入している	□はい	□いいえ
④子の看護休暇制度を導入している	□はい	□いいえ
⑤介護休暇制度を導入している	□はい	□いいえ
⑥所定外労働を制限する制度を導入している	□はい	□いいえ
⑦時間外労働を制限する制度を導入している	□はい	□いいえ
⑧深夜業を制限する制度を導入している	□はい	□いいえ
⑨所定労働時間の短縮措置を講じている	□はい	□いいえ
⑩育児休業を取得しやすい雇用環境整備および妊娠・出産の申し出をした従業員に対する個別の周知・意向確認の措置を講じている	□はい	□いいえ
⑪育児休業の取得状況を公表している	□はい	□いいえ

1 育児・介護と仕事の両立支援の重要性

　日本においては、少子化が進行し、人口減少時代を迎えているといわれています。少子化の急速な進行は、労働力人口の減少や地域社会の活力低下など、経済社会に深刻な影響を与える可能性があります。一方で、子どもを生み育て、家庭生活を豊かに過ごしたいと願う人は男女共に多いにもかかわらず、こうした希望が実現しにくい状況があるのが現実です。

　持続可能で安心できる社会をつくるためには、「就労」か「結婚・出産・子育て」、あるいは、「就労」か「介護」の二者択一構造を解消し、仕事と生活の調和（ワーク・ライフ・バランス）を実現することが必要不可欠といえるでしょう。一人一人の生き方や子育て期、中高年期といった人生の各段階に応じて、男女共に多様な働き方の選択を可能とする社会とすることが、人々の希望の実現となるとともに、企業や社会全体の明日への投資にもなり、活力の維持につながるでしょう。

　このためには、すべての労働者を対象に長時間労働の抑制等、仕事と生活の調和策を進めていくとともに、特に、子育てや介護など家庭の状況から時間的制約を抱えている時期の労働者について仕事と家庭の両立支援を進めていくことが重要です。

　だからこそ、現在、国は、育児・介護と就労の両立のために、都度、法改正を行い、育児休業、介護休業等の制度を拡充しているといえます。

　このことは、厚生労働省の育児介護休業法に関する公表内容からも見て取れます。厚生労働省のホームページのホーム画面から、「政策について」→「分野別の政策一覧」→「子ども・子育て」→「職場における子育て支援」→「事業主の方へ」→「育児・介護休業法について」に遷移すると、育児介護休業法に関するさまざまなコンテンツが出てきます。例えば、法改正についての解説資料や説明資料、リーフレット、規

定例、関係条文、法律・施行規則、指針、通達まで幅広く公開されています。さらに、育児介護休業法に関する解説動画、社内研修用資料までが公開されています。

それだけ、国として、育児介護休業法の普及に力を入れているということがご理解いただけるでしょう。一法律家から見ても、厚生労働省の育児介護休業法に関する公開資料は、分かりやすく、また、内容も充実していると考えます。

育児介護休業法に関する人事課題に直面したときは、厚生労働省の公表している資料に何かヒントとなるものはないか、まずは探すことも有益かと思います。

2 育児休業

[1] 育児休業

育児休業とは、原則として1歳に満たない子を養育するためにする休業をいいます［図表1］。従業員と法律上の親子関係がある「子」であれば、実子であるか、養子であるかは問いません。そして、育児休業は、母親だけではなく、父親でも取得することが可能です。ひと昔前は、「男が育児休業を取得するなんて」という風潮がありましたが、現在は、男性の育児休業取得者は増えているようです。

[2] 育児休業の期間

当初、育児休業の期間は、子が1歳に達するまで取得することが可能でしたが、その後、一定の条件の下で、1歳6カ月まで延長が認められ、現在では、2歳まで延長が認められています。

[3] 期間を定めて雇用される従業員

従来、期間を定めて雇用される従業員が、①引き続き雇用された期間が1年以上である場合や、②子が1歳6カ月までの間に契約が満了することが明らかではない場合には、育児休業を取得することができました

図表1　育児休業の概要

	育児休業制度 （〜令4.9.30）	育児休業制度 （令4.10.1〜）	産後パパ育休(令4.10.1〜) 育休とは別に取得可能
対象期間 取得可能日数	原則子が1歳（最長2歳）まで	原則子が1歳（最長2歳）まで	子の出生後8週間以内に4週間まで取得可能
申し出期限	原則1カ月前まで	原則1カ月前まで	原則休業の2週間前まで
分割取得	原則分割不可	分割して2回取得可能（取得の際にそれぞれ申し出）	分割して2回取得可能（初めにまとめて申し出ることが必要）
休業中の就業	原則就業不可	原則就業不可	労使協定を締結している場合に限り、労働者が合意した範囲で休業中に就業することが可能
1歳以降の延長	育休開始日は1歳、1歳半の時点に限定	育休開始日を柔軟化	
1歳以降の再取得	再取得不可	特別な事情がある場合に限り再取得可能	

資料出所：厚生労働省「育児・介護休業法　令和3年（2021年）改正内容の解説（令和4年3月作成）」を基に作成（[図表3]も同じ）

が、令和3年の育児介護休業法改正により、①が撤廃され、②のみに取得要件が緩和されました。もっとも、使用者が労使協定で、引き続き雇用された期間が1年未満の場合は取得を認めないとすることは可能です。

[4] 育児休業の回数

　育児休業は、当初、1回しか取得できないことになっていましたが、令和3年の育児介護休業法改正により、分割して2回まで取得することが可能になりました。

　令和3年の育児介護休業法改正の大きな目玉であったのが、男性の育児休業取得促進を目的とした、子の出生直後の時期における柔軟な育児休業の枠組みである「出生時育児休業」（以下、産後パパ育休）の創設です。子の出生後8週間以内に4週間まで取得することができる柔軟な育児休業の枠組みであり、申し出期限を休業の2週間前までとし、分割して取得できる回数を2回としています。また、労使協定を締結した場合には、個別合意により事前調整の上、育児休業中に就業することも可能とするものであり、労務管理上、相当なインパクトがありました。

3　介護休業

　介護休業とは、要介護状態（負傷、疾病または身体上もしくは精神上の障害により、2週間以上の期間にわたり常時介護を必要とする状態）にある対象家族を介護するためにする休業をいいます。ここでいう対象家族には、配偶者（事実婚を含む）、父母、子、配偶者の父母、祖父母、兄弟姉妹および孫が当たります。

　介護休業の期間は対象家族1人につき通算93日までであり、回数は3回が上限となっています。従前は、1回のみでしたが、その後、法改正により利用しやすい制度に変更されました。

　また従来、期間を定めて雇用される従業員については、育児休業と同様の趣旨から、①引き続き雇用された期間が1年以上である場合や、②介護休業開始予定日から起算して93日経過日から6カ月を経過する日までに契約が満了することが明らかでない場合には、介護休業の取得が認められましたが、令和3年の育児介護休業法改正により、①が撤廃され、②のみに取得要件が緩和されました。もっとも、労使協定で、引き続き雇用された期間が1年未満の場合は取得を認めないとすることができる点は、育児休業と同様です。

4 子の看護休暇

　子の看護休暇とは、小学校就学の始期に達するまでの子を養育する従業員が、1年に5日まで（当該子が2人以上の場合は10日まで）、病気・けがをした子の看護または予防接種・健康診断を受けさせるために、休暇を取得することができる制度です。現在では、時間単位での取得も可能となっています。法律上は、就業時間中の中抜けは認められていませんが、会社によっては、中抜けという形での利用を認めているところもあります。

規定例

（子の看護休暇）
第○条　小学校就学の始期に達するまでの子を養育する従業員（日雇従業員を除く）は、負傷し、または疾病にかかった当該子の世話をするために、または当該子に予防接種や健康診断を受けさせるために、就業規則第○条に規定する年次有給休暇とは別に、当該子が1人の場合は1年間につき5日、2人以上の場合は1年間につき10日を限度として、子の看護休暇を取得することができる。この場合の1年間とは、4月1日から翌年3月31日までの期間とする。ただし、労使協定によって除外された次の従業員からの子の看護休暇の申し出は拒むことができる。
①　入社6カ月未満の従業員
②　1週間の所定労働日数が2日以下の従業員
2　子の看護休暇は、始業時刻から連続または終業時刻まで連続して、時間単位で取得することができる。
3　取得しようとする者は、原則として、子の看護休暇申出書により事前に会社に申し出るものとする。

5 介護休暇

　介護休暇とは、要介護状態にある対象家族の介護その他の世話を行う従業員が、1年に5日まで（対象家族が2人以上の場合は10日まで）、介護その他の世話を行うために、休暇を取得することができる制度で

す。これも、現在では、時間単位での取得も可能となっています。子の看護休暇と同様、法律上は、就業時間中の中抜けは認められていませんが、会社によっては、中抜けという形での利用を認めているところもあります。

（介護休暇）
第○条　要介護状態にある家族の介護その他の世話をする従業員（日雇従業員を除く）は、就業規則第○条に規定する年次有給休暇とは別に、当該家族が1人の場合は1年間につき5日、2人以上の場合は1年間につき10日を限度として、介護休暇を取得することができる。この場合の1年間とは、4月1日から翌年3月31日までの期間とする。ただし、労使協定によって除外された次の従業員からの介護休暇の申し出は拒むことができる。
① 　入社6カ月未満の従業員
② 　1週間の所定労働日数が2日以下の従業員
2　介護休暇は、始業時刻から連続または終業時刻まで連続して、時間単位で取得することができる。
3　取得しようとする者は、原則として、介護休暇申出書により事前に会社に申し出るものとする。

　所定外労働の制限

　育児との関係では、3歳に満たない子を養育する従業員がその子を養育するために請求した場合に、また、介護との関係では、要介護状態にある対象家族を介護する従業員がその対象家族を介護するために請求した場合に、事業主は、事業の正常な運営を妨げる場合を除き、所定労働時間を超えて労働させてはならないというものです。

　育児・介護共に、従業員が「請求した場合」に限る制度ですが、請求は何回でも行うことができます。また、いずれも、請求の際には1回につき1カ月以上1年以内の期間について、開始日および終了日を明らかにして、制限開始予定日の1カ月前までに請求しなければなりません。

　「事業の正常な運営を妨げる場合」に該当するかどうかは、その従業

員の所属する事業所を基準として、従業員の担当する作業の内容・繁閑、代替要員の配置の難易等、諸般の事情を考慮して客観的に判断することになります。いわゆる有給休暇の時季変更権が認められる場合である「事業の正常な運営を妨げる場合」と同様の文言ですので、よほどのことがない限りは認められないと考えたほうがよいでしょう（下記の「時間外労働の制限」「深夜業の制限」についても同じです）。

7 時間外労働の制限

育児との関係では、小学校就学の始期に達するまでの子を養育する従業員がその子を養育するために請求した場合において、また、介護との関係では、要介護状態にある対象家族を介護する従業員がその対象家族を介護するために請求した場合において、事業主は事業の正常な運営を妨げる場合を除き、制限時間（1カ月24時間、1年150時間）を超えて時間外労働をさせてはならないというものです。

「所定外労働の制限」と同様、育児・介護共に、従業員が「請求した場合」に限る制度ですが、請求は何回でも行うことができます。また、いずれも、請求の際には1回につき1カ月以上1年以内の期間について、開始日および終了日を明らかにして請求する必要があります。

8 深夜業の制限

育児との関係では、小学校就学の始期に達するまでの子を養育する従業員がその子を養育するために請求した場合において、また、介護との関係では、要介護状態にある対象家族を介護する従業員がその対象家族を介護するために請求した場合において、事業主は、事業の正常な運営を妨げる場合を除き、深夜（午後10時から午前5時までの間）に労働させてはならないというものです。

育児・介護共に、従業員は、1回につき1カ月以上6カ月以内の期間について、開始日および終了日を明らかにして請求する必要があります。こちらも、従業員が「請求した場合」に限る制度ですが、請求は何回でも行うことができます。

9 所定労働時間の短縮措置

　育児との関係では、事業主は、3歳に満たない子を養育する従業員の申し出に基づき所定労働時間を短縮することにより当該従業員が就業しつつ子を養育することを容易にするための措置（短時間勤務制度）を講じる必要があります。

　この短時間勤務制度は、1日の所定労働時間を原則として6時間とする措置を含むもの（通常の所定労働時間が7時間45分である事業所においては、短縮後の所定労働時間を5時間45分から6時間までとすることを許容）としなければならないとされています。つまりは、短時間勤務制度として、7時間という制度や5時間という制度を設けただけでは、法律の要求する短時間勤務制度を設けたとはいえず、例えば、6時間と7時間という選択肢を作り、従業員がどちらかを選べる制度としなければなりません。

　介護との関係では、要介護状態にある対象家族を介護する従業員について、就業しつつ対象家族の介護を行うことを容易にする措置として、連続する3年間以上の期間において、2回以上の利用ができる所定労働時間の短縮等の措置を講じる必要があります。介護の場合の短時間勤務制度は、1日の所定労働時間が8時間である場合には2時間以上、7時間以上の場合には1時間以上の短縮が望ましいとされており、育児の場合とは異なり具体的な時間数までは決められていません。

10 雇用環境整備および個別周知・意向確認の措置

令和3年の育児介護休業法改正によって、育児休業を取得しやすい雇用環境整備および妊娠・出産の申し出をした従業員に対する個別の周知・意向確認の措置が義務づけられました。

[1] 個別の制度周知・休業取得意向確認の措置

本人または配偶者の妊娠・出産等を申し出た従業員に対して、事業主は育児休業制度等に関する以下の事項の周知と休業取得の意向確認の措置を、個別に行わなければなりません。

①育児休業・産後パパ育休に関する制度

②育児休業・産後パパ育休の申し出先

③育児休業給付に関すること

④従業員が育児休業・産後パパ育休期間に負担すべき社会保険料の取り扱い

個別周知・意向確認の方法は、面談（オンライン可。音声のみの電話は不可）、書面交付となりますが、従業員が希望した場合には、FAX、電子メール等（イントラネット、WEBメール、SNSを含みます）でもよいことになっています。

また、個別周知・意向確認の時期は、従業員が希望の日から円滑に育児休業を取得することができるように配慮し、適切な時期に実施することが必要であるとされています。具体的には、［図表2］のとおりです。

個別周知・意向確認に関する書式例は、厚生労働省のホームページで公表しているので、それも参考にされるとよいと考えます。

[2] 育児休業を取得しやすい雇用環境整備の措置

育児休業と産後パパ育休の申し出が円滑に行われるようにするため、事業主は、以下のいずれかの措置を講じなければなりません。

①育児休業・産後パパ育休に関する研修の実施

図表2　個別周知・意向確認の時期

従業員からの申し出のタイミング	事業主からの周知・意向確認の実施時期
出産予定日の1カ月半以上前の申し出	出産予定日の1カ月前まで
出産予定日の1カ月半前から1カ月前の間の申し出	申し出から2週間以内など、できる限り早い時期
出産予定日の1カ月前から2週間前の間の申し出	申し出から1週間以内など、できる限り早い時期
出産予定日の2週間前以降や、子の出生後の申し出	できる限り速やかに

②育児休業・産後パパ育休に関する相談体制の整備

③自社の従業員の育児休業・産後パパ育休取得事例の収集・提供

④自社の従業員の育児休業・産後パパ育休制度と育児休業取得促進に関する方針の周知

　これらの雇用環境整備は、男女とも対象に実施する必要があります。

　①の研修については、全従業員を対象とすることが望ましいですが、少なくとも管理職は、研修を受けたことがある状態にしておく必要があるとされています。

　②の相談体制の整備については、相談窓口の設置や相談対応者を置き、これを周知することを意味します。相談窓口は形式的に設けるだけでなく、実質的な対応が可能な窓口を設けるとともに、窓口の周知等を行い、従業員が利用しやすい体制を整備する必要があります。

　③の自社の育児休業取得事例の提供については、自社の育児休業の取得事例を収集し、これらの事例を掲載した書類の配布やイントラネットへの掲載等を行い、従業員が閲覧できるようにすることを意味します。提供する取得事例が特定の性別や職種、雇用形態等に偏らないよう、可能な限りさまざまな従業員の事例を収集・提供し、特定の者の育児休業の申し出を控えさせることにつながらないように配慮することが求められています。

　④の制度と育児休業取得促進に関する方針の周知については、育児休業に関する制度と育児休業の取得の促進に関する事業主の方針を記載したものを、事業所内やイントラネットへ掲示することを意味します。

11　育児休業の取得状況の公表

　令和３年の育児介護休業法改正によって、令和５年４月１日以降、常時雇用する労働者が1000人を超える事業主は、育児休業等の取得状況を年１回公表することが義務づけられることになりました。これは、男性の育児休業取得促進のためです。

　公表しなければならない事項は、公表を行う日の属する事業年度（会計年度）の直前の事業年度（公表前事業年度）における、男性の①育児休業等の取得割合、または②育児休業等と育児目的休暇の取得割合です［図表3］。これと併せて明示が必要なのは、当該割合の算定期間である公表前事業年度の期間と、①または②のいずれの方法により算出したものであるかです。

　①は、「公表前事業年度中に、雇用する男性従業員が育児休業等をしたものの数÷公表前事業年度中に、事業主が雇用する男性従業員であって、配偶者が出産したものの数」であり、②は、「（公表前事業年度中に、雇用する男性従業員が育児休業等をしたものの数＋小学校就学の始期に達するまでの子を養育する男性従業員を雇用する事業主が講ずる育児を目的とした休暇制度を利用したものの数）÷公表前事業年度中に、事業主が雇用する男性従業員であって、配偶者が出産したものの数」です。

　また、公表の方法は、インターネットの利用その他適切な方法で、一般の方が閲覧できるようにする必要があります。多くのケースでは、自社のホームページで公表するということになるでしょう。

図表3　育児休業取得状況の公表内容

公表割合と併せて、以下も明示
・当該割合の算定期間である公表前事業年度の期間
・①または②のいずれの方法により算出したものか

①育児休業等の取得割合

$$\frac{\text{公表前事業年度中に、雇用する男性従業員が}\textbf{育児休業等}^{※1}\text{をしたものの数}}{\text{公表前事業年度中に、事業主が雇用する}\textbf{男性従業員であって、配偶者が出産}\text{したものの数}}$$

②育児休業等と育児目的休暇の取得割合

$$\frac{\begin{array}{c}\text{公表前事業年度中に、雇用する男性従業員が}\textbf{育児休業等}^{※1}\text{をしたものの数}\\+\\\text{小学校就学の始期に達するまでの子を養育する男性従業員を雇用する事業主が講ずる}\textbf{育児を目的とした休暇制度}^{※2}\text{を利用したものの数}\end{array}}{\text{公表前事業年度中に、事業主が雇用する}\textbf{男性従業員であって、配偶者が出産}\text{したものの数}}$$

※1　育児休業等とは、育児介護休業法に規定する以下の休業のこと。
　・法2条1号に規定する育児休業（産後パパ育休を含む）
　・法23条2項（所定労働時間の短縮の代替措置として3歳未満の子を育てる従業員が対象）または24条1項（小学校就学前の子を育てる従業員に関する努力義務）の規定に基づく措置として育児休業に関する制度に準ずる措置を講じた場合は、その措置に基づく休業
※2　育児を目的とした休暇制度とは、目的の中に育児を目的とするものであることが明らかにされている休暇制度（育児休業等および子の看護休暇は除く）のこと。労働基準法上の年次有給休暇は除く。

10

懲戒処分

戒告、減給、出勤停止、降格、解雇……。
懲戒処分の種類や事由などをどのように定めるか
は、会社の裁量に委ねられているので、その内容
は各社で異なります。
就業規則への記載の仕方や処分の手続きが適正で
ないと裁判で無効となる可能性もあります。規定
の文言や運用に、十分に注意を払いましょう。

懲戒処分

①懲戒処分の種類・程度について就業規則に記載している	☐はい	☐いいえ
②懲戒事由を就業規則に記載している	☐はい	☐いいえ
③懲戒処分に当たって弁明の機会を与えている	☐はい	☐いいえ
④懲戒処分前の自宅待機期間中は賃金を支払っている	☐はい	☐いいえ
⑤就業規則、労働協約等に定められている手続きにのっとって懲戒処分を行っている	☐はい	☐いいえ
⑥懲戒処分に当たっては、懲戒処分通知書を交付している	☐はい	☐いいえ
⑦懲戒処分を社内で公表するに当たって、氏名は公表していない	☐はい	☐いいえ
⑧派遣先が、派遣労働者に対する懲戒処分をしていない	☐はい	☐いいえ

1 懲戒処分の種類・程度の就業規則への記載方法

[1] 懲戒処分の意義

　懲戒処分とは、従業員の会社秩序違反行為に対して、使用者が行う制裁罰としての労働関係上の不利益措置のことをいいます。

　最高裁は、「企業は、その存立を維持し目的たる事業の円滑な運営を図るため、それを構成する人的要素及びその所有し管理する物的施設の両者を総合し合理的・合目的的に配備組織して企業秩序を定立し、この企業秩序のもとにその活動を行うもの」であるとした上で、その一環として、「規則に定めるところに従い制裁として懲戒処分を行うことができる」としており（国労札幌支部事件　最高裁三小　昭54.10.30判決　労判329号12ページ）、どういった制裁を定めるかは、会社に委ねています。

[2] 就業規則への明記

　労働契約法15条は、「使用者が労働者を懲戒することができる場合において、当該懲戒が、当該懲戒に係る労働者の行為の性質及び態様その他の事情に照らして、客観的に合理的な理由を欠き、社会通念上相当であると認められない場合は、その権利を濫用したものとして、当該懲戒は、無効とする」と定めています。したがって、①「使用者が労働者を懲戒することができる場合」で、②労働者の行為が就業規則上の懲戒事由に該当し、「客観的に合理的な理由」があり、③「当該行為の性質・態様その他の事情に照らして社会通念上相当なものと認められ」ることが必要となります。

　そして、①「使用者が労働者を懲戒することができる場合」とは、使用者に懲戒権が認められることを意味しますが、具体的には、「あらかじめ就業規則において懲戒の種別及び事由を定めておくこと」「その内容を適用を受ける事業場の労働者に周知させる手続が採られているこ

と」が必要と解されています（フジ興産事件　最高裁二小　平15.10.10
判決　労判861号5ページ）。

　就業規則がない会社の場合には、労働契約書上で、懲戒の種別・事由
を定めておけば、懲戒処分を行うことが可能です。

[3]　懲戒処分の種類

　上記のとおり、懲戒処分としてどういった制裁を科すのかについて
は、会社の裁量に委ねられています。そのため、会社によって、懲戒処
分の内容は異なりますが、おおむね、以下の(1)〜(6)の種類を定めて
いるものが多いかと思います。

(1) 戒告、けん責

　戒告は、将来を戒める処分をいい、けん責は、始末書を提出させて将
来を戒める処分をいうのが通例です。要するに、戒告は注意を与えるも
ので、けん責はそれに加えて始末書の提出を求めるものであり、それ自
体では直ちに実質的な不利益が生じる内容ではありません。ただ、これ
らの処分を受けたことによって、昇給、昇格、一時金の支給などの人事
査定において不利に斟酌されるという意味で、結果的に不利益が生じる
ものに過ぎません。

(2) 減給

　減給とは、本来ならば従業員が労務提供の対価として受け取るべき賃
金額から一定額を差し引く処分をいいます。

　減給については、従業員の生活が脅かされることがないように労働基
準法91条で減給できる金額の上限（1回の額が平均賃金の1日分の半額
を超えず、総額が一賃金支払い期における賃金の総額の10分の1を超え
てはならない）が定められています。

(3) 出勤停止

　出勤停止とは、労働契約を存続させながら従業員の就労を一定期間禁
止する処分をいいます。多くの会社では、出勤停止期間中は賃金を支払
わないこととしていますが、賃金を支払わない取り扱いとするのであれ

ば、就業規則に明記しておく必要があります。

(4) 降格

　降格とは、役職、職位、資格等級などを引き下げる処分をいいます。降格には、人事権の行使としての意味もありますが、懲戒処分の一つとしても行われることがあります。就業規則に定めるに当たっては、役職の引き下げを行うのか、それとも職能資格等級の引き下げを行うのか、また、両者を行うことがあるのかも明確に定めておく必要があります。

(5) 諭旨解雇（退職）

　諭旨解雇とは、従業員に退職願を提出するよう勧告し、提出があれば懲戒解雇を免じて普通解雇するものをいい、諭旨退職とは、従業員に退職願を提出させて、即時退職させるものをいいます。どちらも、従業員が退職願を提出しないときは、懲戒解雇とすることが予定されています。

(6) 懲戒解雇

　懲戒解雇とは、懲戒処分の中で最も重い処分であり、一方的に労働契約を解消する処分です。

[4] 就業規則に明記するに当たっての留意点

(1) 出勤停止

　懲戒処分としての出勤停止の期間を「7日以内」「10日以内」と定めている会社もあります。会社によっては、降格を定めていないケースも数多くあり、その場合、懲戒処分のうち出勤停止の次に重い処分が、諭旨解雇あるいは懲戒解雇となります。

　しかし、懲戒事由は千差万別です。7日あるいは10日以内の出勤停止処分では軽過ぎるけれども、諭旨解雇にするにしては重過ぎるというケースがあります。その場合、解雇無効とされるリスクをとって諭旨解雇とするか、あるいはリスクを軽減するために出勤停止期間を7日あるいは10日のうちから選択するしかありません。

　懲戒の幅を持たせるためにも、出勤停止については短い期間ではな

く、30日程度を上限として定めておくほうが運用しやすいでしょう。な
お、出勤停止期間中に休日が含まれている場合、その休日はどうなるの
かという問題が考えられますが、出勤停止は、出勤予定の日を対象とし
て発せられるものですので、そもそも就労義務がない休日には出勤停止
を命ずることはできません。

　懲戒処分通知書において、例えば、「4月1日から14日間の出勤停止
を命ずる」と書かれているケースを見掛けますが、厳密に言えば、「4
月1日から休日を除いて14日間（4月〇日まで）の出勤停止を命ずる」
とすべきです。

(2) 降格

　資格制度が導入されていない会社も数多くありますが（役職がない会
社もまれにあります）、そのような会社でも、懲戒処分の一類型として
降格が定められており、その内容として、資格等級の引き下げが記載さ
れている場合があります。降格を定めるのであれば、当該会社の資格制
度の内容を理解した上で定める必要があります。

　また、「役職または資格等級を引き下げる」と定めている会社があり
ますが、その場合、役職あるいは資格等級のどちらかの引き下げしかで
きないことになってしまいます。実務上は、役職・資格等級の双方を同
時に引き下げることもできるよう、規定化しておくべきでしょう。

(3) 諭旨解雇（退職）

　上記のとおり、諭旨解雇（退職）は、退職願の提出を促し、提出され
ない場合には懲戒解雇とする処分です。退職願の提出期限は、通常3日
から1週間程度が多いと思われますが、個別の事案、事情にもよります
ので、就業規則で具体的に日数を定めることはせず、「会社の定めた期
間内に」とするのがよいでしょう。

　また、諭旨解雇（退職）の場合、退職金の一部を不支給とする例が多
いでしょう。規定上は、退職金規程にその旨を明示しておけば足ります
が、「懲戒の種類および程度」を定めた規定部分に併せて記載しても問

題はありません。その場合、「諭旨解雇となる者については、情状を勘案して退職金の一部を支給しないことがある」旨を記載すればよいでしょう。

(4) 懲戒解雇

　懲戒解雇の場合、退職金の全部または一部を不支給とするのが一般的です。諭旨解雇（退職）と同様、退職金規程にその旨を明示しておけば足りますが、「懲戒の種類および程度」のところに併せて記載しても問題はありません。その場合、「懲戒解雇となる者については、原則として退職金を支給しない。ただし、情状を勘案して退職金の一部を支給することがある」旨を記載すればよいでしょう。

　なお、諭旨解雇（退職）の場合は、「退職金の一部を支給しないことがある」としているのに対し、懲戒解雇の場合は、「退職金の一部を支給することがある」としているのは、諭旨解雇（退職）の場合は「退職金を支給する」のが原則であり、例外的に一部は支給しないのに対し、懲戒解雇の場合は、「退職金を支給しない」のが原則であり、例外的に支給するという考え方に起因します。

規定例

（懲戒の種類および程度）
第○条　従業員が、第○条のいずれかに該当する場合には、その軽重に応じ、次の区分に従って懲戒処分を行う。
① けん責
　始末書をとり、将来を戒める。
② 減給
　始末書をとり、将来を戒めるとともに賃金を減ずる。ただし、減給の額は、1回の額が平均賃金の1日分の半額を超えることはなく、また、総額が当該賃金支払い期間における賃金総額の10分の1を超えないものとする。
③ 出勤停止
　始末書をとり、将来を戒めるとともに、30日以内の期間を定めて出勤を停止し、その期間の賃金は支払わない。
④ 降格
　始末書をとり、将来を戒めるとともに、役職の引き下げおよび資格等級

の引き下げのいずれか、またはその双方を行う。

⑤　諭旨解雇

退職願の提出を勧告する。会社の定めた期間内に勧告に従わない場合は懲戒解雇とする。

⑥　懲戒解雇

予告期間を設けることなく即時解雇する。所轄労働基準監督署長の認定を受けたときは、解雇予告手当を支給しない。

2　懲戒事由の就業規則への記載方法

前記のとおり、懲戒の種別だけではなく、懲戒の事由についても、就業規則に定める必要があります。当然のことですが、何をしてはいけないのかが明示されていなければならないからです。

ここでは、就業規則に懲戒事由を定めるに当たっての留意点を解説します。

［1］懲戒処分ごとに懲戒事由を定めるか否か

就業規則における懲戒事由の定め方としては、主に三つのパターンがあります。一つ目は、懲戒処分の種類ごとに懲戒事由を定める方法、二つ目は、軽い懲戒処分と重い懲戒処分をグループ化し、グループごとに懲戒事由を定める方法、三つ目は、懲戒事由をまとめて包括的に定め、懲戒処分の種類とは対応させないで定める方法です。

結論から言えば、三つ目の懲戒事由をまとめて包括的に定め、懲戒処分の種類とは対応させないで定める方法が、実務上運用しやすく、また適切です。

確かに、懲戒処分の種類と懲戒事由を対応させることは、明確性の観点から利点があるのは事実ですが、「当該事案に即した妥当な処分量定ができなくなる」という欠点があります。

懲戒処分を決定するに当たっては、懲戒の対象となる外形的行為が同一であっても、個別の事案における背景事情、動機等のさまざまな要素

を勘案した上で、異なる量定としているのが実情です。しかし、懲戒行為に至るさまざまな原因、事情をあらかじめ分類して懲戒処分の種類と対応させることは現実的には不可能です。そのため、懲戒処分の種類と懲戒事由を無理に対応させようとすると、妥当な処分ができなくなるおそれがあるのです。

[2] 形容詞・副詞の多用は避ける

各社の就業規則を見ていると、懲戒事由に、「著しく」「しばしば」「みだりに」「再三にわたって」などの形容詞や副詞が多用されていることがあります。裁判例では、懲戒事由は、制限列挙（挙げられた事由に限定）であると解されていることから、訴訟となった場合には、懲戒対象行為が、これらの形容詞・副詞に該当するか否かが争点となります。

例えば、「会社の秩序・規律を著しく乱したとき」であれば、それが「著しい」ものでなければならず、また「正当な理由なく、しばしば遅刻したとき」であれば、「しばしば」とは何回以上を意味するのかが問われることになります。これらの形容詞・副詞を懲戒処分の規定に用いることは、訴訟の場では、懲戒処分が有効となるためのハードルを上げてしまうほか、無用な争点を生み出してしまいます。「故意または過失により」としておけばよいものを、わざわざ「故意または重過失により」とすることも同様です。

形容詞や副詞が入ることによって見栄えが良くなる効果は一定程度あるのかもしれませんが、リスクマネジメントの観点からはお勧めできません。

[3] 「服務規律に違反したとき」を含める

就業規則をレビューしていると、まれに、懲戒事由の一つとして、「服務規律に違反したとき」が抜けていることがあります。これが抜けてしまったとしても、包括条項（「前各号に準ずる行為があったとき」）によって、服務規律違反に基づく懲戒処分も可能になるとは思いますが、余計な争点を増やさないためにも、懲戒事由の一つとして、「服務

規律に違反したとき」を含めておくべきでしょう。

[4]「刑罰法規に違反したとき」とする

　まれに、犯罪行為に関する事由として、「刑罰法規に違反し有罪が確定したとき」と定めているものを見掛けます。無罪推定の原則をそのまま具現化したものと思われますが、こうした表現は避けたほうがよいでしょう。この規定による場合、従業員が、例えば横領等の犯罪行為を行ったとしても、そして、当人が犯罪行為を認めていたとしても、刑事事件が有罪確定するまでは懲戒処分できないことになってしまいます。実務上、従業員が犯罪行為によって逮捕された場合には、判決の確定まで待って懲戒処分を行うのではなく、その前の段階で懲戒処分をするのが通常ですので、それができるように「刑罰法規に違反したとき」としておくべきでしょう。

[5]　最後に「包括条項」を入れておく

　裁判例の多くが、懲戒事由については制限列挙と解していますので、懲戒事由の最後に必ず、「前各号に準ずる行為があったとき」のように包括条項を入れておく必要があります。

規定例

（懲戒事由）
第○条　次の各号の一に該当する場合は、第○条に定める懲戒処分を行う。
① 経歴を偽り、その他不正の手段を用いて雇用されたとき
② 正当な理由なく無断欠勤したとき
③ 正当な理由なく遅刻、早退、欠勤し、あるいは職場離脱したとき
④ 職務に不熱心で誠実に勤務しないとき
⑤ 会社の諸規程、通達等により遵守すべき事項に違反したとき
⑥ 本規程に違反し、または社命もしくは上長の指揮命令に従わないとき
⑦ 素行不良で会社の秩序・規律を乱し、またはそのおそれのあったとき
⑧ 故意または過失により、業務または就業に関して、会社に虚偽の事項を述べたとき
⑨ 第○条に定める服務規律に違反したとき
⑩ 会社の業務を妨害し、または妨害しようとしたとき
⑪ 火気を粗略に扱い、または所定の場所以外でたき火もしくは喫煙したとき

⑫ 会社内で暴行、脅迫、傷害、暴言、またはこれに類する行為をなしたとき

⑬ 故意または過失により、会社の秘密を漏らし、または漏らそうとしたとき

⑭ 故意または過失により、会社に損害を与え、または会社の信用を失墜させたとき

⑮ 会社の金品を盗み、または横領するなど不正行為に及んだとき

⑯ 正当な手段によらず私品を修理または作成したとき

⑰ 故意または過失により、会社の施設もしくは金品を毀損滅失し、生産の低下もしくは業務の渋滞を惹起し、または労働災害その他の人身事故を発生させたとき

⑱ 職務を利用して私利を図ったとき

⑲ 取引先に対し、金品等の利益を要求し、または受領するなど職務上の不正行為をなしたとき

⑳ 許可を得ないで在籍のまま他に雇用されたとき

㉑ 正当な理由なく、異動を拒否したとき

㉒ 会社の敷地内で、許可なく集会を行い、または文書の配布、掲示、演説、放送を行ったとき

㉓ 飲酒運転（酒気帯び運転を含む）、ひき逃げ、その他刑罰法規に違反したとき

㉔ 会社外において、会社または役員、従業員の名誉・信用を毀損したとき

㉕ 部下の管理監督、業務上の指導、または必要な指示・注意を怠ったとき

㉖ 前各号に準ずる行為があったとき

3 懲戒処分に当たっての弁明の機会の付与

会社が懲戒処分を行うに際し、従業員に弁明の機会を与えることも、手続き的な相当性を担保するために、極めて重要です。ただし、弁明の機会を与えることが懲戒処分の有効要件ということではなく、あくまで社会通念上相当であるか否かの判断の一要素に過ぎないため、懲戒対象行為の内容や調査の状況等に応じて、弁明の機会が付与されなくても懲戒処分を有効とした例もあります（大和交通事件　大阪高裁　平11.6.29判決　労判773号50ページ、日本電信電話［大阪淡路支店］事件　大阪地裁　平8.7.31判決　労判708号81ページ）。

また、近時の裁判例として、36日間無届け欠勤を継続した従業員に対

する懲戒解雇が争われた事案において、就業規則には弁明の機会を与える旨の規定がなされていないこと、懲戒を行うに当たっては、労使の代表者で構成する賞罰委員会の意見を聞くこととされているところ、このような場合には弁明の機会を付与しないことをもって直ちに懲戒手続きが違法ということにはならないと判断したものがあります（ホンダエンジニアリング事件　宇都宮地裁　平27.6.24判決　労経速2256号3ページ）。

　ただし、実務上は、手続き的な相当性を担保するために、可能な限り、弁明の機会を付与し、その上で、懲戒処分を行うのが望ましいでしょう。そして、形式的に弁明の機会を付与すれば足りるものではなく、実質的に弁明の機会を付与すべきです。例えば、弁明の際に、新たな説明が従業員からなされた場合には、その説明が正しいものなのかどうか、改めて事実関係の調査を行った上で、懲戒処分を行うなどの必要があります。

　これらを踏まえ、弁明の機会（告知聴聞の手続き）を就業規則で明記してもよいとは思いますが、実務上、フレキシブルに対応するために、あえて弁明の機会について記載しないという選択肢もあるでしょう。

4　懲戒処分前の自宅待機

　従業員に不正の疑いが生じた場合には、事実関係の調査等を行う必要があります。調査に当たっては、スムーズに行うため、当該従業員を自宅待機とすることが一般的です。

　自宅待機命令とは、会社が当該従業員を業務に従事させるのが不適当と判断した場合に、「出社に及ばず」として自宅待機を業務として命じることをいいます。業務命令の一つですから、就業規則に自宅待機の定めがなくとも実施することは可能です。ただ、会社の広範な裁量に委ねられてはいるものの、その裁量を超えた場合には、業務命令権の濫用と

して違法となり得る点には留意が必要です。

　自宅待機命令は業務命令によるものであることから、会社は、自宅待機中の従業員に賃金を支払う義務があります。この点、就業規則に、自宅待機期間中は無給とするとの定めをしておけば賃金を支払う必要はないとの見解もありますが、従業員の賃金請求権が消滅するのは、例えば、自宅待機としなければ、事故の発生や不正行為の再発の可能性が高い場合等、当該従業員の就労を許容しないことについて実質的な理由が認められる場合等に限られると解されています（京阪神急行電鉄事件　大阪地裁　昭37.4.20判決　労民13巻2号487ページ、日通名古屋製鉄事件　名古屋地裁　平3.7.22判決　判タ773号165ページ）。

　自宅待機を命じた上で、調査が終わり次第、前記の弁明機会を付与し、また、就業規則等で定められた手続きにのっとって、懲戒処分を行うことになります。

5　懲戒処分に当たっての手続き上の留意点

　前記1［2］のとおり、当該懲戒処分の有効要件の一つとして、「当該行為の性質・態様その他の事情に照らして社会通念上相当なものと認められ」ることが必要ですが、社会通念上相当と判断されるための一要素として、処分の相当性が求められます。

　裁判例では、多くの懲戒処分が、懲戒事由に該当するとされながらも、情状を適切に斟酌しておらず、処分が重きに失するとして無効とされている点には留意が必要です。

　また、懲戒処分を行うに当たっては、手続き的な相当性を欠く場合にも、社会通念上相当なものとは認められず、懲戒権の濫用と評価されることが多い傾向にあります。

　例えば、会社によっては、就業規則上、懲戒委員会を開催し、懲戒委員会の決議をもって懲戒を行う旨が定められていますが、その場合、懲

戒処分に当たって、懲戒委員会の決議を経なければ、手続き的な相当性を欠くと判断されます。また、労働協約で、組合員に対する懲戒処分については、事前に労働組合との協議を経なければならない旨が定められているにもかかわらず、協議を経なかった場合も、手続き的な相当性を欠くと判断されます。要するに、会社は、懲戒処分を行うに際して、就業規則、労働協約等で定めた手続きに拘束され、その手続きを履践しなければ、懲戒処分は無効と判断されることになります。

　近年では、懲戒処分を行うに際して、懲戒委員会や査問委員会などの名称がついた別途の機関での審議を経て行うとする会社もあります。大企業では、このような別途の機関での審議を経ることが多いように感じます。

　この「懲戒委員会」ですが、中小企業の場合には、わざわざ設ける必要はないでしょう。

　例えば、従業員数名程度の会社において、経営者が昔勤務していた大企業の就業規則をそのまま持ってきたがために、懲戒手続きとして、「懲戒委員会を経なければならない」と就業規則で定められているにもかかわらず、懲戒委員会のメンバーも、招集の手続きも、一切定めがないということが間々あります。中小企業では、このような手続きを行うだけの余力もありませんし、意味もありません。中小企業の場合には、"背伸び"をして懲戒委員会を設置せずとも、代表取締役の権限で懲戒処分を行えばよいだけのことです。

　それでも、懲戒委員会を設置するという場合、規定を策定するに当たっては、次の２点に留意する必要があります。

①懲戒処分を決定する機関なのか、懲戒処分についての意見を具申する機関（諮問機関）なのかどうかを明らかにしておくこと。例えば、「懲戒処分は、懲戒委員会を経て行う」との定めでは、懲戒委員会が何を行う機関なのかが明確ではなく、不十分です。

②懲戒委員会の構成員、構成員が出席できない場合の対応、招集手続

き、決議方法については少なくとも定めておくこと（その他については、各社の実情に沿った形で作成してよい）。

 ## 6 懲戒処分通知書の作成の留意点

　法律上、懲戒処分を行う際に、書面で処分を通知しなければならないとはされていません。しかし、会社が懲戒処分を行う場合には、証拠等に基づいて客観的に存在したと認められる非違行為が懲戒事由に該当していなければならないため、懲戒処分の対象となる具体的な行為、適用される条項、懲戒処分の内容を明示した書面を交付して対象者に告知すべきでしょう。また、従業員に対して反省を促すという観点からも、処分の告知は書面で行うべきです。

　なお、まれに従業員が、納得できないとして、懲戒処分通知書を受け取らないという意思表示をする場合があります。その際は、懲戒処分通知書を読み上げて、従業員にその内容を伝え、懲戒処分通知書の控えに、「○月○日○時○分、○○会議室で、懲戒処分通知書を読み上げたが、受領しなかった」など、その状況を記載し、記録として残しておくようにします。

　懲戒処分通知書を作成するに当たっては、少なくとも具体的な懲戒対象行為、適用される条項、懲戒処分の内容を記載すべきです。

　懲戒対象行為については、「5W1H」を意識して、時期、行為等をできる限り特定して記載します。また、適用される条項についても、記載を間違ったり、漏れがあったりすると、懲戒処分が無効ともなりかねないので、慎重に確認の上、記載しなければなりません。

　さらに、懲戒対象行為として記載された具体的非違行為以外を理由として懲戒処分を行うことはできないため、懲戒処分をするに当たって勘案した具体的非違行為のすべてを、漏れなく記載しておく必要があります。

細かい事実関係をすべて列挙するのが煩雑なときには、懲戒処分の量定を左右しない細かな行為に関しては、代表的な行為を複数記載した上で、「○○等」としてまとめることも有用です。

　懲戒処分通知書の一例は、以下のとおりです。

書式例

令和○年○月○日

○○○○殿

株式会社○○○○
代表取締役○○○○

懲戒処分通知書

　貴殿が、令和○年○月○日、部内の懇親会で、女性社員○○に対し、「早く結婚したほうがよいのではないか」「結婚しているけど、僕と付き合わないか」等と発言した行為、また、同日、懇親会後の帰宅に際して、嫌がる女性社員○○に対し、家まで送っていくとして、無理やりタクシーに乗せ、同乗し、タクシー内で執拗に交際を迫った行為は、就業規則第○条第○号に該当する行為である。

　よって、会社は、貴殿を、就業規則第○条第○号、第○条第○号に基づき、けん責処分とし、今後、このようなことのないよう厳重な注意を与えるとともに、本件に関する始末書の提出を命じる。

以　上

7　懲戒処分の公表

　懲戒処分は、従業員の非違行為によって失われた社内秩序の維持・回復を目的とするものであることから、懲戒処分の公表により、社内秩序の回復を図ることができ、また、同様の非違行為の再発を防止するという効果が期待できます。そのため、懲戒処分を何らかの形（社内ミーティング、社内報など）で公表する例は多く、就業規則にも、懲戒処分

を行った場合には社内で周知する旨の定めを置く会社もあります。

では、懲戒処分の公表は、法的に問題はないのでしょうか。

この点、泉屋東京店事件（東京地裁　昭52.12.19判決　判タ362号259ページ）では、「一般に、解雇、特に懲戒解雇の事実およびその理由が濫りに公表されることは、その公表の範囲が本件のごとく会社という私的集団社会内に限られるとしても、被解雇者の名誉、信用を著しく低下させる虞れがあるものであるから、その公表の許される範囲は自から限度があり、当該公表行為が正当業務行為もしくは期待可能性の欠如を理由としてその違法性が阻却されるためには、当該公表行為が、その具体的状況のもと、社会的にみて相当と認められる場合、すなわち、公表する側にとつて必要やむを得ない事情があり、必要最小限の表現を用い、かつ被解雇者の名誉、信用を可能な限り尊重した公表方法を用いて事実をありのままに公表した場合に限られると解すべきである」と判示しており、懲戒処分の公表に当たっては特段の配慮が必要と解されています。

具体的にはどういった配慮をする必要があるのでしょうか。

懲戒処分を公表する目的は、失われた社内秩序を回復し、再発を防止することにあるため、本来であれば、事案の概要、非違行為の概要、懲戒処分の程度についてのみ公表すれば足ります。氏名や所属部署など、懲戒処分された者を特定できるような情報まで公表する必要はないでしょう。

8 派遣労働者に対する懲戒処分の可否

例えば、派遣労働者が、就業時間中に派遣先の従業員を殴打した場合を考えてみましょう。この時、派遣先は派遣労働者に対して、懲戒処分を科すことができるのでしょうか。

労働者派遣とは、「自己の雇用する労働者を、当該雇用関係の下に、

かつ、他人の指揮命令を受けて、当該他人のために労働に従事させることをいい、当該他人に対し当該労働者を当該他人に雇用させることを約してするものを含まないものとする」（労働者派遣法2条1号）とされています。すなわち、労働者派遣の場合、派遣元が雇用する労働者を派遣先で派遣先の指揮命令下で労働させるものであり、派遣労働者は派遣先との間に労働契約関係はありません。したがって、派遣労働者に対する懲戒権は派遣元のみが有していることとなり、派遣先は派遣労働者を懲戒処分することはできません。

11

ハラスメント

多くの種類があるといわれているハラスメント。
代表的な「セクハラ」「パワハラ」「マタハラ」に
は、法律上、会社が行わなければならない雇用管
理上の措置が規定されています。
これらの措置を確実に実行し、ハラスメントが発
生しないよう啓発活動を行いましょう。

ハラスメント

①代表的なハラスメントの種類について理解している	☐はい	☐いいえ
②セクハラの基本事項について理解している	☐はい	☐いいえ
③セクハラに関する雇用管理上の措置を取っている	☐はい	☐いいえ
④パワハラの基本事項について理解している	☐はい	☐いいえ
⑤パワハラに関する雇用管理上の措置を取っている	☐はい	☐いいえ
⑥マタハラの基本事項について理解している	☐はい	☐いいえ
⑦マタハラに関する雇用管理上の措置を取っている	☐はい	☐いいえ
⑧ハラスメントが発生した場合の法的リスクを理解している	☐はい	☐いいえ
⑨ハラスメントに関して就業規則に規定している	☐はい	☐いいえ
⑩ハラスメントが発生しないよう、従業員に啓発活動等を行っている	☐はい	☐いいえ

1 ハラスメントの種類

ハラスメントといわれるものは数多くあり、代表的なものとしては、「セクシュアルハラスメント」「パワーハラスメント」「マタニティハラスメント」があります。そのほかにも、「モラルハラスメント」「テレワークハラスメント」「カスタマーハラスメント」など、さまざまなものがあり、挙げ始めると切りがなく、30種類以上あるといわれることもあります。

2 セクシュアルハラスメントの基本事項

[1] 定義・類型

セクシュアルハラスメント（以下、セクハラ）とは、端的に言えば、性的な言動です。これには二つの類型があるといわれています。一つは、「対価型セクハラ」で、職場において従業員の意に反して行われた性的な言動に対する従業員の対応（拒否や抵抗）により、当該従業員が労働条件について不利益を受けるものをいいます。ここでいう不利益には、解雇、降格、減給などが含まれます。例えば、事務所内で上司が部下に性的な関係を要求したが、拒否されたため、低評価とすることなどが挙げられます。

もう一つは、「環境型セクハラ」といわれるもので、従業員の意に反して行われた性的な言動により、従業員の就業環境が害されるものです。例えば、従業員が抗議しているにもかかわらず、事務所内にヌードポスターを掲示しているため、当該従業員が苦痛に感じて業務に専念できないことなどが挙げられます。

[2] 「職場において」の意味

ここでいう「職場において」の意味は、広く捉えられています。「事

業主が職場における性的な言動に起因する問題に関して雇用管理上講ずべき措置等についての指針」（平18.10.11　厚労告615。以下、セクハラ指針）では、事業主が雇用する従業員が業務を遂行する場所を指し、通常の就業場所を指すものの、これに限らず、業務として赴いた取引先の事務所や、取引先と打ち合わせするための飲食店、顧客の自宅等でも、業務を遂行する場所であれば、職場に含まれると解釈されています。

　実務上、職場の飲み会における言動が問題となるケースが多くありますが、職場の飲み会の場も「職場」の延長として捉えられるため、従業員の意に反する性的言動はセクハラと解釈されます。

[3] 派遣労働者の取り扱い

　セクハラの禁止を定めた男女雇用機会均等法上における「労働者」には、正規従業員だけでなく、非正規従業員も含みます。では、派遣労働者はどうでしょうか。派遣元にとって派遣労働者は雇用契約を締結している相手であり、労働者であることは自明ですが、派遣先との間には雇用契約はありませんので、労働者といえるのかという点が問題となります。

　この点については、労働者派遣法47条の2が、男女雇用機会均等法11条1項（雇用管理上の措置義務の定め）の適用に関し、派遣先についても雇用する事業主とみなすとしていますので、派遣労働者も、この場合の「労働者」に該当することになります。したがって、派遣労働者の意に反した性的言動もセクハラに該当します。

[4] 性別の違い

　セクハラは、男性から女性に対して行われるのが典型的なケースですが、男性から男性、女性から男性、女性から女性に対しての行為もセクハラに該当します。

[5] ジェンダーハラスメント

　例えば、女性従業員にお茶くみをさせる、「女性は早く結婚したほうがよい」といった発言は、性的な言動ではありません。

　もっとも、通達（平18.10.11　雇児発1011002）では、「固定的な性別役割分担意識に係る問題、あるいは配置に係る女性差別の問題としてとらえることが適当である」として、性別に関係するハラスメント（ジェンダーハラスメント）に当たることが指摘されています。また、セクハラ指針では、職場におけるセクハラの発生の原因や背景には、性別役割分担意識に基づく言動もあると考えられるとして、こうした言動をなくしていくことがセクハラの防止の効果を高める上で重要としています。

[6] セクハラの判断基準

　「人事院規則10－10（セクシュアル・ハラスメントの防止等）の運用について」（平10.11.13　職福－442）は、性に関する言動に対する受け止め方には、個人間で差があり、セクハラに当たるか否かは、相手の判断が重要であるとしています。

　また、前掲の通達では、「『労働者の意に反する性的な言動』及び『就業環境を害される』の判断に当たっては、労働者の主観を重視しつつも、事業主の防止のための措置義務の対象となることを考えると一定の客観性が必要である。具体的には、セクシュアルハラスメントが、男女の認識の違いにより生じている面があることを考慮すると、被害を受けた労働者が女性である場合には『平均的な女性労働者の感じ方』を基準とし、被害を受けた労働者が男性である場合には『平均的な男性労働者の感じ方』を基準とすることが適当であること。ただし、労働者が明確に意に反することを示しているにもかかわらず、さらに行われる性的言動は職場におけるセクシュアルハラスメントと解され得るものである」としています。

　裁判所は、金沢セクシュアル・ハラスメント事件（名古屋高裁金沢支部　平8.10.30判決　労判707号37ページ）で、職場において、男性の上司が部下の女性に対し、その地位を利用して、女性の意に反する性的言動に出た場合、これがすべて違法と評価されるものではなく、その行為の態様、行為者である男性の職務上の地位、年齢、被害女性の年齢、婚

姻歴の有無、両者のそれまでの関係、当該言動の行われた場所、その言動の反復・継続性、被害女性の対応等を総合的に見て、それが社会的見地から不相当とされる程度のものである場合には、性的自由ないし性的自己決定権等の人格権を侵害するものとして違法となるとしています。

3 セクハラに関する雇用管理上の措置

セクハラについては、男女雇用機会均等法11条1項が、「事業主は、職場において行われる性的な言動に対するその雇用する労働者の対応により当該労働者がその労働条件につき不利益を受け、又は当該性的な言動により当該労働者の就業環境が害されることのないよう、当該労働者からの相談に応じ、適切に対応するために必要な体制の整備その他の雇用管理上必要な措置を講じなければならない」として規制しています。

その具体的な内容は、以下のとおりです。

[1] 事業主の方針等の明確化およびその周知・啓発

①セクハラの内容およびセクハラがあってはならない旨の方針を明確化し、従業員に周知・啓発する

②セクハラを行った者に対して、厳正に対処する旨の方針および対処の内容を就業規則等に規定し、従業員に周知・啓発する

[2] 相談（苦情を含む）に応じ、適切に対応するために必要な体制の整備

①相談への対応のための窓口をあらかじめ定める

②相談窓口の担当者が、相談に対し、その内容や状況に応じ、適切に対応できるようにする。また、相談窓口においては、広く相談に対応し、適切な対応を行う

[3] 職場におけるセクハラに係る事後の迅速かつ適切な対応

①事案に係る事実関係を迅速かつ正確に確認する

②職場におけるセクハラが生じた事実が確認できた場合には、速やかに

被害者に対する配慮のための措置、行為者に対する措置をそれぞれ適正に行う

③改めて職場におけるセクハラに関する方針を周知・啓発する等の再発防止に向けた措置を講ずる

[4]　上記［1］〜［3］と併せて講ずべき措置

①相談者・行為者等のプライバシーを保護するために必要な措置を講ずるとともに、その旨を従業員に対して周知する

②セクハラに関し相談したこと等を理由として、解雇その他の不利益な取り扱いを行ってはならない旨を定め、従業員に周知・啓発する

4　パワーハラスメントの基本事項

[1]　定義・類型

　パワーハラスメント（以下、パワハラ）は、かつては法律上の定めはありませんでしたが、令和元年に改正された労働施策総合推進法により、法律上に定められることになりました。同法30条の2第1項が、パワハラについて、「職場において行われる優越的な関係を背景とした言動であつて、業務上必要かつ相当な範囲を超えたもの」と定義づけました。その具体的な類型としては、以下①〜⑥の六つです。

①身体的な攻撃（暴行・傷害）

②精神的な攻撃（脅迫・暴言等）

③人間関係からの切り離し（隔離・仲間外し・無視）

④過大な要求（業務上明らかに不要なことや遂行不可能なことの強制、仕事の妨害）

⑤過小な要求（業務上の合理性なく、能力や経験とかけ離れた程度の低い仕事を命じることや仕事を与えないこと）

⑥個の侵害（私的なことに過度に立ち入ること）

［2］「職場において」の意味

パワハラにおける「職場において」の意味も、セクハラと同様、広く解されています。具体的には、事業主が雇用する従業員が業務を遂行する場所を指し、当該従業員が通常就業している場所以外の場所であっても、当該従業員が業務を遂行する場所については職場に含まれ、職務の延長と考えられるものは該当するとされています。

［3］「優越的な関係を背景とした言動」の意味

優越的な関係を背景とした言動とは、当該事業主の業務を遂行するに当たって、当該言動を受ける従業員が当該言動の行為者とされる者に対して抵抗または拒絶することができない蓋然性（がいぜん）が高い関係を背景として行われるものです。例えば、職務上の地位が上位の者による言動、同僚または部下による言動で、当該言動を行う者が業務上必要な知識や豊富な経験を有しており、当該者の協力を得なければ業務の円滑な遂行を行うことが困難であるもの、同僚または部下からの集団による行為で、これに抵抗または拒絶することが困難であるものが該当します。

［4］「業務上必要かつ相当な範囲を超えた」の意味

パワハラで難しいのは、業務上の指導との境目です。業務上の指導が多少厳しかったことがパワハラに当たるのかどうかが、実務上、判断基準もなく難しいという声をよく聞きます。筆者がいつも、パワハラの相談に当たり念頭に置いている判断基準は、業務上の指導等であっても、「それはやり過ぎじゃないか？」と感じる場合には、パワハラに該当する、というものです。

裁判例では、明らかに業務との関連が認められないものは不法行為に該当するとされ、指導や注意が、業務内容や問題発生に至るまでの経緯等に照らして社会通念上許容される範囲を超えているかどうかを評価することで違法性を判断したり、加害者の動機・目的、受け手との関係、属性、加害者の数、行為の継続性・回数などを考慮して違法性を判断したりしています。

[5]「労働者の就業環境が害される」の意味

　これは、「当該言動により労働者が身体的又は精神的に苦痛を与えられ、労働者の就業環境が不快なものとなったため、能力の発揮に重大な悪影響が生じる等当該労働者が就業する上で看過できない程度の支障が生じること」を意味し、その判断に当たっては、「平均的な労働者の感じ方」、すなわち、社会一般の労働者がそのように感じるかという点が考慮されます。よく、受け手がパワハラと思ったらパワハラになるといわれますが、それは間違いです。

5　パワハラに関する雇用管理上の措置

　前記のとおり、労働施策総合推進法30条の2第1項では、パワハラ「によりその雇用する労働者の就業環境が害されることのないよう、当該労働者からの相談に応じ、適切に対応するために必要な体制の整備その他の雇用管理上必要な措置を講じなければならない」と定め、事業主に対して、雇用管理上の措置を講ずることを義務づけました。その具体的な内容は、セクハラと基本的には同様です。

[1]　事業主の方針等の明確化およびその周知・啓発

①パワハラの内容およびパワハラを行ってはならない旨の方針を明確化し、従業員に周知・啓発する

②パワハラを行った者については、厳正に対処する旨の方針および対処の内容を就業規則等に規定し、従業員に周知・啓発する

[2]　相談（苦情を含む）に応じ、適切に対応するために必要な体制の整備

①相談への対応のための窓口を定め、周知する

②相談窓口の担当者が適切に対応することができるようにする。また、相談窓口においては、広く相談に対応し、適切な対応を行う

[3] パワハラに係る事後の迅速かつ適切な対応

①事実関係を迅速かつ正確に確認する

②職場におけるパワハラが生じた事実が確認できた場合には、速やかに被害者に対する配慮のための措置、行為者に対する措置をそれぞれ適正に行う

③改めてパワハラに関する方針を周知・啓発する等の再発防止に向けた措置を講ずる

[4] 上記［1］～［3］と併せて講ずべき措置

①相談対応、事後対応に当たっては、相談者・行為者等のプライバシーを保護するために必要な措置を講ずるとともに、その旨を従業員に周知する

②パワハラの相談をしたこと等を理由として、解雇その他の不利益な取り扱いを行ってはならない旨を定め、従業員に周知・啓発する

6 マタニティハラスメントの基本事項

[1] 定義・類型

マタニティハラスメントには、正確には、妊娠・出産等に関するハラスメントと育児休業等に関するハラスメントとがあります。これらは、男女雇用機会均等法、育児介護休業法により規律されています。

（1）妊娠・出産等に関するハラスメント

妊娠・出産等に関するハラスメントには、上司または同僚から行われる次のものがあるとされています。

①その雇用する女性従業員の労働基準法65条1項の規定による休業その他の妊娠または出産に関する制度または措置の利用に関する言動により就業環境が害されるもの（制度等の利用への嫌がらせ型）

②その雇用する女性従業員が妊娠したこと、出産したことその他の妊娠または出産に関する言動により就業環境が害されるもの（状態への嫌

がらせ型）

ただし、業務分担や安全配慮等の観点から、客観的に見て、業務上の必要性に基づく言動によるものについては、職場における妊娠・出産等に関するハラスメントには該当しないとされています。

(2) 育児休業等に関するハラスメント

育児休業等に関するハラスメントは、上司または同僚から行われる、その雇用する従業員に対する制度等の利用に関する言動により就業環境が害されるものとされています。

ただし、業務分担や安全配慮等の観点から、客観的に見て、業務上の必要性に基づく言動によるものについては、育児休業等（介護休業等を含む）に関するハラスメントには該当しないとされています（以下では、「妊娠・出産等に関するハラスメント」と「育児休業等に関するハラスメント」を併せて、「マタハラ等」とします）。

[2] 業務上の必要性に基づく言動とは

上記のとおり、業務上の必要性に基づく言動は、マタハラ等には該当しないことになりますが、具体的には、以下のような例が挙げられます。

(1) 制度等の利用に関する言動の例

例えば、業務体制を見直すため、①上司が「育児休業をいつからいつまで取得するのか」を確認すること、②業務状況を考えて、上司が「次の妊婦健診はこの日は避けてほしいが調整できるか」を確認すること、③同僚が自分の休暇との調整をする目的で休業の期間を尋ね、変更を相談することが該当します。

(2) 状態に関する言動の例

例えば、①上司が、長時間労働をしている妊婦に対して、「妊婦には長時間労働は負担が大きいだろうから、業務分担の見直しを行い、あなたの残業量を減らそうと思うがどうか」と配慮すること、②上司・同僚が「妊婦には負担が大きいだろうから、もう少し楽な業務に代わっては

どうか」と配慮すること、③上司・同僚が「つわりで体調が悪そうだが、少し休んだほうがよいのではないか」と配慮することが該当します。なお、これらの配慮については、妊婦本人にはこれまでどおり勤務を続けたいという意欲がある場合であっても、客観的に見て、妊婦の体調が悪い場合は業務上の必要性に基づく言動となるとされています。

7 マタハラ等に関する雇用管理上の措置

マタハラ等は、育児介護休業法および男女雇用機会均等法で、セクハラ、パワハラと同様、事業主には雇用管理上の措置義務が課されています［図表1］。

8 ハラスメントが発生した場合の法的リスク

ここでは、主として、セクハラとパワハラを念頭に置き、ハラスメントが発生した場合の会社の法的な責任について解説します。

[1] 損害賠償責任

職場においてハラスメントが発生した場合、ハラスメントの加害者は、民法709条の不法行為に基づく損害賠償責任を負います。

次に、会社は、民法715条の使用者責任に基づく損害賠償責任を負います。また、会社に安全配慮義務違反があると評価された場合には、民法415条の債務不履行に基づく損害賠償責任を負います。損害賠償額の算定のベースとなる損害は、大きく分けると、①積極損害、②消極損害、③慰謝料、④弁護士費用に区分されます。

①積極損害とは、治療費など実際に支出した損害をいいます。②消極損害とは、ハラスメントがなければ得られたであろう利益を得ることができなかった損害（逸失利益）をいいます。例えば、パワハラによってうつ病に罹患し、自死した場合、パワハラがなければ今後も働くことが

図表1　マタハラ等に関する雇用管理上の措置

事業主の方針の明確化及びその周知・啓発	
1	・妊娠・出産・育児休業等に関するハラスメントの内容 ・妊娠・出産等、育児休業等に関する否定的な言動が職場における妊娠・出産・育児休業等に関するハラスメントの発生の原因や背景となり得ること ・妊娠・出産・育児休業等に関するハラスメントがあってはならない旨の方針 ・制度等の利用ができることを明確化し、管理・監督者を含む労働者に周知・啓発すること。
2	妊娠・出産・育児休業等に関するハラスメントに係る言動を行った者については、厳正に対処する旨の方針・対処の内容を就業規則等の文書に規定し、管理・監督者を含む労働者に周知・啓発すること。
相談（苦情を含む）に応じ、適切に対応するために必要な体制の整備	
3	相談窓口をあらかじめ定めること。
4	相談窓口担当者が、内容や状況に応じ適切に対応できるようにすること。 妊娠・出産・育児休業等に関するハラスメントが現実に生じている場合だけでなく、その発生のおそれがある場合や、妊娠・出産・育児休業等に関するハラスメントに該当するか否か微妙な場合であっても広く相談に対応すること。 【望ましい取組】妊娠・出産・育児休業等に関するハラスメントはその他のハラスメント（パワーハラスメント等）と複合的に生じることも想定されることから、あらゆるハラスメントの相談を一元的に受け付ける体制を整備すること。
職場におけるハラスメントへの事後の迅速かつ適切な対応	
5	事実関係を迅速かつ正確に確認すること。
6	事実確認ができた場合には、速やかに被害者に対する配慮の措置を適正に行うこと。
7	事実確認ができた場合には、行為者に対する措置を適正に行うこと。
8	再発防止に向けた措置を講ずること。
職場における妊娠・出産等に関するハラスメントの原因や背景となる要因を解消するための措置	
9	業務体制の整備など、事業主や妊娠等した労働者その他の労働者の実情に応じ、必要な措置を講ずること。 【望ましい取組】妊娠等した労働者の側においても、制度等の利用ができるという知識を持つことや、周囲と円滑なコミュニケーションを図りながら自身の体調等に応じて適切に業務を遂行していくという意識を持つことを周知・啓発すること。

	併せて講ずべき措置
10	相談者・行為者等のプライバシーを保護するために必要な措置を講じ、周知すること。
11	相談したこと、事実関係の確認に協力したこと等を理由として不利益な取扱いを行ってはならない旨を定め、労働者に周知・啓発すること。

資料出所：厚生労働省「職場における妊娠・出産・育児休業・介護休業等に関するハラスメント対策やセクシュアルハラスメント対策は事業主の義務です！！」を基に作成

でき、それによって給与を得ることができたのに、パワハラによって、得ることができなくなったようなときの損害をいいます。これは、極めて多額になり、数千万円という相場が一般的です。例えば、年収600万円で、40歳、妻（専業主婦）と未成年の子どもの3人家族のケースでいうと、8000万円弱にも上ります。③慰謝料は精神的な損害ですが、一家の支柱の場合には2800万円という一つの基準があります。④弁護士費用は、損害額の1割とされています。上記を見ていただければお分かりのとおり、最悪のケースでは数千万円、場合によっては1億円を超える損害賠償責任を、加害者だけでなく会社も負担するということがあります。

[2] 労災

　また、近時は、ハラスメントを受けたことによる精神疾患で労災が認められるということが多くあります。労災認定は、労働基準監督署長が行いますが、その判断に当たっては、厚生労働省が平成23年12月に策定した「心理的負荷による精神障害の認定基準」に基づきます。そこでは、ハラスメントも心理的負荷の事由とされています。

[3] レピュテーションリスク

　近時、ハラスメントは、社会問題ともいわれ、会社においてハラスメントが発生すると、インターネットニュースで公開されるなど、レピュテーションリスクが高い事案の一つです。レピュテーションリスクは、

お金では算定し難いほか、良い人材を採用できなくなるなどのリスクも
あり、軽視できないものとなっています。

[4] 進退両難の地位に陥る

　筆者がハラスメント事案で難しいと感じるのは、ハラスメント問題が
起きると、実際にハラスメントがあったかなかったかにかかわらず、会
社は進退両難の地位に陥ることです。どういうことかというと、従業員
からハラスメントの申告があり、会社が調査をし、ハラスメントがあっ
たと認定した場合には、被害者から加害者および会社に対して損害賠償
請求がなされ、それらを支払う必要が出てくることになります。その場
合、会社は、加害者に対して懲戒処分を行うことになりますが、加害者
がハラスメントを認めていないケースでは、加害者から会社に対して、
懲戒処分が無効であるとして訴訟が提起される可能性があります。一
方、ハラスメントがなかったと認定した場合には、被害者が納得せず、
加害者および会社に対して、損害賠償請求訴訟を提起する可能性があり
ます。つまり、会社としてハラスメントを認定しようが認定しまいが、
一度ハラスメント問題が起きると、いずれにせよ係争を抱えてしまうお
それがあるわけです。

9 ハラスメントに関する就業規則の定め方

　これまで説明したセクハラ、パワハラおよびマタハラ等は、いずれ
も、雇用管理上の措置の一つとして、行為者に対して、厳正な対処をす
る旨を就業規則に定める必要があります。一例を次ページに掲げます。

（セクシュアルハラスメントの禁止）

第○条　従業員は、他の従業員の性的指向または性自認にかかわらず、他の従業員に対して、次の行為をしてはならない。

① 性的な事実関係を質問すること
② 必要なく身体に触ること
③ 性的な内容の情報を意図的に流布すること
④ 容姿あるいは身体的な特徴に関する発言や質問をすること
⑤ 職務上の地位を利用して、交際や性的な関係を強要すること
⑥ 性的指向または性自認に関する侮辱的言動、差別的言動を行うこと
⑦ その他前各号に準じる性的な言動をすること

2　前項に掲げる行為をした従業員に対しては、第○条の定めるところにより、懲戒処分を行う。

（パワーハラスメントの禁止）

第○条　従業員は、職務上の地位や人間関係などの職場内の優位性を背景に、業務の適正な範囲を超えて、精神的・身体的苦痛を与えるまたは就業環境を悪化させる次の行為をしてはならない。

① 暴行、暴言、脅迫、名誉を毀損する行為
② 業務に必要のないことや、明らかに遂行不可能なことを命令する行為
③ 業務上の合理性なく、能力や経験とかけ離れた程度の低い仕事を命じることや仕事を与えないこと
④ 私的なことに過度に立ち入ること
⑤ その他前各号に準じる言動をすること

2　前項に掲げる行為をした従業員に対しては、第○条の定めるところにより、懲戒処分を行う。

（マタニティハラスメント等の禁止）

第○条　従業員は、次の行為をしてはならない。

① 女性従業員による産前産後休業その他の妊娠または出産に関する制度または措置の利用に関して就業環境を害する言動
② 女性従業員が妊娠したこと、出産したことその他の妊娠または出産に関して就業環境を害する言動
③ 育児休業その他の育児に関する制度または措置の利用に関して就業環境を害する言動
④ 介護休業その他の介護に関する制度または措置の利用に関して就業環境を害する言動

2　前項に掲げる行為をした従業員に対しては、第○条の定めるところにより、懲戒処分を行う。

10 従業員に対する啓発活動

　前記のとおり、ハラスメントが発生した場合には、会社が進退両難の地位に陥る旨を指摘しましたが、社内でハラスメントが起きないようにするために、従業員に対する日々の啓発活動は極めて重要です。また、いつでも相談できる体制を整えることで、問題が大きくなる前に解決することも可能になります。例えば、以下の取り組みが考えられます。

[1] 相談窓口の設置

　まずは、従業員が相談しやすい環境をつくる必要があります。そのために、相談窓口を設置することは必須です。必ずしも外部の相談窓口を設置しなければならないわけではありませんが、少なくとも、社内の窓口は設置しておいたほうがよいでしょう。

[2] 経営トップによるメッセージの発信

　会社の代表者の意気込みが極めて重要です。社長によるハラスメントの撲滅宣言、そこに心が通っているか、本気なのか、その本気度が分かるメッセージを従業員に周知することが重要です。「パワーハラスメント対策導入マニュアル」等が厚生労働省から公表されています。それらも参考にして、社長の言葉で、社風に合った社員に突き刺さる言葉で表現できるかどうかを検討していただければと思います。

[3] ハラスメント研修

　ハラスメント研修を実施することも必要です。ハラスメント研修を実施する際は、ありきたりな講義だけで終わらせるのではなく、考えさせるという作業が必要です。グループワークを行うなどの工夫をしましょう。また、ハラスメントをしてしまった場合の法的な責任もしっかり説明することも重要です。筆者がハラスメント研修を行う場合は、事前に質問を挙げてもらっておき、研修の中でその質問に対する回答をします。それ以外にも、ロールプレーイングをしてみるなど、主体的に関われるような研修を試行錯誤しながら実施しています。

12

休職

休職制度を設けるかどうかは会社の任意ですが、ここでは制度をどのように設計するかを詳しく解説していきます。紹介している規定例を参考にしてください。

また、休職から復職するときの対応手順や判断、休職期間満了に伴う退職など、運用上のポイントを解説します。

休職

①休職についての定めを就業規則に設けている	☐はい	☐いいえ
②休職となる従業員には、休職通知書を交付している	☐はい	☐いいえ
③休職となる従業員から、休職に関する誓約書を徴求している	☐はい	☐いいえ
④復職の申し出があった場合の対応手順を定めている	☐はい	☐いいえ
⑤休職期間満了に伴う退職通知書を交付している	☐はい	☐いいえ
⑥休職制度の不利益変更に当たって、経過措置を設けている	☐はい	☐いいえ
⑦休職中の従業員からの社会保険料の徴収方法を確立している	☐はい	☐いいえ

1 休職制度の内容・就業規則への定め方

[1] 休職制度の意義

休職とは、ある従業員について労務に従事させることが不能または不適当な事由が生じた場合に、使用者がその従業員に対し、労働契約関係そのものを維持させながら、労務への従事を免除することまたは禁止することをいいます。休職については、労働基準法89条が定める就業規則の絶対的必要記載事項とはなっていませんので、会社が休職制度を設けるかどうかは任意です。ただし、休職制度を設ける場合には、従業員の権利義務に関わる事項ですので、就業規則に定める必要があります。

労働契約は、労働者が労務を提供し、それに対して使用者が賃金を支払うという契約ですので、従業員が労務を提供できないことになれば、契約解消（解雇）になるのが原則ですが、休職制度は、従業員が一時的に労務を提供できない場合であっても、人材を社内にとどめて復職後も活用しようという点に主眼があるので、長期雇用を前提とした制度になります。

[2] 休職制度の設計と就業規則への定め方

(1) 適用対象者

上記のとおり、休職制度は、長期雇用を前提とした制度ですので、休職制度を定める場合には、正社員のみを適用対象とすべきであり、契約社員やパートタイマーは適用対象から外すべきでしょう。また、試用期間中の者は、正社員としての適格性判定期間ですので、休職制度の適用対象者から除外しておくべきだと考えます。

(2) 休職の種類

休職には、「私傷病休職」「起訴休職」「留学休職」「組合専従休職」「公務就任休職」「出向休職」等の種類があります［図表1］。

図表1　主な休職の種類

私傷病休職	業務外の傷病を理由に一定期間欠勤を続ける場合の休職
起訴休職	刑事事件に関して起訴された場合の休職
留学休職	社内留学制度により留学する場合の休職
組合専従休職	労働組合の業務に専従する場合の休職
公務就任休職	議員等の公務に就任した場合の休職
出向休職	他社に出向する場合の休職

　以下では、会社にとって不利益となり得る可能性がある「起訴休職」「組合専従休職」について、定める必要があるのかを検討します。

　就業規則に関する書籍には、休職の一類型として起訴休職を定めているものもありますが、私見としては、起訴休職を定めることに消極的です。その理由ですが、一つ目は、就業規則に定めたからといって起訴休職がすべて有効とされるわけではなく（学説・裁判例の見解は一致して、従業員が起訴されたことのみをもって起訴休職にはできないとしています）、起訴が無効とされた場合には休職期間中の賃金全額を支払わなければならないからです。二つ目に、起訴休職の定めは、起訴の結果を待って有罪であれば懲戒処分の対象とすることが想定されているものであり、これは逆に言えば、有罪となるまでは懲戒処分を猶予する意味を持ち、判決確定前に懲戒処分をすることができないと解されるおそれがあるためです。

　組合専従休職については、一定規模の労働組合が社内にある場合には就業規則に定めることもあるでしょうが、そうではない会社にはそもそも必要のない制度です。また、新たに労働組合が結成され、労働組合から組合専従休職を求められた場合に、労使交渉上、当該就業規則の定めを理由として、「会社が組合専従休職を予定しているのだから、認めるべきだ」と言われてしまうおそれがあります。したがって、社内に労働組合がない、あるいは労働組合があるものの組織率が高くない会社にお

いて、組合専従休職を定める必要はないと考えます。

(3) 私傷病による欠勤の期間

　私傷病休職では、多くの場合、その前提として欠勤を休職要件としています。その期間をどの程度にするかという問題ですが、3カ月あるいは6カ月としている会社が多いと感じています。そもそも休職制度自体、法的に定めなければならないものではありませんので、会社の規模によっては、3カ月よりも短い期間（例えば1カ月）とすることも合理的な理由があると考えます。また、私傷病休職を命じるための欠勤期間を定める場合に、「欠勤が連続して3カ月」などと定められていることが多くありますが、欠勤期間中の休日の取り扱いには注意が必要です。

　つまり、所定労働日だけで3カ月が必要なのか、それとも休日も含めて3カ月で足りるのか、どちらか明確にしておくことが重要です。というのも、この点が明確でない場合、私傷病休職の開始時点が不明確となり、当然その満了日も不明確となってしまい、休職期間満了による退職としたところ、まだ休職期間が残っていたという事態にもなりかねないからです。

　さらに、実務上、欠勤したり出勤したりという形で、断続的に欠勤が続く場合があります。「連続」的な欠勤でないと休職を命じられないことになると、欠勤と出勤を繰り返すことになってしまいます。したがって、欠勤が断続的な場合であっても、欠勤の中断期間が1カ月未満の場合は、その前後を通算し、連続しているものとして取り扱い、休職を命じられるように規定化しておくべきでしょう。

(4) 私傷病休職の期間

　私傷病休職を定めるに当たって、どの程度の期間とするべきかという問題がありますが、法律上、私傷病休職を定めなければならない義務はないので、特に基準はありません。

　そのため、休職期間については各社各様であり、勤続年数に基づかず一律の期間を定める例もありますし、勤続年数によって期間を変える例

（休職）

第○条 会社は、従業員（試用期間中の者は除く）が次の各号の一に該当するときは、休職を命ずる。

① 業務外の傷病により欠勤が連続して３カ月（欠勤中の休日も含む）に達し、引き続き療養を要するとき

② 社内留学制度により留学するとき

③ 公職に就任し、会社業務に専任できないとき

④ 出向を命じられたとき

⑤ 前各号のほか、会社が特に必要と認めたとき

2 前項第１号の欠勤は、欠勤の中断期間が１カ月未満の場合は、前後の欠勤期間を通算し、連続しているものとして扱う。

もあります。

　また、業種や会社によっては、最長２年、３年と長期の定めをしている場合もありますし、最長６カ月から12カ月と定めている場合もあります。また、健康保険の傷病手当金の受給が最大１年６カ月であることから、欠勤期間と休職期間を合計して最大１年６カ月としている例も見受けられます。統計調査を見ると、欠勤・休職開始から退職までの期間を「２年」としている会社が17.8％と最も多く、次いで「１年６カ月」が13.8％、「１年」が10.9％となっています（労務行政研究所「企業のメンタルヘルス対策に関するアンケート」〔2022年〕。同調査では、休職に入る前の「欠勤」期間も通算し、勤続年数別などで設定している場合は、最長のものを回答）。

　もっとも、中小企業においては、休職期間中であっても社会保険料がかかる等の理由からか、最長３カ月程度としている会社も見受けられます。もちろん、上記のとおり、最長３カ月であっても法的に問題はありません。

（5）休職期間の延長

　私傷病休職の場合、従業員が休職期間満了直前になって、主治医による復職可能の診断書を提出することがあります。会社としては、休職事

由が消滅しているかを判断しなければなりませんが、時間的に休職期間満了日までにその判断が間に合わないケースもあり得るでしょう。その場合は、休職期間を２週間あるいは１カ月程度延長して、その間に休職事由が消滅しているかを検討し、判断する必要があります。したがって、就業規則に休職期間を延長できる旨の定めを入れておくべきです。

　また、会社が従業員との合意をもって休職期間を延長することとした場合でも、休職期間の延長に関する定めがないことを理由として、就業規則を下回る合意は無効であると、後日主張される可能性もあります（私見では、当該主張には理由がないと考えています）。このように休職期間延長の定めがなければ、無駄な論点を増やしてしまう事態にもなりかねません。

規定例

> **（休職期間）**
> **第○条**　前条による休職期間は、次のとおりとする。
> ①　前条第１項第１号の事由によるもの
> 　　勤続満１年未満の者　　　　　　３カ月
> 　　勤続満１年以上５年未満の者　　６カ月
> 　　勤続満５年以上の者　　　　　　12カ月
> ②　前条第１項第２号から第５号の事由によるもの
> 　　会社が必要と認めた期間
> 2　会社が特に必要と認めた場合は、前項の期間を延長することがある。

（6）給与の取り扱い

　休職期間中の取り扱いとして、定めておくべき事項の一つは給与です。休職期間中の給与の支給有無について、法律上の制約はありませんが、多くの会社では、休職期間中の給与は無給としています。給与を支給しないのであれば、従業員に誤解を与えないよう、その旨を必ず就業規則に記載しておくべきでしょう。

　例外的に、休職期間中であっても給与を支給する場合があります。具体的には、関連会社等への出向休職が該当します。出向先が出向者の給

与を全額支給する場合には、出向元の規定では無給と定めておいてよい
のですが、出向元が給与を支給する場合には、その旨を明記しておかな
ければなりません。

　また、実務上多くはありませんが、休職期間中であっても給与を支給
する会社においては、具体的にどの程度の給与を支給するのかも明示し
ておく必要があります。

（7）勤続年数の取り扱い

　上記（6）に加えて、定めておくべき事項のもう一つは、勤続年数の
取り扱いです。退職金規程がある会社の中には、退職金の支給額を勤続
年数と連動させているケースも多くあります。その場合に、休職期間を
勤続年数に含めるのかどうかという問題が出てきます。この点につい
て、特段の法規制はなく、自由ではありますが、多くの会社は、「休職
期間は勤続年数としてカウントしない」としています。したがって、勤
続年数としてカウントしないのであれば、その旨を明確に規定しておく
必要があります。

規定例

> **（休職期間中の取り扱い）**
> **第○条**　休職期間中は原則として無給とする。ただし、第○条第1項第4号の
> 　場合は原則として有給とする。
> 2　休職期間は原則として勤続年数に算入しない。ただし、第○条第1項第4
> 　号の場合はこの限りでない。

（8）復職の手続き

　復職に当たって一番問題となるのが、私傷病休職からの復職です。そ
の場合の手続きについて、明確に定めておく必要があります。基本的に
は、「会社所定の復職願を提出させる」という例がほとんどですが、私
傷病の場合には、休職事由が消滅したかどうかの判断材料として、医師
の診断書を提出させるのが一般的です。細かいところではありますが、
医師の診断書の費用を従業員が負担するのか、会社が負担するのかにつ

いても問題となるので、明記しておくとよいでしょう。

　また、復職判断に当たっては、医師からの診断書を踏まえて、会社で
も産業医もしくは指定医の受診を命令し、その診断結果を踏まえて対応
する必要があります。しばしば、会社の産業医もしくは指定医による受
診を命令しようと思っても、根拠となる規定がないこともありますの
で、会社の産業医もしくは指定医への受診命令を規定しておく必要があ
ります。

(9) 復職に当たっての配置先

　これまで多くの裁判例が明示しているとおり、休職事由が消滅したと
いえるためには、原則として、原職に復帰して業務に従事できる程度に
回復したといえなければなりません。したがって、復職に当たっての配
置先についても、原則として原職とするのが一般的です。ただし、片山
組事件（最高裁一小　平10.4.9判決　労判736号15ページ）以後、多くの
裁判例が、休職期間満了時に従前の業務に復帰できる状態ではないもの
の、より軽易な業務には就くことができ、そのような業務での復職を希
望する者に対しては、使用者は現実に配置可能な業務の有無を検討する
義務があると判断するようになりました。それが影響し、業務上の必要
性や復職する従業員への配慮の観点から、復帰直後は原職ではなく他部
署に配置する、という例も多くあります。そこで、その根拠規定とし
て、原職以外の配置についても明記しておくほうが無用な混乱を招かな
いと考えます。

(10) 休職期間の通算

　ひと昔前の私傷病休職は、骨折等の身体的なけがによるものが多かっ
たため、再発することがほとんどありませんでした。

　しかし、今日の私傷病休職の多くが、うつ病や適応障害等の精神疾患
であり、かなりの確率で再発するというのが、実務において実感すると
ころです。休職期間の通算は、精神疾患に対応したものであり、仮に通
算規定がなかった場合には、精神疾患に罹患（りかん）して休職した後、復職と休

職を延々と繰り返してしまう事態になりかねません。

　そのため、私傷病休職については、通算規定を設けることで、再発による休職と復職の繰り返しに歯止めをかけることが一般的です。復職からどの程度経過するまでを通算のための期間とするかは、会社によってさまざまですが、実務的な感覚としては、6カ月程度が一つの目安ではないかと思います。

> **規定例**
>
> **（復職）**
> **第○条**　休職期間満了までに休職事由が消滅したときは、従業員は速やかにその旨を会社に通知し、復職願を提出しなければならない。ただし、第○条第1項第4号の場合はこの限りではない。また、休職の事由が私傷病による場合には医師の診断書（費用は従業員負担）を復職願に添付しなければならない。この場合、会社が必要と認めたときは、会社の指定する医師による診察を命じることがある。
> 2　会社は、休職期間満了時までに休職事由が消滅したものと認めた場合には、原則として原職に復職させる。ただし、必要に応じて、原職と異なる職務に配置することがある。
> 3　休職を命じられた者が、休職期間満了よりも前に復職した場合、復職後6カ月を経ないで再び当該休職事由と同一ないし類似の事由により欠勤したときは、直ちに休職を命じる。この場合、休職期間は復職前の休職期間と通算する。

(11) 休職の利用回数

　上記のとおり、適応障害やうつ病等の精神疾患の場合に治癒をしたとしても、再発をすることが多いという実態から、同一傷病で休職と復職を繰り返す例も少なくありません。したがって、会社としては、同一傷病を理由とする私傷病休職の利用回数について、上限を決めるのかが問題となります。

　私傷病休職期間中にも賃金を支給すると規定している会社にとっては大きな問題です。会社の風土、歴史、文化等を踏まえ、利用回数を定めるか否かを検討する必要があります。

　また、会社の中には、同一傷病による私傷病休職の利用回数を制限し

てはいるものの、類似の傷病を対象としていないケースもあります。

　昨今の医師の診断書を見ていると、症状は類似しているものの、「うつ状態」「うつ病」「適応障害」「躁うつ病」等の病名（中には病名といえるのか疑わしいものもあります）が付されていることが多く見られます。この場合に、同一傷病のみに利用回数を限定していると、例えば、1回目の私傷病休職の休職事由は「うつ状態」であり、2回目が「うつ病」であるという場合に、厳密には同一傷病とはいえないのではないかという点が議論になり、余計な争点を作り出してしまうことになります（訴訟となったときに、場合によっては、それをもって敗訴となってしまう可能性もあります）。したがって、同一傷病だけでなく、類似の傷病も利用回数の制限の対象として定めておく必要があるでしょう。

> **規定例**
>
> **（私傷病休職の利用回数）**
> **第○条**　第○条第1項第1号の事由による休職は、前条第3項の場合（再休職）を除き、同一ないし類似の傷病について1回限りとする。

(12) 休職期間満了による退職

　休職期間満了時に当該従業員が復職できない場合、従業員身分を剥奪することになりますが、その方法としては、解雇か退職しかありません。解雇の場合は、解雇手続き（解雇予告手当の支払い等）を実施しなければならないこと等から、多くの会社では、退職としているものと思います。筆者も、退職としておいたほうが無難だと考えています。

　また、休職期間満了による退職が考えられるのは、私傷病休職のほかに、「会社が特に必要と認めたとき」です。この場合にも、休職期間満了によって法的効果としてどうなるのかを定めておく必要があります。

（休職期間満了による退職）
第○条　第○条第１項第１号または第５号により休職を命じられた者が休職期間満了時に復職できないときは、休職期間満了の日をもって退職とする。

2 休職通知書の交付

　休職制度をどのように設計するかについて、前記**1**で説明をしましたが、実務上、就業規則に休職制度の記載があるにもかかわらず、休職発令をせず、漫然と従業員が休んでいるというケースも珍しくありません。そのような場合には、いつから休職となっているのかが明らかでなく、休職期間満了日も分からないことがよくあります。例えば、「業務外の傷病により欠勤が連続して３カ月（欠勤中の休日も含む）に達し、引き続き療養を要するとき」に休職となる制度だった場合に、欠勤のうち最初に有給休暇を消化するのであれば、その消化後から欠勤となり、そこから３カ月経過して休職となります。

　休職に関する紛争で多いのが、復職時に治癒していないとして復職させないケースですので、いつが休職期間満了日であるかという点は極めて重要です。

　したがって、休職通知書を当該従業員に文書で通知しておくべきです。その書式例は次ページのとおりです。

　とりわけ、いつから休職となるのか、休職期間中の処遇がどうなるのか、休職期間満了日がいつなのかを明示しておく必要があります。実務上、休職期間は、「令和○年○月○日から令和○年○月○日」との記載も見受けられますが、休職期間満了日前に復職することがありますので、厳密に言えば、休職期間がいつからいつまでという表記は不正確です。上記のとおり、あくまで、「休職期間満了日」がいつであるかが重

書式例

令和○年○月○日

○○○○殿

株式会社○○○○

休職通知書

　会社は、貴殿の業務外の傷病に関して、貴殿から提出された診断書等を踏まえ、総合的に判断した結果、貴殿は、現状、当社業務に耐え得る健康状態になく、療養・治療に専念いただく必要があると判断するに至りました。

　つきましては、会社は、就業規則第○条第○号に基づき、令和○年○月○日付で傷病休職に付することをご通知申し上げます。

　なお、下記事項および当社関係規定についてご承知置きください。

記

1　休職開始日
　令和○年○月○日
2　休職の事由
　適応障害のため業務遂行がかなわないため
3　給与等の取り扱い
　就業規則第○条第○項により、休職期間中の給与は無給とする。
4　復職
　治療医（主治医）の診断書を当社に提出し、当社の指示により当社指定専門医による主治医等の医療情報の調査・分析、診断を受け、通常の業務に復帰できる健康状態に復したことを証明した上で、当社の復職の決定によること（就業規則第○条）。
　診断書は復職希望日または休職期間満了日の1カ月前までに提出すること。
5　自然退職
　就業規則第○条第○号に定める休職期間が満了しても、休職事由が消滅しない場合は、就業規則第○条により、休職期間満了をもって退職とする。
【休職期間満了日：令和○年○月○日】
6　留意事項
　休職期間中の当社への連絡は、人事部（担当：○○○○　TEL○○）に行うこと。

以　上

要です。

3 休職に関する誓約書の徴求

　休職は、解雇の猶予措置であり、従業員の都合を理由として、労働義務を免除するものです。そのため、休職期間中に従業員が何をしてもよいということにはなりません。従業員の意識づけの観点からも、私傷病休職に関する誓約書を提出させることが有益です。その書式例は、以下のとおりです。

　なお、従業員が、私傷病休職に関する誓約書を提出しないことを理由として、休職を認めないことはできないと考えます。提出しないのであれば、「遵守事項は以下のとおりである」という通知書にして、従業員に通知することでよいと考えます。

書式例

令和○年○月○日

私傷病休職に関する誓約書

株式会社○○御中

氏名：○○○○㊞

　私は、貴社従業員として、令和○年○月○日より休職するに当たり、下記の事項を遵守することを誓約いたします。

記

1　休職期間中は休職原因となった傷病の治療を最優先し、回復に努めます。
2　休職期間中、他社での就業、アルバイト、日雇労働など職種形態を問わず一切の労働はしません。また、親族、友人、知人等が行う営業活動への労務提供（有償・無償を問わず）も行わず、私個人が営業活動を行うこともしません。

3　休職期間中、就業時間帯においては、貴社からの連絡を受け取れる状態にし、指定の面談日や訪問日は、貴社の指示に従います。

4　毎月の状況報告は、期限までに提出することを約し、その他貴社が求める提出物についても遅滞なく提出します。

5　休職期間中も貴社の従業員であること、そして私傷病休職期間中であるという自覚を持って行動し、取引先や同僚従業員などから誤解され、あるいは不快感を与える言動は取りません。また、ブログ、ツイッター、フェイスブック等ソーシャルメディアの利用に際しても、同様の自覚を持って行動します。

6　休職期間中に発生する社会保険料の本人負担分については、当月分を翌月〇日までに、貴社が指定する振込口座に必ず振り込みます。

7　体調、状況に変化があった場合は、直ちに貴社に連絡をいたします。体調悪化等により貴社との連絡が困難となった場合は、以下を連絡窓口とします。

　　住　　　所：
　　氏　　　名：
　　電話番号：

8　上記1～7に違反した場合は貴社の処分に従い、休職期間を満了しても休職事由が継続する場合には、就業規則の定めに従います。

4　復職の申し出があった場合の対応手順

　休職していた従業員から、復職の申し出があった場合にどのように対応するのかは、あらかじめ決めておく必要があるでしょう。

　前記の参考規定例のとおり、多くの会社では、主治医の診断書を添付させた上で、復職の申請をさせています。

　その上で、会社として、当該従業員が「治癒」したか否かを判断することになります。判断に当たって、産業医の意見を徴求することは最低限必要でしょう。

　また、復職後の安全配慮という観点、治癒しているかどうかを判断するという観点において、主治医からの病状確認が役立ちます。主治医

は、当該従業員の職務内容や職場の状況は熟知していませんので、会社から説明をした上で、それでも復職可能という診断に変わりはないかを確認することも有益です。殊に、精神疾患の場合、医師が従業員の強い意向を受けて復職可能という診断書を作成するケースもあるようですので、その点も確認するとよいでしょう。

　主治医から病状確認等をするに当たっては、当該従業員の同意が必要となります。まれに、当該従業員が同意しない場合もありますが、その場合には、会社として、病状確認のみならず、復職後の安全配慮という観点からも主治医の意見を聞きたいことを説明し、同意が得られるよう説得に努めるべきでしょう。

　最終的に、主治医や産業医の意見を踏まえて、会社として、治癒したかどうかの判断をすることになります。

5 休職期間満了に伴う退職通知書の交付

　前記のとおり、多くの就業規則では、休職期間満了による退職を定めているところです。その場合は、解雇ではなく自然退職ですので、解雇と違い、会社の意思表示を従業員に到達させる必要はないことになりますが、会社の意思を明確にするという観点から、以下のとおり、休職期間満了に伴う退職通知書を交付したほうがよいと考えます。なお、作成に当たっては、いつから休職となったのか、いつが休職期間満了日なのか、休職事由が消滅していないと判断したことは少なくとも書いておくべきでしょう。その書式例は以下のとおりです。

書式例

令和○年○月○日

○○○○殿

株式会社○○○○

休職期間満了による退職のご連絡

　貴殿は、令和○年○月○日から私傷病欠勤となり、令和○年○月○日から私傷病休職となり、就業規則第○条第○項第○号の定めにより、令和○年○月○日までが休職期間となります。

　ところで、貴殿から、令和○年○月○日付で提出された診断書によれば、令和○年○月○日までの自宅療養が必要であるとのことであり、右期間内に休職事由が消滅しないこととなりますので、休職期間満了日の令和○年○月○日をもって自然退職となりますことをここにご連絡いたします。

　貴殿のご病気が一日も早く回復され、ご活躍されますことを心よりお祈り申し上げます。

　なお、退職に当たって必要な書類等については、別途、当社の人事担当者から貴殿に対し郵送いたしますので、ご対応のほど、よろしくお願いいたします。

以　上

 ## 6　就業規則の不利益変更と経過措置

　休職制度の内容を見直す際には、就業規則の不利益変更に留意する必要があります。休職は、従業員にとって解雇の猶予措置という救済制度であるため、賃金などの基本的な労働条件に比べれば、就業規則変更の高度な必要性までは求められないものと考えられます。

　裁判例としては、アメックス（休職期間満了）事件（東京地裁　平26.11.26判決　労判1112号47ページ）があります。これは、休職からの復職について、「復職にあたっては、原則として、従前の職に戻るものとする。但し、会社は業務上の都合により、その就業の場所、職務の内容、職務上の地位を変更することがある」という定めを、「療養休職したものが復職する場合の復職とは従来の業務を健康時と同様に通常業務遂行できる状態の勤務を行うことをさす。リハビリテーションとして短時間勤務等が必要な場合には、原則として休職期間中に行うものとする」という内容に変更した事案です。裁判所は、従来規定されていない

「健康時と同様」の業務遂行が可能であることを、療養休職した業務外傷病者の復職条件として追加するものであって、労働条件の不利益変更に当たることは明らかであるとした上で、業務外傷病のうち特に精神疾患は、一般に再発の危険性が高く、完治も容易なものではないことからすれば、「健康時と同様」の業務遂行が可能であることを復職の条件とする本件変更は、業務外傷病者の復職を著しく困難にするものであって、その不利益の程度は大きいものである一方で、本件変更の必要性およびその内容の相当性を認めるに足りる事情は見当たらないことからすれば、本件変更が合理的なものということはできないと判示しました。

　他方、野村総合研究所事件（東京地裁　平20.12.19判決　労経速2032号３ページ）は、就業規則の休職に関する規定について、「欠勤後一旦出勤して３ヶ月以内に再び欠勤するとき〈中略〉は、前後通算する」との定めを、「欠勤後一旦出勤して６ヶ月以内または、同一ないし類似の事由により再び欠勤するとき〈中略〉は、欠勤期間中は中断せずに、その期間を前後通算する」に変更した事案です。裁判所は、不利益変更には該当するものの、メンタルヘルス等により欠勤する者が急増し、これらは通常のけがや疾病と異なり、いったん症状が回復しても再発することが多く、現実にもこれらにより傷病欠勤を繰り返す者が出ていることも認められるから、このような事態に対応する規定を設ける必要性があったことは否定できないとし、過半数組合の意見を聴取し、異議がないという意見を得ていることからすれば、本件変更は合理的なものであると判示しました。

　これらの裁判例からいえることは、休職についても就業規則変更の合理性は問われるということ、なぜ規定の改定が必要なのかを会社側が論証できる必要性があるということです。

　また、休職制度の不利益変更を行う際に重要なのは、基本的には、制度改定時点で既に私傷病欠勤をしている従業員や休職している従業員については、変更前の制度を適用し、あくまで変更後の制度は、改定後に

私傷病欠勤や休職に入る従業員から適用するという経過措置を設けることです。

7 休職中の従業員からの社会保険料の徴収方法

　社会保険料（健康保険、厚生年金保険、介護保険）は、休職中で無給であったとしても、毎月納付する必要があります。社会保険料は、会社と従業員とが折半で負担するものですが、通常、従業員負担部分は、給与から控除（源泉徴収）して、会社負担部分と一緒に行政機関や健康保険組合に納付します。休職中も有給であれば、そこから控除すればよいのですが、休職中は無給としている場合、給与から社会保険料を控除（源泉徴収）することができません。

　そのため、多くのケースでは、会社が従業員負担部分を立て替え払いし、後日、会社から従業員に対して請求するという取り扱いをしているものと思われますが、この方法だと、従業員が休職期間満了で退職となり、社会保険料を請求しても支払わない場合に従業員から回収できないリスクがあり、実際に回収できないという事例も少なくありません。

　それを避ける方法として、健康保険組合等から従業員に対して支払われる傷病手当金を会社がいったん受領し、社会保険料の従業員負担部分を差し引いた上で、従業員に支給するという方法があり、これを代理受領といいます。代理受領をするためには、当該従業員の同意が必要ですので、個々に同意を取得してから、代理受領を行うことがよいと考えます。ただし、従業員が代理受領に同意しない場合には、その同意を会社が強制することはできませんので、代理受領は行えず、会社として都度、社会保険料を請求して回収を図る必要があります。

13

定年退職・定年退職後再雇用

定年退職後には再雇用等により65歳までの雇用確保措置を講じることが、会社に義務づけられています。実務上は、この間の雇止めについて就業規則で定めておくことが肝要です。

再雇用者の処遇を考える上では、パート・有期法の観点から、定年退職前後の役割と処遇のバランスに注意しなければなりません。

定年退職・定年退職後再雇用

①定年退職について就業規則に記載している	□はい	□いいえ
②高年齢者雇用安定法に基づく継続雇用制度を導入している	□はい	□いいえ
③継続雇用制度を就業規則に記載している	□はい	□いいえ
④定年退職後に再雇用しない場合として、「解雇事由または退職事由に該当するとき」という条項を就業規則に記載している	□はい	□いいえ
⑤定年退職後再雇用時の処遇について、高年齢者雇用安定法およびパート・有期法の趣旨に基づいて決定している	□はい	□いいえ
⑥定年退職後再雇用において、雇止めをする場合には、慎重に検討している	□はい	□いいえ
⑦定年退職後再雇用において、有期雇用特別措置法に定める「第二種計画認定」を受けている	□はい	□いいえ
⑧70歳までの就業機会の確保の努力義務について理解している	□はい	□いいえ

1 定年退職制度の就業規則への記載方法

[1] 定年の年齢

　定年制度とは、従業員が一定の年齢に達したときに労働契約が終了する制度であり、高年齢者雇用安定法8条で、定年の定めをする場合には定年の年齢は60歳を下回ることができないとされています。また、男女雇用機会均等法6条では、定年年齢を男女で区別することは禁止されています。

[2] 定年制度を設けることの可否

　定年制度を設けることについて、年齢差別であり公序良俗に反する見解もありますが、秋北バス事件（最高裁大法廷　昭43.12.25判決　判時542号14ページ）は、「およそ停年制は、一般に、老年労働者にあつては当該業種又は職種に要求される労働の適格性が逓減するにかかわらず、給与が却つて逓増するところから、人事の刷新・経営の改善等、企業の組織および運営の適正化のために行なわれるものであって、一般的にいつて、不合理な制度ということはでき」ないと判示し、定年制度を設けることは法的に問題ないと解されています。

[3] 定年退職と定年解雇

　定年制度は、労働契約の終了事由に関する制度であり、厳密に言えば、「定年退職」「定年解雇」の2種類があります。定年退職とは、定年に達したときに当然に労働契約が終了するものであり、定年解雇とは、定年に達したときに解雇の意思表示をし、それによって労働契約を終了させるものです。定年解雇の場合には、解雇事由を設定したことになり、労働基準法の解雇に関する規制（19条、20条）が適用されます。通達（昭26.8.9　基収3388）も、「就業規則に定める定年制が労働者の定年に達した翌日をもってその雇用契約は自動的に終了する旨を定めたことが明らかであり、且つ従来この規定に基づいて定年に達した場合に当然雇用関係が消滅する慣行となっていて、それを従業員に徹底させる措置

をとっている場合は、解雇の問題は生ぜず、したがってまた法第19条の問題を生じない」として、定年退職の場合には、労働基準法の解雇に関する規制は適用されないとしています。現在では、定年解雇としている会社はほとんどなく、多くの会社が定年退職としています。

[4] 定年制度を就業規則で定めるに当たっての留意点

定年制度は、会社が導入しなければならない制度ではありませんが、導入するのであれば、就業規則に明記しなければなりません。それは、労働基準法89条3号が、就業規則の絶対的必要記載事項として、「退職に関する事項（解雇の事由を含む。）」を挙げているからです。導入する定年制度が、定年解雇であれ、定年退職であれ、どちらの場合であっても、就業規則に明記する必要があります。就業規則に明記するに当たっての留意点は、以下のとおりです。

（1）定年解雇か定年退職か

上記のとおり、定年制度には定年解雇と定年退職の二つがありますが、ほとんどの会社が定年退職として定めています。それは、定年解雇とした場合には普通解雇となり、解雇権濫用法理や解雇予告制度（労働基準法20条）などが適用されてしまうからです。

したがって、定年制度を導入する場合には、定年退職とすべきであり、就業規則でも、その旨を明確に明記すべきでしょう。具体的には、退職事由に関する定めの一つとして、「定年に達したとき」を規定し、それに加えて、定年退職の定めとして、「従業員の定年は満60歳とし、定年に達した日の属する月の末日をもって当然退職とする」と定めれば、その趣旨は明確になります。

（2）定年年齢をどうするか

上記のとおり、定年年齢は60歳以上でなければなりませんが、ほとんどの会社は60歳に設定しています。昨今の社会情勢を踏まえて、定年年齢を65歳に引き上げる会社も出てきていますが、従業員の年齢構成、業務内容など、さまざまな要素を踏まえて、慎重に検討すべきでしょう。

（3）退職日をいつにするか

　少し細かいですが、定年退職制度を導入する場合に、具体的な退職日をいつにするかがあまり意識されておらず、曖昧になっているケースが散見されます。具体的には、以下の定め方が考えられます。いずれでも構いませんが、いつ退職となるのかを明確にしておいてください。

①満60歳の誕生日をもって退職とする

②満60歳の誕生日の属する月の末日をもって退職とする

③満60歳の誕生日の属する年度の末日をもって退職とする

規定例

> **（定年退職）**
> **第○条**　従業員の定年は満60歳とし、定年に達した日の属する月の末日をもって当然退職とする。

2 高年齢者雇用安定法の定める継続雇用制度の概要

［1］高年齢者雇用安定法の目的

　高年齢者雇用安定法は、高年齢者等の職業の安定その他福祉の増進を図るとともに、経済および社会の発展に寄与することを目的としています（1条）。なお、ここでいう「高年齢者」とは55歳以上の者をいいます（2条、高年齢者雇用安定法施行規則1条）。60歳ではない点に、留意してください。

［2］高年齢者雇用確保措置

　高年齢者雇用安定法9条は、会社が雇用する高年齢者の65歳までの安定的な雇用を図らなければならないとして、三つの高年齢者雇用確保措置を定めています［図表1］。一つ目は「定年の廃止」で、これは言葉のとおり、定年そのものをなくしてしまうことです。二つ目は「定年の引き上げ」で、60歳定年を65歳定年まで延ばすということです。三つ目

図表1　三つの高年齢者雇用確保措置

区分	長所	短所
定年の廃止	高年齢者の会社への帰属意識、忠誠心を醸成可能（雇用が最も安定する）	・年齢を理由とする退職が認められない ・従来の定年以降の労働条件を綿密に検討する必要あり
定年の引き上げ	高年齢者の会社への帰属意識、忠誠心を比較的醸成可能（雇用が安定）	従来の定年以降、新しい定年までの労働条件を綿密に検討する必要あり
継続雇用制度	定年退職後の労働条件の設定が比較的容易	高年齢者の会社への帰属意識、忠誠心の醸成が比較的難しい

は「継続雇用制度」です。これらの長所と短所を整理すると、［図表1］のとおりです。

　厚生労働省が公表している「高年齢者雇用状況等報告」によれば、令和3年6月1日時点で、常時雇用する従業員が21人以上の会社23万2059社のうち、99.7％が65歳までの高年齢者雇用確保措置を講じており、継続雇用制度が71.9％となっています。

3　継続雇用制度の就業規則への記載

［1］雇用延長型と再雇用型

　前記のとおり、約7割の会社が継続雇用制度を導入することで高年齢者雇用確保措置を講じています。厳密には、継続雇用制度は、①雇用延長型（60歳で定年となった場合に退職とはしないで雇用を延長する）と②再雇用型（60歳で定年となった場合にいったん退職し、再雇用する）とがありますが、多くの会社が②再雇用型を選択しています。

［2］再雇用する会社の範囲

　再雇用型を選択した場合には、再雇用する会社は、定年まで雇用して

いた事業主だけではなく、特殊関係事業主であれば問題ないとされています。

この特殊関係事業主とは、元の事業主の①子法人等、②親法人等、③親法人等の子法人等、④関連法人等、⑤親法人等の関連法人等とされています。また、特殊関係事業主で再雇用する場合には、元の事業主と特殊関係事業主との間で「継続雇用制度の対象となる高年齢者を定年後に特殊関係事業主が引き続いて雇用することを約する契約」を締結することが要件とされている点にも留意が必要です。

この点に関連する論点として、特殊関係事業主で再雇用した場合の有給休暇の付与日数はどうなるかという問題があります。

有給休暇は、従業員が6カ月間継続勤務し、全労働日の8割以上勤務した場合に発生する権利ですが、「継続勤務」について、通達（昭63.3.14 基発150）は、「継続勤務か否かについては、勤務の実態に即し実質的に判断すべきものであり、次に掲げるような場合を含むこと。この場合、実質的に労働関係が継続している限り勤続年数を通算する」として、「定年退職による退職者を引き続き嘱託等として再採用している場合（退職手当規程に基づき、所定の退職手当を支給した場合を含む。）。ただし、退職と再採用との間に相当期間が存し、客観的に労働関係が断続していると認められる場合はこの限りでない」としているので、元の事業主において再雇用する場合には「継続勤務」と取り扱い、勤続年数を通算する必要があります。

しかし、特殊関係事業主で再雇用する場合には、別の事業主で新たに採用されることからすれば、法解釈上、「継続勤務」に該当するというのは難しいと考えます。もっとも、元の事業主で再雇用された者と特殊関係事業主で再雇用された者との間で違いがあるのは従業員の納得性に欠け、労務政策上必ずしも望ましいものとはいえないと思われますので、継続勤務と取り扱うのが適当でしょう。

［3］ 再雇用を希望する従業員の手続き

　会社としては、再雇用者をどこに配置するか等を事前に検討する必要がありますので、定年退職日直前に再雇用の希望を出されても困ります。そのため、会社としては、従業員に再雇用を希望するか否かの書面等を最低でも定年退職することとなる日の1カ月前、余裕をもって3カ月前までに提出するよう、就業規則に定めておいたほうがよいでしょう。

［4］ 定年退職後再雇用の雇用期間

　多くの会社では雇用期間を1年としているようですが、半年でも構いません。定年退職後の雇用期間についても就業規則に明記をして定めておくべきです。個人ごとに異なった期間で再雇用するのであれば、「雇用期間1年以内の有期雇用契約で再雇用する」としておけばよいでしょう。

［5］ 雇止め

　就業規則には、定年退職後再雇用者についても雇止めをすることがあり得る旨を定めておくべきでしょう。仮に、雇止めがあり得る旨の明記がないと、法的な紛争となった際に、会社は65歳まで雇止めを予定していなかったと誤解されて主張される可能性があります。

［6］ 労働条件

　定年退職後再雇用に当たっての労働条件については、就業規則等への詳細な記載はせずに、「個別契約において定める」という形にしたほうがよいでしょう。また、契約の更新に際して、労働条件を変更することがある旨も記載しておいたほうがよいでしょう。

4　解雇事由または退職事由に該当するときは再雇用しない旨の定め

　高年齢者雇用安定法9条3項は、厚生労働大臣は、事業主が講ずべき

高年齢者雇用確保措置の実施および運用（心身の故障のため業務の遂行に堪えない者等の継続雇用制度における取り扱いを含む）に関する指針を定めるものとすると規定しています。

　これを受けて、高年齢者雇用確保措置の実施及び運用に関する指針（平24.11.19　厚労告560。以下、指針）では、「心身の故障のため業務に堪えられないと認められること、勤務状況が著しく不良で引き続き従業員としての職責を果たし得ないこと等就業規則に定める解雇事由又は退職事由（年齢に係るものを除く。以下同じ。）に該当する場合には、継続雇用しないことができる」と定められています。したがって、原則として、60歳定年退職後、再雇用しなければなりませんが、例外的に、就業規則に定める解雇事由または退職事由に該当する場合には再雇用しなくてもよいことになります。

　ここで問題となるのは、就業規則に定める解雇事由または退職事由以外の事由を就業規則で定めることで、再雇用を拒否することができるかという点です。上記指針は、「解雇事由又は退職事由とは異なる運営基準を設けることは高年齢者等の雇用の安定等に関する法律の一部を改正する法律〈中略〉の趣旨を没却するおそれがあることに留意する」と回りくどい言い回しをしていることからすると、その余地もあり得るのではなかろうかと考えます（私見）。ただ、厚生労働省が公表している「高年齢者雇用安定法Q&A（高年齢者雇用確保措置関係）」（以下、Q&A）のQ2-2「就業規則において、継続雇用しないことができる事由を、解雇事由又は退職事由の規定とは別に定めることができますか」に対して、「就業規則の解雇事由又は退職事由のうち、例えば試用期間中の解雇のように継続雇用しない事由になじまないものを除くことは差し支えありません。しかし、解雇事由又は退職事由と別の事由を追加することは、継続雇用しない特別な事由を設けることになるため、認められません」とされている点に留意する必要があります。

　現状、この点について判示した裁判例は見当たりません。

（定年退職後再雇用）

第○条　定年退職する従業員が定年退職後の再雇用を希望する場合は、定年の時点で、解雇事由または退職事由に該当するときを除き、再雇用し、原則として65歳まで、雇用を更新する。

2　定年後に再雇用を希望する従業員は、定年退職の３カ月前までに、所定の様式により再雇用の申し出をしなければならない。

3　再雇用の対象者については、雇用期間１年の有期雇用契約で再雇用する。

4　会社は、①契約期間満了時の業務量、②勤務成績、勤務態度、③本人の能力、④健康状態、⑤会社の経営状況等を勘案し、再雇用後の契約更新の有無を判断する。

5　定年退職後再雇用者の賃金、労働時間、休憩、休日、休暇等の労働条件については、同人の能力、担当職務、勤務形態等を踏まえ、契約の都度、個別に決定する。

5　定年退職後再雇用者の処遇

　定年退職後再雇用者の処遇を考える上では、高年齢者雇用安定法に加えて、パート・有期法の観点から検討する必要があります。

［1］高年齢者雇用安定法上の制約

（1）指針など

　定年退職後再雇用時の労働条件について、前記指針は、「継続雇用後の賃金については、継続雇用されている高年齢者の就業の実態、生活の安定等を考慮し、適切なものとなるよう努めること」としており、また、前記Q&A（Q1-4）では、「継続雇用後の労働条件については、高年齢者の安定した雇用を確保するという高年齢者雇用安定法の趣旨を踏まえたものであれば、最低賃金などの雇用に関するルールの範囲内で、フルタイム、パートタイムなどの労働時間、賃金、待遇などに関して、事業主と労働者の間で決めることができます」とされています。

　このとおり、高年齢者雇用安定法上は、抽象的なことは述べられていますが、具体的なことは述べられていません。

(2) 裁判例

　裁判例では、例えば、X運輸事件（奈良地裁　平22.3.18判決　労経速2091号23ページ、大阪高裁　平22.9.14判決　労経速2091号7ページ）では、定年退職後の賃金が定年退職前の賃金の54.6％と、約半分強になった事案ですが、裁判所はこの取り扱いを適法と判断しました。トヨタ自動車ほか事件（名古屋高裁　平28.9.28判決　労判1146号22ページ）は、定年退職した従業員に対して、会社が再雇用後の労働条件としてパートタイマーの職務を提示したところ、従業員がそれを拒否した事案について、「定年後の継続雇用としてどのような労働条件を提示するかについては一定の裁量があるとしても、提示した労働条件が、無年金・無収入の期間の発生を防ぐという趣旨に照らして到底容認できないような低額の給与水準であったり、社会通念に照らし当該労働者にとって到底受け入れ難いような職務内容を提示するなど実質的に継続雇用の機会を与えたとは認められない場合においては、当該事業者の対応は改正高年法の趣旨に明らかに反するものであるといわざるを得ない」とした上で、提示した給与水準（年間約130万円）は無年金・無収入の期間の発生を防ぐという趣旨に照らして到底容認できないような低額の給与水準ではないと判示しました。九州惣菜事件（福岡高裁　平29.9.7判決　労判1167号49ページ）は、定年退職した従業員に対して、会社が再雇用後の労働条件として勤務日を月間12日もしくは16日、1日の労働時間を6時間、時給900円を提示した事案で、月収ベースで賃金が約75％減につながるような提示には合理的な理由はないとしました。

　高年齢者雇用安定法の観点からは、無年金、無収入の期間の発生を防ぐという趣旨から、本来もらえることが想定されていた年金額を賄えるだけの賃金であれば、無効とは評価されないと解釈すべきと考えます。

[2] パート・有期法の観点

　パート・有期法の観点からは、いわゆる「均衡待遇」（8条）と「均等待遇」（9条）という観点からの検討が必要です。

定年退職後再雇用も「有期雇用労働者」であることから、同条による制約に服することになります。

> **（不合理な待遇の禁止）**
> **第8条**　事業主は、その雇用する短時間・有期雇用労働者の基本給、賞与その他の待遇のそれぞれについて、当該待遇に対応する通常の労働者の待遇との間において、当該短時間・有期雇用労働者及び通常の労働者の業務の内容及び当該業務に伴う責任の程度（以下「職務の内容」という。）、当該職務の内容及び配置の変更の範囲その他の事情のうち、当該待遇の性質及び当該待遇を行う目的に照らして適切と認められるものを考慮して、不合理と認められる相違を設けてはならない。
>
> **（通常の労働者と同視すべき短時間・有期雇用労働者に対する差別的取扱いの禁止）**
> **第9条**　事業主は、職務の内容が通常の労働者と同一の短時間・有期雇用労働者（第11条第1項において「職務内容同一短時間・有期雇用労働者」という。）であって、当該事業所における慣行その他の事情からみて、当該事業主との雇用関係が終了するまでの全期間において、その職務の内容及び配置が当該通常の労働者の職務の内容及び配置の変更の範囲と同一の範囲で変更されることが見込まれるもの（次条及び同項において「通常の労働者と同視すべき短時間・有期雇用労働者」という。）については、短時間・有期雇用労働者であることを理由として、基本給、賞与その他の待遇のそれぞれについて、差別的取扱いをしてはならない。

すなわち、定年退職後再雇用においては、定年退職前に比べて、役職を下げたり、役割を低くしたり、業務内容や責任を変えたりすることによって、定年退職前の賃金よりも低額であることを説明できるようにしておく必要があるでしょう。定年退職前と定年退職後で、役職も、役割

も、責任も同じ、業務も全く変わらないという中で、賃金だけを減額することは、法的にはリスクが大きいことに留意してください。

 6　定年退職後再雇用者の雇止め

　定年退職後再雇用された従業員については、65歳未満で雇止めすることはできないといわれることがあります。これは、高年齢者雇用安定法が65歳までの安定した雇用を求めていることに起因するものと思われます。しかし、定年退職後再雇用であったとしても雇止めができないわけではありません。労働契約法19条の定めに従い、雇止めをすることが可能です。

　もっとも、高年齢者雇用安定法が65歳までの安定した雇用を求めており、原則として65歳までの雇用を会社に義務づけていることからすれば、従業員にとっては、「当該労働者において当該有期労働契約の契約期間の満了時に当該有期労働契約が更新されるものと期待することについて合理的な理由があるものであると認められる」（労働契約法19条2号）に該当することが求められると思われます。

　したがって、使用者が雇止めをするとなると、それが「客観的に合理的な理由」があり、「社会通念上相当であると認められる」必要があります。このハードルは低いものではありません。

7　定年退職後再雇用と無期転換

　定年退職後再雇用の場合、有期雇用契約であるときは、定年退職後、契約更新を繰り返し、雇用契約期間が通算5年を超えた場合には無期転換申し込み権（労働契約法18条1項）が発生することになります。

　しかし、この点については、有期雇用特別措置法があり、事業主が、適切な雇用管理に関する計画を作成し、都道府県労働局長の認定（第二

種計画認定）を受けた場合、定年に達した後、引き続いて雇用される有期雇用労働者について、無期転換申し込み権は発生しないとされています。

　まれに、この認定を受けていない会社がありますので、忘れずに受けておいてください。認定を受けていないと、定年退職後再雇用者の雇用契約期間が通算5年を超えた場合には無期転換申し込み権が発生し、それを行使されると定年のない雇用契約になる可能性があります。

8 70歳までの就業機会の確保の努力義務

　高年齢者雇用安定法の改正により、70歳までの高年齢者の就業確保措置が努力義務化され、令和3年4月1日から施行されています。

　具体的には、65歳までの継続雇用制度（70歳以上まで引き続き雇用する制度を除く）を導入している事業主、および定年を65歳〜70歳未満で定めている事業主に対して、以下の①〜⑤のいずれかの措置を講ずる努力義務を課しています。

---

① 70歳までの定年引き上げ
② 定年制の廃止
③ 70歳までの継続雇用制度の導入
④ 70歳まで継続的に業務委託契約を締結する制度の導入
⑤ 70歳まで継続的に以下の事業に従事できる制度の導入
　ア　事業主が自ら実施する社会貢献事業
　イ　事業主が委託、出資（資金提供）等する団体が行う社会貢献事業

　あくまで努力義務であり、厚生労働省も「高年齢者雇用安定法Q&A（高年齢者就業確保措置関係）」の中で、「改正法が施行される2021年4月1日時点で、70歳までの就業確保措置が講じられていることが望まし

いですが、検討中や労使での協議中、検討開始といった状況も想定され
ます。労働局では、相談支援等を行っておりますので、ご活用いただき
ながら、措置の実施に向けた取り組みを進めてください」としています
ので、現時点で、これらの措置を講じなければならないわけではない点
は意識しておく必要があります。もっとも、近い将来、定年年齢が65
歳、継続雇用義務が70歳までとなる可能性があります。

14

退職・解雇

「退職・解雇」に関する事由は、就業規則の絶対
的必要記載事項の一つです。

退職条項には通常の退職事由に加え、従業員が行
方不明の場合も定めておくことが重要です。その
場合の初動対応も確認しておきましょう。

解雇については、どのような場合に解雇できるか
を理解し、適正に手続きをしておくことで、トラ
ブルを防ぎます。

退職・解雇

①就業規則に、退職事由に関する定めを設けている	☐はい	☐いいえ
②従業員が行方不明になった場合にどのような初動を取るか、あらかじめ決めている	☐はい	☐いいえ
③退職願の提出時期について理解している	☐はい	☐いいえ
④解雇の種類、解雇制限、解雇手続きを理解している	☐はい	☐いいえ
⑤就業規則に、解雇事由に関する定めを設けている	☐はい	☐いいえ
⑥どのような場合に普通解雇できるか理解している	☐はい	☐いいえ
⑦注意や指導の仕方、記録の残し方について、社内で確立したものを持っている	☐はい	☐いいえ
⑧解雇する場合には書面で通知するようにしている	☐はい	☐いいえ
⑨請求があれば、解雇理由証明書を発行するようにしている	☐はい	☐いいえ

1 退職事由の就業規則への定め方

[1] 従業員の身分喪失事由

　会社と従業員との間には、雇用契約がありますが、その雇用契約が解消される場合としては、[図表1] があります。

　上から説明をしていきますと、「一定の事由の発生」というのは、例えば、従業員が死亡した場合には、当然に雇用契約が解消されるというものです。つまり、死亡という事実が発生することで当然に雇用契約が解消されるということになります。そのほかにも、よくあるケースとしては、定年や休職期間満了があります。

　次に、「意思表示の場合」ですが、これには「使用者と従業員の合意」

図表1　従業員の身分喪失事由

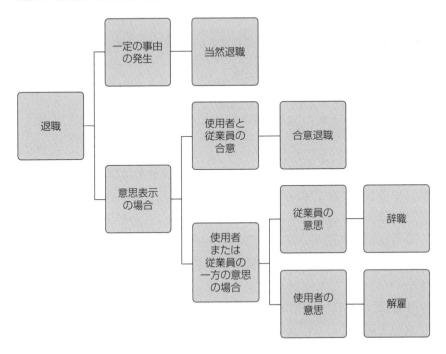

と「使用者または従業員の一方の意思の場合」があります。このうち、前者は、使用者と従業員との間で話し合いをして、雇用契約を解消することにお互いが合意をするということであり、「合意退職」と呼ばれるものです。また、後者は、使用者と従業員の合意ではなく、どちらかの一方的な意思表示により、雇用契約が解消される場合です。従業員の意思で雇用契約が解消される場合を「辞職」といい、使用者の意思で雇用契約を解消する場合を「解雇」といいます。

[2] 就業規則での退職事由の定め方

就業規則の絶対的必要記載事項の一つとして、退職に関する事由がありますので、どういった場合に退職となるのか、退職事由を就業規則で定める必要があります。

その一例を挙げると、以下のとおりです。

> **規定例**
>
> **（退職）**
> **第○条** 従業員が、次の各号の一に該当するときは退職とする。
> ① 死亡したとき
> ② 退職を願い出て承認されたとき
> ③ 退職を願い出て２週間を経過したとき
> ④ 定年に達したとき
> ⑤ 休職期間が満了しても復職できないとき
> ⑥ 会社に連絡なく欠勤して２週間が経過し、会社が所在を知らないとき

１号は、従業員が死亡した場合には権利の主体ではなくなるため、当然に雇用契約は終了することになります。

２号は、合意退職について定めています。

３号は、辞職について定めています。従業員は、民法627条１項により、２週間前に予告することによっていつでも退職することができます。

４号は、定年について定めています。詳細は、「13　定年退職・定年退職後再雇用」の章に譲りますが、定年には、「定年退職」と「定年解

雇」とが理論的にあり、会社として、どちらを選択するかということになります。

　5号は、休職期間満了による退職について定めています。これも詳細は、「12　休職」の章に譲りますが、「休職期間満了による解雇」と「休職期間満了による退職」とが理論的にあり、会社として、どちらを選択するかということになります。

　6号は、行方不明になった場合の退職について定めています。

[3] 行方不明の場合

　従業員が、所在不明で、欠勤し続けるということは、労働契約の本質である労働者の義務を果たすことができない、すなわち、労務の提供ができないという事態を意味します。

　そうであれば、会社としては、契約を解除、すなわち、解雇するということになります。多くの企業で、無断欠勤が14日以上続いたときが、懲戒解雇事由の一つになっているかと思います。

　したがって、会社としては、当該従業員を、懲戒解雇あるいは普通解雇するということになりますが、果たして、それはできるのでしょうか。

　上述のとおり、解雇は、使用者による一方的な意思表示です。民法上、意思表示は、相手方に到達して初めて効力を発生します。

　しかし、当該従業員は、所在不明であり、解雇の意思表示を到達させることができません。解雇通知書を自宅に送付したとしても、従業員は自宅にいないことが分かっているので、そこに解雇通知書を送ったところで、解雇の意思表示が到達したと取り扱うことはできません。そうすると、雇用し続けなければならないのでしょうか。雇用し続けなければならないとすると、社会保険料を負担する必要があります。ましてや、従業員は行方不明で勤務していませんので、給与もありません。社会保険料の本人負担部分を会社が立て替えなければなりませんし、会社負担部分は会社が負担しなければならず、その金額も決して少額ではありません。

そのために、就業規則の退職事由の一つに、行方不明になった場合を入れておく必要があるわけです。この条項があれば、解雇の意思表示は到達しないにしても、行方不明という事実の発生によって、当然に退職という効果を導くことができます。

　なお、この条項を就業規則に入れていなかった場合はどうすればよいのでしょうか。一つだけ手立てがあります。それが、「公示送達」という制度です。民法98条に定められています。

第98条　意思表示は、表意者が相手方を知ることができず、又はその所在を知ることができないときは、公示の方法によってすることができる。

2　前項の公示は、公示送達に関する民事訴訟法〈中略〉の規定に従い、裁判所の掲示場に掲示し、かつ、その掲示があったことを官報に少なくとも1回掲載して行う。ただし、裁判所は、相当と認めるときは、官報への掲載に代えて、市役所、区役所、町村役場又はこれらに準ずる施設の掲示場に掲示すべきことを命ずることができる。

3　公示による意思表示は、最後に官報に掲載した日又はその掲載に代わる掲示を始めた日から2週間を経過した時に、相手方に到達したものとみなす。ただし、表意者が相手方を知らないこと又はその所在を知らないことについて過失があったときは、到達の効力を生じない。

4　公示に関する手続は、相手方を知ることができない場合には表意者の住所地の、相手方の所在を知ることができない場合には相手方の最後の住所地の簡易裁判所の管轄に属する。

5　裁判所は、表意者に、公示に関する費用を予納させなければならない。

　この条文を読んでいただければ分かるとおり、公示送達という制度を

使うことで、解雇の意思表示を到達させることができることになります。

　従業員の最後の住所地を管轄する簡易裁判所に申し立てを行い、裁判所が裁判所の掲示場に掲示し、かつ、掲示があったことを官報に少なくとも1回掲載することで、最後に官報に掲載した日付から2週間を経過した日に、解雇の意思表示が到達したものとみなされます。ただし、この手続きには費用がかかり（裁判所に納付する費用だけではなく、通常は、顧問弁護士に依頼すると思いますので、費用としては数十万円程度）、また、従業員が行方不明であることを疎明する必要（実務上は、内容証明郵便等が不在によって届かなかった証明書等だけではなく、従業員の自宅に行っても不在であったこと、管理人への聞き取り、隣人者への聞き取り、電気メーターの回転速度等の写真を撮ったりして、調査報告書を作成することになります）があるので、会社からすると面倒な手続きであることは否めません。

　そのため、会社によっては、親や兄弟と話をして、当該従業員が退職したことにするという例もあります。例えば、行方不明となった従業員の家族が、会社には迷惑をかけられないとして、退職届を従業員本人の名前で記入し、会社に提出するという取り扱いです。この際、「仮に従業員本人の行方が分かったとしても、迷惑はおかけしません」という趣旨の念書を差し入れるということもあるようです。

　しかしながら、退職の意思表示をできるのは、当然、行方不明となった従業員本人です。代理人でもない家族が、退職の意思表示をできる法的な根拠はありません。

　したがって、厳密に言えば、そのような取り扱いをしたことによって、従業員を退職扱いとすることはできないということになります。

2 従業員と連絡が取れなくなった場合の初動

　従業員が行方不明になり、連絡が取れなくなったという相談を受けることがあります。具体的には、突然、ある日、従業員が無断で出勤しないという場合です。会社から、本人に電話で連絡をしても電話に出ない、LINEにメッセージを残しても、既読がつかない等々です。

　この場合、会社としては、まずは本人の所在の確認を急ぐべきです。

　所在の確認の方法としては、①上司あるいは人事等の管理部門の従業員が、当該本人の自宅に行き、インターホンを鳴らす方法や、管理人に従業員のことを質問して、いるかいないかを確認する方法、②緊急連絡先等に指定してある親や兄弟等に連絡し、所在が不明であることを伝え、親や兄弟からも従業員本人に連絡をしてもらう方法が考えられます。ほかにも、③従業員が行きそうな場所があれば、そこに探しにいくということも考えられます。また、自宅に行った場合には、電気のメーターが回っているか等の状況も確認する必要があります。また、会社として、所在確認のために何をしたのか、一連のことを記録化しておいたほうがよいでしょう。

　いずれにしても、従業員と連絡が取れない場合は、まずは所在の確認をすることが重要になります。

　また、雇用主として、警察に対して、行方不明者届を提出することも可能です。この場合、家族、親族等の同意がなくても可能です。

　そして、所在の確認の結果、例えば、従業員が病気で亡くなっていた場合、犯罪に巻き込まれて亡くなっていた場合には、亡くなった日に退職したとして取り扱う必要があります。この場合、会社に置かれている私物をどうするかという問題がありますが、その私物については、一つひとつ写真を撮っておき、リストを作って、家族や親族に引き渡すべきでしょう。また、その際には、受領証も作成して、家族や親族に署名してもらい提出してもらうのが適切です。写真を撮るのは、後日、従業員

の私物について、家族や親族から「○○がなかったか」「会社がなくしたのではないか」と言われる可能性もあるためです。

　従業員が存命であった場合は、どうして突如、連絡なしに欠勤したのか等々の事情を、従業員から聴取する必要があります。そして、その理由が、メンタル疾患等であれば、医師への受診を勧め、必要に応じて、会社の休職制度を適用する等の対応をすることになります。また、会社に対する反発等であれば、懲戒処分等のしかるべき措置を取る必要があるでしょう。

　他方で、所在が分からないという場合には、前述1［2］の条項に基づいて、退職という扱いをすることになります。

　この退職条項に関して、近時の裁判例では、行方不明の場合の退職条項については、従業員に対して通常の手段によって出勤の督促や懲戒解雇の意思表示をすることができない場合、すなわち、従業員が欠勤を継続し、通常の手段によっては出勤を命じたり、解雇の意思表示をしたりすることが不可能となった場合に備えて、そのような事態が14日以上継続したことを停止条件として退職を合意したものとし、当該条項が適用できるのは、従業員が所在不明となり、かつ、会社が当該従業員に対して出勤命令や解雇等の通知や意思表示をする通常の手段が全くなくなったときを指すと判断しました（O・S・I事件　東京地裁　令2.2.4判決　労判1233号92ページ）。つまり、会社として、従業員の所在を探す努力をしなければ、当該条項の適用はできないということになります。

3　退職願の提出時期

　前述のとおり、従業員の一方的な意思表示による退職である辞職については、2週間前に予告することで足ります。

　もっとも、多くの会社の就業規則では、以下の条項が設けられていますが、これは、急な退職によって業務の引き継ぎ等ができなくなり、会

社にとって損害が生じる可能性があるからです。

　そして、当該条項については、辞職を制限するもので無効ではないかという懸念を持たれることもありますが、この条項は、あくまで合意退職に向けての退職の申し込みを時期的に制限する趣旨のものであって、辞職を制限するということで直ちに無効とされるわけではないと考えます。

　ただ、従業員の退職の意思が強固で、会社の承認に関係なく退職するといっている場合には、辞職の意思表示に該当すると評価することができますので、2週間経過の時点で退職という効果が発生してしまうという点には、留意する必要があります。

　なお、外資系企業の場合に、退職願は退職予定日の3カ月前までに提出しなければならないとする規定が見受けられることがあります。これは、民法627条3項が「6箇月以上の期間によって報酬を定めた場合には、前項の解約の申入れは、3箇月前にしなければならない」と定めていることに対応したものだと思います。

　このように、民法によれば、年俸制の適用対象である従業員であれば、退職願の提出のタイミングを3カ月前までとすることが可能になっています。

　ただ、実務上、退職願を提出するのが規定どおりでなかったから、退職を認めないという取り扱いはほとんどなく、引き継ぎ等について、会社と従業員とで協議の上、適宜行っているかと思います。

4 解雇の種類、解雇制限、解雇手続き

[1] 解雇の種類

　解雇は、前述のとおり、使用者による一方的な意思表示による労働契約の解約です。この解雇には、大きく分けて「普通解雇」と「懲戒解雇」とがあります。懲戒解雇は、懲罰としての解雇であり、それ以外の解雇が普通解雇となります。懲戒解雇については、「10　懲戒処分」の章に詳細を記載していますので、そちらを参照ください。

　いわゆる整理解雇も、普通解雇の一つです。懲戒解雇は、労働契約法15条で「使用者が労働者を懲戒することができる場合において、当該懲戒が、当該懲戒に係る労働者の行為の性質及び態様その他の事情に照らして、客観的に合理的な理由を欠き、社会通念上相当であると認められない場合は、その権利を濫用したものとして、当該懲戒は、無効とする」という規制により規律され、普通解雇は、労働契約法16条で「解雇は、客観的に合理的な理由を欠き、社会通念上相当であると認められない場合は、その権利を濫用したものとして、無効とする」という規制により規律されます。

[2] 解雇の制限

　上述のとおり、解雇の有効性については、労働契約法16条によって規律されますが、それとは異なり、法律上、そもそも解雇ができない場合が定められています。

　一つ目は、国籍、信条、社会的身分、労働組合活動を理由とする解雇はできないという規制です（労働基準法3条、労働組合法7条）。

　二つ目は、性別を理由とする解雇はできないという規制です（男女雇用機会均等法6条）。

　三つ目は、業務上災害による療養者・産前産後休業者を解雇できないという規制です（労働基準法19条1項）。同項は、「使用者は、労働者が業務上負傷し、又は疾病にかかり療養のために休業する期間及びその後

30日間並びに産前産後の女性が第65条の規定によつて休業する期間及びその後30日間は、解雇してはならない。ただし、使用者が、第81条の規定によつて打切補償を支払う場合又は天災事変その他やむを得ない事由のために事業の継続が不可能となつた場合においては、この限りでない」と定めています。ここでいう「療養のために」というのは、治癒・症状固定後の通院は含まないとされています。

[3] 解雇の手続き

解雇の手続きについては、労働基準法20条1項が、「使用者は、労働者を解雇しようとする場合においては、少くとも30日前にその予告をしなければならない。30日前に予告をしない使用者は、30日分以上の平均賃金を支払わなければならない。但し、天災事変その他やむを得ない事由のために事業の継続が不可能となつた場合又は労働者の責に帰すべき事由に基いて解雇する場合においては、この限りでない」と定めています。即時解雇であれば、30日分以上の平均賃金を解雇予告手当として支払う必要があり、30日前までに解雇を予告することで解雇予告手当を支払わなくてよいということになっています。

最高裁判所は、予告期間を置かず、予告手当の支払いもしないでした解雇の通知は、即時解雇としての効力は生じないが、使用者が即時解雇に固執する趣旨でない限り、通知後30日の期間を経過するか、または通知の後に予告手当の支払いをしたときは、そのいずれかの時から解雇の効力が生じるとしています（細谷服装事件　最高裁二小　昭35.3.11判決民集14巻3号403ページ）。

解雇予告を受けた従業員が、解雇日まで就労することによって、さまざまな問題が生じることから、筆者は、解雇予告はほとんどせず、即時解雇することを推奨しています。

5 就業規則での解雇事由の定め方

　解雇事由についても、就業規則の絶対的必要記載事項の一つであることから、就業規則で定めておく必要があります。

　解雇事由について、さまざまな定め方がありますが、一例を挙げると以下のとおりです。

規定例

（解雇事由）
第○条　従業員が次の各号の一に該当するときは解雇する。
　① 精神または身体の故障によって、業務の遂行に堪えないと認めたとき
　② 業務遂行能力、勤務成績が劣り、または業務に怠慢で向上の見込みがないと認めたとき
　③ 試用期間中または試用期間満了時に従業員として不適格と認められたとき
　④ 第○条の懲戒事由に該当するとき
　⑤ 事業の廃止・縮小、その他、会社の経営上やむを得ない事由があるとき
　⑥ その他、前各号に準ずるやむを得ない事由があるとき

　1号は、健康状態が芳しくなく、業務遂行に堪えられないときの定めです。

　2号は、勤務成績が不良である場合についての定めですが、その場合の定め方が問題となります。「勤務状況が著しく不良」であるとか、「勤務成績が著しく不良」など、「著しく」という表現を用いている例を見ることがしばしばあります。

　筆者は、「著しく」が具体的にどの程度を指すのか明らかではないことから、解雇事由該当性のところで無用な争点を作らないためにも、「著しく」という形容詞は使わないようにするべきだと考えています。その他、同様の趣旨で、「過度に」などの表現も控えたほうがよいと思います。

　3号は、試用期間中の解雇についてですが、「2　試用期間」の章を参照いただければと思います。試用期間のところで定めておけば、ここ

にあえて定めを入れなくても問題はありません。

　4号は、懲戒事由に該当する場合ですが、まれに、「第○条の懲戒解雇事由または諭旨解雇事由に該当するとき」という定め方をしている例を見ます。この場合には、懲戒解雇や諭旨解雇ができるほどの非違行為がなければ普通解雇もできないということになってしまいます。懲戒解雇や諭旨解雇にまでは該当しない懲戒事由でも、それが繰り返された場合には普通解雇ができるように、また、実務上は勤務成績不良等と懲戒事由該当を併せて普通解雇とすることもありますので、それにも対応できるように、ただ単に「懲戒事由に該当するとき」と定めておいたほうがよいでしょう。

　5号は、整理解雇に関する定めです。

　6号は、包括条項ですが、これは、解雇事由に遺漏がないように、また、予期しない解雇事由の発生に備えるという観点等からも、必ず入れておくべき条項でしょう。包括条項が明記されていない就業規則を見ることはほとんどありませんが、念のため指摘をしておきます。

普通解雇の手順

　いわゆる問題社員がいたときにどのように対処するかという問題があります。この場合に、いきなり解雇というのは愚の骨頂です。

　どういった形で進めていくべきかをご説明します。

　まず、前述のとおり、普通解雇については、労働契約法16条が、「解雇は、客観的に合理的な理由を欠き、社会通念上相当であると認められない場合は、その権利を濫用したものとして、無効とする」と定めています。

　ここでいう「客観的に合理的な理由」とは、従業員が労務を提供できなくなった場合、労働能力や適格性が欠けている場合、義務違反や規律違反があった場合、事業の不振など経営上やむを得ない必要のある場

合、使用者とユニオン・ショップ協定を結んでいる労働組合の組合員が除名されたり脱退したりした場合などがこれに当たるとされています。

　次に、「社会通念上相当である」とは、一般的・客観的に見れば解雇理由が存在したとしても、当該事件において解雇という措置を取るのは著しく酷である場合などは、社会通念上の相当性を欠くと判断されます。解雇原因の重大性、解雇原因の発生に至る経緯、本人の従前の勤務成績、解雇原因についての本人の対応、本人の反省の有無、他の事例との比較、他に取り得べき手段の存否や内容などが考慮されます。

　最終的には、裁判所が、これらの「客観的に合理的な理由」の有無、「社会通念上相当」かどうかを判断しますが、多くの裁判例で、会社による普通解雇は無効とされています。裁判所としても、従業員の身分を喪失させる解雇については、慎重に判断をするということです。

　会社として、どこまで行えば解雇は有効となるのかという点が非常に気になるところかと思いますが、数学的なものではなく、評価の問題となるので、裁判官によっても見解が違うこともあります。問題社員の普通解雇についていうと、筆者はいつも、「やれることはやった、手は尽くした」と評価できるかどうかがポイントになると助言しています。

　つまり、適切に労務管理を行ったけれども、もはや改善の見込みがないというところまで注意や指導を繰り返し、そこで解雇をするのではなく、いったん従業員に対して退職の提案を行い、それでも退職しないという場合に、解雇をするという流れになります。

　よく、「退職勧奨をしてから、解雇」といわれますが、その所以はこうした点にあります。

7　注意や指導の仕方、記録の残し方

　前述のとおり、「やれることはやった、手は尽くした」といえるためには、問題社員に対して注意、指導を行うことが必要です。よく、注意

した記録を残すように会社にアドバイスする弁護士や社会保険労務士の専門家が多いのですが、厳密には、注意した記録を残すというだけでは足りません。大事なことは、会社として、問題社員の何が問題であるか、どのようにすれば改善することができるのかを真剣に考え、それを踏まえて注意や指導をするということです。そして、その記録も残すということです。この記録に残す方法ですが、能力不足によりミスが多いという場合には、①問題社員のミスの内容を記録に残す、②注意、指導したことを記録に残す、③注意、指導した内容を記録に残す必要があります。例えば、問題社員に注意、指導をした後に、問題社員本人に対して、電子メールで、「先ほどは、……ということを注意したけれども、……」というように記録化するという方法があります。また、問題社員本人にメールで送らずとも、上長から人事部に対して、「本日○時○分頃、○○社員が……というミスをしたので、……という注意をしました」という趣旨の電子メールを送ってもらうという方法での記録化もあり得えます。

　これらを積み重ね、何度も何度も同じ注意、指導を繰り返しているにもかかわらず、同じ間違いを犯すという状況になれば、それは、「やれることはやった、手は尽くした」といえるのではないかと考えます。最初は、口頭で注意、指導をし、その後も改まらないようであれば、文書で注意等をするというのが一般的な流れです。

　会社から相談いただく際によくあるのが、これまで注意や指導をしてきたものの記録として残っていないというものです。その場合には、遅くとも相談をした時点で記録化を図ることを勧めています。その一例が、以下のような注意書です。ここでは、「それまでの出来事を書くこと」そして、「何を遵守してほしいのかを書くこと」が重要です。

書式例

令和○年○月○日

○○○○殿

株式会社○○○○
代表取締役○○○○

注　意　書

　令和○年○月○日以降、私は、貴殿の上長として、貴殿に対し、数多くの業務改善に向けた指導、注意等を行ってまいりましたが、貴殿は、未だ令和○年度の目標管理シートを完成させず、令和○年○月以降、業務日報を提出するよう指示するも提出期限を守らないことが再三あり、しかも、その内容も毎日ほぼ同じような記述ばかりで、進捗が分からない内容になっていることが極めて多い状況です。

　それ以外にも、これまで再三指摘してきましたが、会議中に指摘した事項をメモしていない（メモしてもその内容を活用していない）、作業の優先順位を無視する、成果物の合意形成に向けた調整を行わない、自ら宣言したスケジュールを守らない、ミスを指摘しても謝罪しないなど業務を改善しようという意欲が見られません。会議の場などにおいて、相手の意見や指摘を遮り、自身の考えだけを一番に強く主張することも多く、そのような態度は、組織のメンバーとして看過することができません。

　さらに、会社の所定のルールを守らないことも多く、その都度、注意をしていますが、改善の気配は見られません。

　そのため、貴殿に対して、文書で注意をいたします。

　私は、貴殿の上長として、貴殿の業務が改善することを切に願っています。そのために、今後も必要な注意、指導等を行っていく所存ですが、今後の業務遂行に当たっては、以下の点に留意してください。

① 貴殿は、毎日の業務日報の中で、「業務拡大に向けた改善」欄に、「打ち合わせの話を受け自分の中で整理している」とか、「改めて考え始めた」とか、「参考になりそうな点がないか思い起こし（見直しも含め）ている」という記載をしています。しかしながら、当該記載では、具体的に何をしたのか、何を考えたのかが全く明らかではありません。その内容では業務日報足り得ないことはこれまでも再三説明してきています。

　したがって、本日以降、具体的に何をしたのか、何を考えたのかも記載する等して、作業内容が分かるようにしてください。

② 至極当たり前のことですが、会社（組織）の所定のルールを守ってください。突発的な理由により、守れない場合はその旨連絡・相談をするのは当たり前のことです。報連相を意識してください。

例えば、各種申請は承認を得て初めて有効となります。承認が得られていない場合は、改めて相談・確認を行ってください。

③ 間違えたら「申し訳ありません」と謝罪をする、指示を受けたら「分かりました」と返事をするなど、基本的なコミュニケーションをおろそかにしないでください。互いを尊重し、信頼し合い、気持ち良く協力し働くためにはとても重要です。

以　上

8 解雇通知書

　前述のとおり、適切な注意や指導を繰り返し、「やれることはやった、手は尽くした」という状態になったら、会社として、まずは、問題社員に対して、任意での退職を促す退職勧奨を行うべきでしょう。解雇という一方的な通知をする以前に、問題社員と話し合って、協議でもって退職ということが合意できれば紛争化を避けられます。この時点で、問題社員から、退職すると生活の問題があるなどという話があり、何らかの補償なり援助なりをしてくれないかという話を持ちかけられることもありますので、その際は、会社として、そのような援助等をするかどうか検討するということになります。

　そして、退職勧奨をした結果、問題社員が退職勧奨に応じないという場合には、最終手段として、問題社員を普通解雇するということになります。

　普通解雇をするに当たっては、書面でもって通知するべきでしょう。

　解雇通知の一例は、次ページのとおりです。

書式例

令和○年○月○日

○○○○殿

株式会社○○○○
代表取締役○○○○

解雇通知書

　会社は、就業規則第○条第○号および第○号を適用の上、貴殿を令和○年○月○日付で解雇しますので、本通知をもって、この段、通知します。

　解雇予告手当については、貴殿の給与振込口座に速やかに支給いたしますので、受領ください。

　また、会社が貴殿に貸与している人事諸規程、健康保険被保険者証、社章については至急会社にご返送ください。

　解雇に伴う離職票、退職金の申請書類等、退職に関する書類一式については速やかに貴殿に送付いたしますので、必要事項等を記載の上、ご返送のほど、よろしくお願いいたします。

以　上

9　解雇理由証明書

　実務上、労働者を解雇した場合には、すぐに、労働基準法22条2項に基づく、解雇理由証明書の請求がなされることが多いです。

　会社としては、遅滞なく作成の上、交付する必要がありますが、この解雇理由証明書は、解雇の理由を明示するものであり、極めて重要な書類です。解雇事件の帰趨を決めるといっても過言ではありません。遺漏なく示す必要があり、弁護士にとっても、この解雇理由証明書を書くのには時間を要します。それほど専門的な文書であり、かつ重要な文書ですので、会社で作成するのではなく、専門家と相談の上、作成すべきでしょう。一例を挙げると次ページのとおりです。

令和○年○月○日

○○○○殿

株式会社○○○○
代表取締役○○○○

解雇理由証明書

　株式会社○○○○（以下、「会社」という）が、貴殿を令和○年○月○日付で普通解雇した理由の概要は以下のとおりである。

　貴殿は、会社に入社以降、営業活動を真摯に行わず、また、顧客対応にも問題があったため、再三にわたり上長から注意、指導を受けてきたものの、一向に改善せず、その結果、営業成績も極めて低劣なものにとどまった。また、社内の同僚等に対して不適切な発言をし、職場秩序を害し、会社が貸与した携帯電話で不適切なサイトを閲覧するなどし、会社に損害を与えた。

　会社としては、もはや貴殿をこのまま配置しておくことはできないと判断し、やむなく、貴殿に対し、就業規則第○条第○号および第○号を適用し、貴殿を普通解雇としたものである。

以　上

15

テレワーク

昨今、急激に普及したテレワーク。

単に会社以外の場所で勤務させればよいものでは
ありません。

テレワークを導入するに当たっては、命じる根拠
や就業規則への記載を確認する必要があります。

労働時間管理、安全衛生、労働災害など、従来の
出社前提の勤務とは異なる点について、検討しま
しょう。

テレワーク

①テレワークにはどういった種類のものがあるかを押さえている	□はい	□いいえ
②在宅勤務における自宅の法的な位置づけを理解している	□はい	□いいえ
③採用に当たって、テレワークに関する労働条件を明示している	□はい	□いいえ
④テレワークを命じるに当たり、就業規則等に根拠規定を定めている	□はい	□いいえ
⑤テレワークに当たり、労働時間管理をどのように行うかを決めている	□はい	□いいえ
⑥テレワークにおける安全衛生を確保している	□はい	□いいえ
⑦テレワークでも業務上の災害となり得ることを理解している	□はい	□いいえ
⑧テレワークの際のセキュリティー対応を行っている	□はい	□いいえ
⑨テレワークの費用負担、在宅勤務手当の支給について検討している	□はい	□いいえ
⑩テレワークに伴い、通勤手当の支給を見直すかどうかを検討している	□はい	□いいえ
⑪テレワーク規程を定めている	□はい	□いいえ

1　テレワークの種類

[1]　テレワークとは

　テレワークは、オフィスでの勤務に比べて、働く時間や場所を柔軟に活用でき、通勤時間の短縮やこれに伴う心身の負担の軽減、仕事に集中できる環境での業務遂行による業務効率化を可能にします。それにより、従業員にとっては、時間外労働が減り、仕事と生活の調和を図りやすくなるといったメリットがあります。また、使用者にとっても、業務効率化による生産性の向上、育児や介護等を理由とした従業員の離職防止、遠隔地の優秀な人材の確保、オフィスコストの削減等のメリットがあります。

　テレワークは、新型コロナウイルス感染症の蔓延を契機に、一気に普及しましたが、今後は、ウィズコロナ、ポストコロナの「新たな日常」「新しい生活様式」に対応した働き方として、定着していくことが予想されます。テレワークを原則とすることを打ち出している会社や、週3日はオフィス勤務、週2日はテレワークといったハイブリッドワークを採用する会社もあります。

　今後、会社にとって、テレワークを継続するかどうかは重要な検討事項になるでしょう。

[2]　テレワークの種類

　ところで、厚生労働省が令和3年3月25日に公表した「テレワークの適切な導入及び実施の推進のためのガイドライン」（以下、テレワークガイドライン）によれば、テレワークは、その形態により、以下の①〜③の三つに分類されます。

①従業員の自宅で行う「在宅勤務」
②従業員の属するメインのオフィス以外に設けられたオフィスを利用する「サテライトオフィス勤務」

> ③ノートパソコンや携帯電話等を活用して臨機応変に選択した場所
> で行う「モバイル勤務」

それぞれの特徴は、以下のとおりです。

（1）在宅勤務

在宅勤務は、通勤を要しないことから、事業場での勤務の場合に通勤に要する時間を柔軟に活用できるという特徴があります。例えば、育児休業明けの従業員が短時間勤務等と組み合わせて勤務すること、保育所の近くで働くことが可能となること等から、仕事と家庭生活との両立に資する働き方です。

（2）サテライトオフィス勤務

自宅の近くや通勤途中の場所等に設けられたサテライトオフィスでの勤務は、通勤時間を短縮しつつ、在宅勤務やモバイル勤務以上に作業環境の整った場所で就労可能です。

（3）モバイル勤務

従業員が自由に働く場所を選択できる、外勤における移動時間を利用できる等、働く場所を柔軟にすることで業務の効率化を図ることが可能です。

このほか、テレワーク等を活用し、普段のオフィスとは異なる場所で余暇を楽しみつつ仕事を行う、いわゆる「ワーケーション」（Work＋Vacation）についても、情報通信技術を利用して仕事を行う場合には、②サテライトオフィス勤務や③モバイル勤務の一形態として分類することができます。

この「ワーケーション」については、経団連が、令和4年7月19日に「企業向けワーケーション導入ガイド」を公表し、必要となる規程例も公表しています。導入するに当たっては、このガイドも参考にするとよいでしょう。

2 在宅勤務における「自宅」の法的な位置づけ

在宅勤務における「自宅」とは、法的な観点から、どういった性質を持つのかを確認します。

労働基準法等の各種法律に定めのある「場所」に関する定義を整理すると、[図表1] のとおりです。

図表1 「場所」に関する定義

名称	法令	定義
事業場	—	労働基準法9条の規定によって**労働基準法の適用事業**として決定される単位
事業 （事業または は事務所）	労働基準法9条	工場、鉱山、事務所、店舗等のごとく一定の場所において相関連する組織の下に業として継続的に行われる作業の一体（昭22.9.13　発基17）
作業場	—	**事業場内**において密接な関連の下に作業の行われている**個々の現場**をいい、主として建物別等によって判定すべきもの（昭23.4.5　基発535）
事務所	事務所衛生基準規則1条	建築基準法2条1号に掲げる**建築物**またはその一部で、事務作業（タイプライターその他の事務用機器を使用して行う作業を含む）に従事する従業員が主として使用するもの
建築物	建築基準法2条1号	土地に定着する工作物のうち、屋根および柱もしくは壁を有するもの、これに附属する門もしくは塀、観覧のための工作物または地下もしくは高架の工作物内に設ける事務所、店舗、興行場、倉庫その他これらの類する施設をいい、建築設備を含むもの
就業の場所	労働基準法施行規則5条1項1の3	（定義は見当たらない）

これを踏まえると、筆者は、在宅勤務における「自宅」とは、事業場（作業場）でもなく、事務所でもないけれども、就業の場所ではあるという立て付けになると考えています。

したがって、自宅には、事務所衛生基準規則や労働安全衛生規則の適用はないですが、テレワークガイドラインは、安全衛生に配慮したテレワークが実施されるよう、これらの衛生基準と同等の作業環境となるよう、従業員に教育・助言等を行うことを求めています（**6**参照）。

3 採用に当たっての労働条件（テレワーク）明示

労働基準法15条1項は、以下のとおり定めています。

> 使用者は、労働契約の締結に際し、労働者に対して賃金、労働時間その他の労働条件を明示しなければならない。

そして、労働基準法施行規則5条では、明示しなければならない労働条件として、「就業の場所及び従事すべき業務に関する事項」を定めています。

「就業の場所」は、原則として、書面により明示しなければならない労働条件ですので、会社は、従業員を採用するに当たり、入社後すぐにテレワークをさせる場合には、労働契約の締結時に、就業の場所が自宅であることを書面で明示する必要があります。

また、あらかじめテレワークをさせることが分かっている場合には、従業員募集の時点でも、「就業の場所」が自宅であることを明示する必要があります（職安法5条の3、職安法施行規則4条の2第3項3号）。

厚生労働省が公表している「テレワークモデル就業規則～作成の手引き～」には、労働契約を締結する際に、就業の場所として、従業員の自宅等を明示した書面を交付しなければならないとされており、労働基準法15条が明記されています。他方、既に労働契約を締結している従業員

に対して新たに在宅勤務を行わせる場合には、改めての労働条件の明示は必要ありません。なぜなら、労働基準法15条1項は、労働契約の締結に際しての条文であり、既に労働契約を締結している従業員についての条文ではないためです。

　したがって、これから新たに採用する従業員に対しては、労働条件の明示として、在宅勤務もあり得ることを明記しておくべきといえますが、既に雇用している従業員に対して、改めて、在宅勤務があり得ることの明示は不要です。

4　テレワークを命じる根拠

　いざ、テレワークを導入しようと考えたときに、就業規則（労働契約）上の根拠が必要なのかという問題があります。これは、従業員がテレワークに同意しているのであれば問題ありませんが、同意していない場合にも、使用者としてテレワークを命令することができるか、命令ができるためには、就業規則（労働契約）上の根拠が必要かという問題です。

　この点について、学説の中には、就業規則（労働契約）上の根拠がなければ、テレワークを命ずることはできないという見解もあります（もっとも、その根拠は、自宅と使用者の管理する施設は異なることを前提としている点にあるようですので、テレワークの中でも、少なくともサテライトオフィス勤務、モバイル勤務については就業規則〔労働契約〕上の根拠は不要という見解になるものと思われます）。

　しかし、筆者は、使用者には従業員に対する指揮命令権があり、就業の場所を決定したり、変更したりする権限は、この指揮命令権の中に内在しているものと理解しているので、必ずしも就業規則（労働契約）上の根拠は必要ないと考えています。

　もっとも、上記のような学説もありますので、就業規則にテレワーク

の定めを入れておくことが望ましいでしょう。

5 テレワークにおける労働時間管理

[1] 労働時間の把握

テレワークでは、労働時間の把握方法として自己申告を取っている会社も多数ありますが、内閣官房の「実行計画」（令和2年12月1日　成長戦略会議決定）では、「テレワークの時間管理について、労使双方にとって負担感のない、簡便な方法で把握・管理できるようにする」とされ、「テレワーク時における労働者の自己申告による労働時間の把握・管理については、自己申告された労働時間が実際の労働時間と異なることを客観的な事実により使用者が認識している場合を除き、労働基準法との関係で、使用者は責任を問われないことを明確化する」とされました。そして、テレワークガイドラインでは、以下のとおりとされています（**太字**は筆者による）。

イ　労働者の自己申告による把握

テレワークにおいて、情報通信機器を使用していたとしても、その使用時間の記録が労働者の始業及び就業の時刻を反映できないような場合も考えられる。

このような場合に、労働者の自己申告により労働時間を把握することが考えられるが、その場合、使用者は、

① 労働者に対して労働時間の実態を記録し、適正に自己申告を行うことなどについて十分な説明を行うことや、実際に労働時間を管理する者に対して、自己申告制の適正な運用等について十分な説明を行うこと

② **労働者からの自己申告により把握した労働時間が実際の労働時間と合致しているか否かについて、パソコンの使用状況など客観**

的な事実と、自己申告された始業・就業時刻との間に著しい乖離
があることを把握した場合（※）には、所要の労働時間の補正を
すること

③　自己申告できる時間外労働の時間数に上限を設けるなど、労働
者による労働時間の適正な申告を阻害する措置を講じてはならな
いこと

などの措置を講ずる必要がある。

※　例えば、**申告された時間以外の時間にメールが送信されている、
申告された始業・就業時刻の外で長時間パソコンが起動していた
記録がある等の事実がある**場合。

なお、申告された労働時間が実際の労働時間と異なることをこ
のような事実により使用者が認識していない場合には、当該申告
された労働時間に基づき時間外労働の上限規制を遵守し、かつ、
同労働時間を基に賃金の支払等を行っていれば足りる。

　この記述の解釈については難しいところもありますが、上記実行計画
での趣旨を踏まえれば、会社には、申告された時間と客観的な記録を突
合する仕組みまでは求めていないと捉えてよいでしょう。

［2］　事業場外みなし労働時間制

　テレワークにおいて、事業場外みなし労働時間制を使うことも認めら
れています。事業場外みなし労働時間制とは、従業員が事業場外で業務
に従事した場合において、労働時間を算定することが困難なときに適用
され、使用者の具体的な指揮監督が及ばない事業場外で業務に従事する
場合に活用できる制度です。

　テレワークガイドラインでは、以下の二つを満たす場合には適用でき
るとしています。

①情報通信機器が、使用者の指示により常時通信可能な状態におくこと
　とされていないこと

②随時使用者の具体的な指示に基づいて業務を行っていないこと

　①は、情報通信機器を従業員が所持していることのみをもって制度が適用されないわけではないとされています。これに該当するケースは、例えば、

- 勤務時間中に、従業員が自分の意思で通信回線自体を切断することができる場合
- 勤務時間中は通信回線自体の切断はできず、使用者の指示は情報通信機器を用いて行われるが、従業員が情報通信機器から自分の意思で離れることができ、応答のタイミングを従業員が判断できる場合
- 会社支給の携帯電話等を所持していても、その応答を行うか否か、または折り返しのタイミングについて従業員が判断できる場合

があります。

　また、②に該当するケースは、使用者の指示が、業務の目的、目標、期限等の基本的事項にとどまり、1日のスケジュール（作業内容とそれを行う時間等）をあらかじめ決めるなど作業量や作業の時期、方法等を具体的に特定するものではない場合です。

[3] 移動時間

　テレワークでの問題の一つとして、移動時間があります。通常、自宅と勤務場所を往復する時間は、通勤時間とされ、労働時間ではないとされています。一方、労務提供の場所間、例えば、本社から他の支店への移動時間は、実務上、労働時間とされているのが一般的です。そのため、テレワークにおける、自宅やサテライトオフィスから職場までの移動時間（具体的には、午前中のみ自宅やサテライトオフィスでテレワークを行った後、午後からオフィスに出勤する場合）は、労働時間なのかどうかという難しい問題が生じます。

　テレワークガイドラインでは、「就業場所間の移動時間について、労働者による自由利用が保障されている時間については、休憩時間として取り扱うことが考えられる。一方で、例えば、テレワーク中の労働者に

対して、使用者が具体的な業務のために急きょオフィスへの出勤を求めた場合など、使用者が労働者に対し業務に従事するために必要な就業場所間の移動を命じ、その間の自由利用が保障されていない場合の移動時間は、労働時間に該当する」としています。

[4] 中抜け時間

上記のほか問題となる点として、中抜け時間があります。そもそも、テレワークを導入するからといって、始業時刻から終業時刻までの間の中抜けを自由に認めなければならないわけではありません。また、フレックスタイム制度を導入しているからといって、中抜け時間を認めなければならないわけでもありません。

テレワークガイドラインでは、中抜けができることが前提となっているようにも読めますが、必ずしもそうではないので、会社において、中抜けを認めるかどうか、検討する必要があります。

6 テレワークにおける安全衛生管理

労働契約法5条は、以下のとおり、従業員の安全への配慮について定めています。

> 使用者は、労働契約に伴い、労働者がその生命、身体等の安全を確保しつつ労働することができるよう、必要な配慮をするものとする。

労働安全衛生法等の関係法令等は、安全衛生管理体制を確立し、職場における従業員の安全と健康を確保するために必要となる具体的な措置を講ずることを会社に求めています。そのため、自宅等においてテレワークを実施する場合も、会社は、関係法令等に基づき、従業員の安全と健康の確保のための措置を講ずる必要があります。

テレワークガイドラインには、テレワークを行う作業場が、自宅等の

会社が業務のために提供している作業場以外である場合には、事務所衛生基準規則や労働安全衛生規則および「情報機器作業における労働衛生管理のためのガイドライン」の衛生基準と同等の作業環境となるよう、テレワークを行う従業員に助言等を行うことを求めています。

　助言等をしなかったからといって安全配慮義務違反に問われることはあまり想定できませんが、リスク軽減の観点からは、在宅勤務に当たって、どういった作業環境にするのが望ましいのかを、書面あるいはデータで従業員に示すなりして、周知をしたほうがよいでしょう。

　具体的には、厚生労働省がホームページ上で公表している「自宅等でテレワークを行う際の作業環境整備」をそのまま従業員に交付することでもよいでしょうし、解説冊子を作る、あるいは動画を作って周知をする方法が考えられます。

7 テレワークと労働災害

　テレワークを行う従業員については、事業場における勤務と同様、労働基準法に基づき、使用者が労働災害に対する補償責任を負うことから、労働契約に基づいて事業主の支配下にあることによって生じたテレワークにおける災害は、業務上の災害として労災保険給付の対象となります。ただし、私的行為等の業務以外が原因であるものについては、業務上の災害とは認められません。業務上の災害と認められるかどうかの例示は、以下のとおりです。

【業務上の災害と認められないケース】

①勤務時間中に洗濯物を取り込んでいる際に転んでけがをした場合

②勤務時間中に宅配便や郵便物を受け取るために玄関に行く際に転んでけがをした場合

【業務上の災害と認められるケース】

③勤務時間中にトイレに行く際に転んでけがをした場合

④勤務時間中にトイレに行き、戻ってきて椅子に座ろうとして転んでけがをした場合

8 テレワークとセキュリティー

テレワークを実施するに当たり、会社としては、セキュリティーを確保することは極めて重要です。

総務省が公表している「テレワークセキュリティガイドライン第5版」(令和3年5月)や、「中小企業等担当者向けテレワークセキュリティの手引き(チェックリスト)(第3版)」(令和4年5月)を参考にして、セキュリティー確保の方策を検討するべきでしょう。

自社内で対応できない場合には、システム会社等に相談し、セキュリティーをどのように高めるかを検討し、場合によってはそれなりの費用をかけてセキュリティー体制を構築することが望まれます。情報は、漏れてしまったら取り返しのつかないことになる可能性がありますので、危機意識をもって対応することが必要です。

9 テレワークの費用負担と在宅勤務手当

テレワーク時の通信費用を誰が負担するかという問題があります。

最近では、「テレワーク手当(在宅勤務手当)」を支給して、実質的に会社が費用を負担することが多いと思います。この場合、月額で手当を支給するケースと日額で手当を支給するケースがあります。注意しなければならないのは、このようなテレワーク手当は、基本的には、割増賃金の算定基礎における除外賃金には該当しないという点です。

また、労働基準法89条5号は、就業規則の相対的必要記載事項(制度化する場合には必ず記載しなければならない事項)として、「労働者に食費、作業用品その他の負担をさせる定めをする場合においては、これ

に関する事項」を定めています。したがって、従業員に通信費用を負担させるのであれば、就業規則に明示しておく必要があります（なお、就業規則に定めず、労働契約書で定めていた場合には、労働基準法違反にはなりますが、当事者間の民事的な効力はあるものと判断されるので、その定めが無効になるわけではありません）。

10 テレワークと通勤手当

テレワークによって、通勤が必要なくなるため、通勤手当を支給しない取り扱いにすることができるでしょうか。

そもそも、通勤手当とは何かを考えると、民法上、従業員が労働契約で定められた就業場所で労務提供するに当たり生じる費用ですので、本来は、従業員が負担するものになります（民法485条本文）。

もっとも、多くの会社では、税制的に優遇されることもあり、通勤手当を支給し、その条件等について、賃金規定等で定めています。

この問題を検討するには、まずは、現状の通勤手当が賃金規定等でどのように定められているのかを確認する必要があります。

現状の通勤手当の定めが、①実費支給か、②通勤手当として1カ月分の定期券相当額を支給するかによって異なります。①の場合には、テレワークにより通勤が必要なくなれば、実費もかからないため、通勤手当を支給しないことも可能です。②の場合には、一定の金額を支払う内容になっているため、賃金規定等を修正しなければなりません。

11 テレワーク規程

テレワークを導入するに当たっての留意点は、前記のとおりですが、テレワーク規程をどのように策定するか、一例を掲げておきます。

規程例

【テレワーク規程】
第1章　総則
（在宅勤務制度の目的）
第1条　本規程は、○○株式会社（以下、「会社」という）の就業規則第○条に基づき、従業員が自宅等で勤務する場合の必要な事項について定めたものである。

（在宅勤務の定義）
第2条　在宅勤務とは、従業員の自宅、その他自宅に準じる場所（会社指定の場所に限る）で情報通信機器を利用して業務を行うことをいう。

第2章　在宅勤務の許可・利用
（在宅勤務の対象者）
第3条　在宅勤務の対象者は、就業規則第○条に規定する従業員のうち、会社の許可を得た者および会社から在宅勤務を指示された者とする。

2　在宅勤務を希望する者は、所定の許可申請書に必要事項を記入の上、1週間前までに会社から許可を受けなければならない。

3　会社は、業務上その他の事由により、いつでも在宅勤務の許可・指示を取り消すことができる。

（在宅勤務時の服務規律）
第4条　在宅勤務に従事する者（以下、「在宅勤務者」という）は、就業規則第○条およびセキュリティーガイドラインに定めるもののほか、次に定める事項を遵守しなければならない。

① 在宅勤務の際に所定の手続きに従って持ち出した会社の情報および作成した成果物を第三者が閲覧、コピー等しないよう最大の注意を払うこと。

② 第1号に定める情報および成果物を紛失、毀損しないように丁寧に取り扱い、セキュリティーガイドラインに準じた確実な方法で保管・管理すること。

③ 在宅勤務中は自宅以外の場所で業務を行ってはならないこと。

④ 在宅勤務の実施に当たっては、会社情報の取り扱いに関し、セキュリティーガイドラインおよび関連規程類を遵守すること。

⑤ 在宅勤務中は、職務に専念し、所定労働時間中に、職場離脱等、私的行為を行う場合は、会社の許可を得ること。

第3章　在宅勤務時の労働時間等
（在宅勤務時の労働時間）
第5条　在宅勤務時の労働時間については、就業規則第○条の定めるところによる。

2　前項にかかわらず、会社は、業務上の必要に基づき、始終業時刻を繰り上げ、または繰り下げることがある。

（休憩時間）
第6条　在宅勤務者の休憩時間については、就業規則第○条の定めるところに

よる。

（所定休日）

第7条 在宅勤務者の休日については、就業規則第○条の定めるところによる。

（時間外および休日労働等）

第8条 在宅勤務者が時間外労働、休日労働および深夜労働をする場合は所定の手続きを経て、事前に所属長の許可を受けなければならない。

2 前項により、在宅勤務者が、時間外労働、休日労働および深夜労働をした場合、所定の様式に基づき、速やかに時間外労働、休日労働および深夜労働の実績を報告しなければならない。

第4章　在宅勤務時の勤務等

（業務の開始および終了の報告）

第9条 在宅勤務者は、勤務の開始および終了について、電話、電子メール、勤怠管理ツールのいずれかの方法により報告しなければならない。

（業務報告）

第10条 在宅勤務者は、定期的または必要に応じて、電話または電子メール等で所属長に対し、所要の業務報告をしなくてはならない。

第5章　在宅勤務時の給与等

（通勤手当）

第11条 在宅勤務者に対しては、原則として通勤手当は支給しない。ただし、出社時の通勤に要する実費相当額は支給する。

（費用の負担）

第12条 会社が貸与する情報通信機器を利用する場合の通信費は在宅勤務者の負担とする。

2 在宅勤務に伴って発生する水道光熱費は在宅勤務者の負担とする。

3 業務に必要な郵送費、事務用品費、消耗品費その他会社が認めた費用は会社負担とする。

4 その他の費用については在宅勤務者の負担とする。

（在宅勤務手当）

第13条 在宅勤務者に対しては、前条の通信費、水道光熱費を賄うための業務負担分として、毎月4000円を支給する。

　本規程は、令和○年○月○日より施行する。

16

その他

これまで取り扱ってきたテーマ以外にも、労働関係の法律に規定されていて、会社として対応すべき大切な事項を解説します。

安全衛生関係では従業員の健康を確保するための社内体制やストレスチェック制度、過重労働対策、健康診断などがあります。障害者雇用では、法定雇用率を守ることが義務づけられています。また、事業場ごとに労働者名簿や賃金台帳を調製しなければなりません。

その他

①労働安全衛生法上の安全衛生管理体制を整備している（産業医の選任、安全衛生委員会の開催等）	□はい	□いいえ
②過重労働対策を行っている	□はい	□いいえ
③（50人以上の事業場では）ストレスチェックを実施している	□はい	□いいえ
④従業員から労災申請をしたいとの要望を受けた際には、申請手続きに協力をしている	□はい	□いいえ
⑤雇入れ時の健康診断と、年1回の定期健康診断を実施している	□はい	□いいえ
⑥障害者雇用に関して、どのような法規制があるかを理解している	□はい	□いいえ
⑦事業場ごとに労働者名簿を調製している	□はい	□いいえ
⑧事業場ごとに賃金台帳を調製している	□はい	□いいえ
⑨年次有給休暇管理簿を作成している	□はい	□いいえ

1 労働安全衛生法上の安全衛生管理体制の整備

労働安全衛生法では、事業場を一つの適用単位として、各事業場の業種、規模等に応じて、総括安全衛生管理者、安全管理者、衛生管理者および産業医の選任と、安全委員会・衛生委員会の設置を義務づけています。また、小規模事業場には、安全衛生推進者、衛生推進者の選任を義務づけています。

具体的には、[図表1]のとおり、業種と規模に応じて、必要な管理者、産業医等を選任する必要があります。

なお、総括安全衛生管理者、安全管理者、衛生管理者および産業医については、その選任すべき事由が発生した日から14日以内に選任し、所定の様式で、遅滞なく所轄の労働基準監督署長に報告しなければなりません。

[1] 総括安全衛生管理者

労働安全衛生法10条は、一定の規模以上の事業場について、事業を実質的に統括管理する者を総括安全衛生管理者として選任し、安全管理者、衛生管理者等を指揮させるとともに、従業員の危険または健康障害を防止するための措置に関することなどの業務を総括管理させることを定めています。

総括安全衛生管理者の資格は、当該事業場において、その事業の実施を実質的に統括管理する権限および責任を有する者であり、例えば、工場長などが挙げられます。

[2] 安全管理者

労働安全衛生法11条は、一定の業種および規模の事業場ごとに、安全管理者（その事業場に専属の者）を選任し、その者に安全衛生業務のうち、安全に係る技術的事項を管理させることを定めています。

そして、安全管理者の職務の一つは、総括安全衛生管理者の業務のうち、安全に関する技術的事項を管理することです。具体的には、「建設

図表1　事業場規模別・業種別安全衛生管理組織

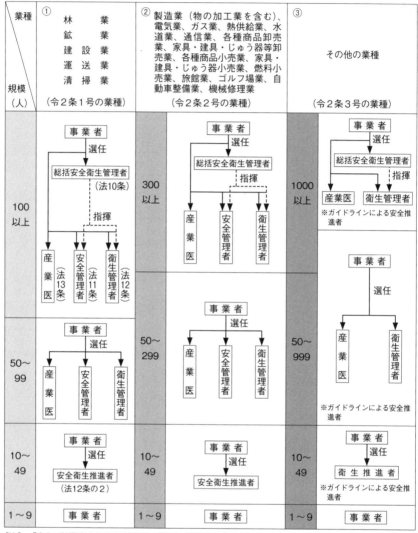

[注]　「令」：労働安全衛生法施行令、「法」：労働安全衛生法
※1　規模には、日雇労働者、パートタイマー等の臨時的労働者および派遣労働者の数を含める。
※2　製造業の本社等で製造等を行わず、いわゆる本社機能のみを有する事業場は、「その他の業種」
　　　に含まれる。
資料出所：京都労働局・労働基準監督署「事業場における安全衛生管理体制のあらまし」を基に一
　　　　　部変更

物、設備、作業場所または作業方法に危険がある場合における応急措置
または適当な防止の措置」などがあります。

　また、安全管理者は、作業場等を巡視し、設備、作業方法等に危険の
おそれがあるときは、直ちに、その危険を防止するため必要な措置を講
じなければならず、その前提として、事業者は、安全管理者に対し、安
全に関する措置をなし得る権限を与えなければなりません（労働安全衛
生規則6条）。

[3]　衛生管理者

　労働安全衛生法12条は、一定の規模および業種の区分に応じ、衛生管
理者（その事業場に専属の者）を選任し、その者に安全衛生業務のう
ち、衛生に係る技術的事項を管理させることを定めています。

　そして、衛生管理者の職務の一つは、総括安全衛生管理者の業務のう
ち、衛生に関する技術的事項を管理することです。具体的には、「健康
に異常のある者の発見および処置」などがあります。

　また、衛生管理者は、少なくとも毎週1回作業場等を巡視し、設備、
作業方法または衛生状態に有害のおそれがあるときは、直ちに、従業員
の健康障害を防止するため必要な措置を講じなければならず、その前提
として、事業者は、衛生管理者に対し、衛生に関する措置をなし得る権
限を与えなければなりません（労働安全衛生規則11条）。

[4]　産業医

　労働安全衛生法13条は、一定規模以上の事業場について、一定の医師
のうちから産業医を選任し、事業者の直接の指揮監督下で、専門家とし
て従業員の健康管理等に当たらせることを定めています。

　産業医の職務には、「健康診断の実施およびその結果に基づく従業員
の健康を保持するための措置に関すること」「長時間労働者に対する面
接指導等の実施およびその結果に基づく従業員の健康を保持するための
措置」などがあります（労働安全衛生規則14条1項）。

　また、産業医は、総括安全衛生管理者に対して勧告し、または衛生管

理者に対して指導し、もしくは助言することができます。これらの前提として、従業員の健康管理等を行うために必要な医学に関する知識および能力の維持向上に努めなければならないとされています。

[5] 安全衛生推進者等

労働安全衛生法12条の2は、一定の業種および規模の事業場ごとに安全衛生推進者または衛生推進者（以下、安全衛生推進者等）を選任し、その者に従業員の危険または健康障害を防止するための措置等の業務を担当させることを定めています。

また、安全衛生推進者等の職務には、「施設、設備等（安全装置、労働衛生関係設備、保護具等を含む）の点検および使用状況の確認ならびにこれらの結果に基づく必要な措置に関すること」などがあります。

[6] 安全衛生委員会等

[図表2] に該当する事業場は、委員会を、毎月1回以上開催しなければならないとされています。安全委員会および衛生委員会を設けなければならない時は、それぞれの委員会の設置に代えて、安全衛生委員会を設置することができるとされています（労働安全衛生法17〜19条）。

図表2　安全衛生委員会等に関する対象業種および対象規模

区　分		対象業種	対象規模
安全委員会	①	林業、鉱業、建設業、製造業のうち木材・木製品製造業、化学工業、鉄鋼業、金属製品製造業および輸送用機械器具製造業、運送業のうち道路貨物運送業および港湾運送業、自動車整備業、機械修理業ならびに清掃業	50人以上
	②	①以外の製造業（物の加工業を含む）および運送業、電気業、ガス業、熱供給業、水道業、通信業、各種商品卸売業、家具・建具・じゅう器等卸売業、各種商品小売業、家具・建具・じゅう器小売業、燃料小売業、旅館業、ゴルフ場業	100人以上
衛生委員会		すべての業種	50人以上

［7］安全推進者

　安全管理者または安全衛生推進者の選任が義務づけられていない業種に属する事業場について、「安全推進者の配置等に係るガイドライン」が示されました。これは、法的な義務ではありませんが、安全管理体制を充実させ、労働災害防止活動の実効性を高めるため、可能な限り安全の担当者（安全推進者）を選任することを促すものです。

　対象事業場は、労働安全衛生法施行令２条３号に掲げる業種の事業場のうち、常時10人以上の従業員を使用するものです［図表3］。

　安全推進者の職務としては、事業の実施を総括管理する者を補佐して、職場環境および作業方法の改善に関すること、従業員の安全意識の啓発および安全教育に関すること、関係行政機関に対する安全に係る各種報告、届け出等に関することが適当でしょう。

図表3　安全推進者に関する対象業種および対象規模

区　分	該当する業種	常時10〜49人	常時50人〜
第1号	林業、鉱業、建設業、運送業、清掃業	安全衛生推進者の選任義務	安全管理者の選任義務
第2号	製造業（物の加工業を含む）、電気業、ガス業、熱供給業、水道業、通信業、各種商品卸売業、家具・建具・じゅう器等卸売業、各種商品小売業、家具・建具・じゅう器小売業、燃料小売業、旅館業、ゴルフ場業、自動車整備業、機械修理業		
第3号	その他の業種	安全推進者の配置	

2 過重労働対策

　過労死等の防止のための対策を推進し、過労死等がなく、仕事と生活を調和させ、健康で充実して働き続けることのできる社会の実現に寄与することを目的として、平成26年11月、過労死等防止対策推進法が施行されました。この法律に基づき、政府は、過労死等の防止のための対策を効果的に推進するため、「過労死等の防止のための対策に関する大綱」（令和３年７月30日閣議決定）を定めており、平成27年以降、おおむね３年ごとに見直しが行われています。

　そして、過労死等防止対策推進法２条は、「過労死等」を、業務における過重な負荷による脳血管疾患・心臓疾患を原因とする死亡、業務における強い心理的負荷による精神障害を原因とする自殺による死亡、または死亡には至らないが、これらの脳血管疾患・心臓疾患、精神障害、と定義しています。

　厚生労働省が公表している「過重労働による健康障害を防止するため事業者が講ずべき措置」によれば、過重労働対策として、①時間外・休日労働時間等の削減、②年次有給休暇の取得促進、③勤務間インターバル制度の導入、④健康管理体制の整備、健康診断の実施、⑤医師による面接指導、⑥メンタルヘルス対策の実施（ストレスチェックの実施を含む）、⑦過重労働による業務上の疾病が発生した際の原因の究明および再発防止の徹底を図ること等が挙げられています。

　会社における過重労働対策として、どういったものがあるかについては、『労政時報』（第3934号－17.7.28）で特集が組まれていますので、ご参照ください。

3 ストレスチェック制度

　ストレスチェック制度は、常時使用する従業員が50人以上の事業者に

対し、医師、保健師等による心理的な負担の程度を把握するための検査（ストレスチェック）の実施を義務づけるものです。常時使用する従業員が50人未満の事業者については、努力義務とされています。

[1] 定義

ストレスチェックとは、「調査票を用いて、労働安全衛生規則52条の9第1号から3号に規定する三つの領域に関する項目により検査を行い、従業員のストレスの程度を点数化して評価するとともに、その評価結果を踏まえて高ストレス者を選定し、医師による面接指導の要否を確認するもの」です。

要するに、①職場における当該労働者の心理的な負担の原因に関する項目、②当該労働者の心理的な負担による心身の自覚症状に関する項目、③職場における他の労働者による当該労働者への支援に関する項目について自己診断を行い、ストレスの程度を点数化して評価し、医師による面接指導が必要か否かを確認するテストのことをいいます。

[2] 実施の流れ

法律が予定しているストレスチェックの流れには、大きく分けて、①実施前の準備の段階、②ストレスチェックの実施の段階、③ストレスチェック後の面接指導の段階、④就業上の措置を講ずる段階、そして、努力義務ですが、⑤集団分析の段階があります。以下、これらの各段階について、簡単に説明しますが、まず、ストレスチェックの目的について、ここで確認します。

会社による従業員のメンタルヘルスケアに関する取り組みは、大きく分けて三つから成ります。メンタルヘルス不調を未然に防止する「一次予防」、メンタルヘルス不調を早期に発見し、適切な対応を行う「二次予防」、そして、メンタルヘルス不調となった従業員の職場復帰の支援を行う「三次予防」です。

そして、ストレスチェックの目的は、上記の二次予防、三次予防にあるのではなく、従業員のメンタルヘルス不調を未然に防止する一次予防

にあることに留意する必要があります。

[3] 実施前の準備

　会社としては、①衛生委員会等において、ストレスチェック制度の実施方法や実施状況およびそれを踏まえた実施方法の改善等について調査審議を行わせること（労働安全衛生法18条1項4号、労働安全衛生規則22条10号）、②調査審議の結果を踏まえ、ストレスチェック制度の実施に関するルールを定め、あらかじめ従業員に周知すること、③ストレスチェック制度の実施体制を整備することが求められます。

　衛生委員会等において調査審議の対象となる事項は、ストレスチェック制度の目的に係る周知方法、ストレスチェック制度の実施体制・実施方法等、11項目に及びます。

　また、ストレスチェック制度の実施体制の整備としては、具体的には、実施の管理等の実務を担当する者を指名すること等ですが、「心理的な負担の程度を把握するための検査及び面接指導の実施並びに面接指導結果に基づき事業者が講ずべき措置に関する指針」（平27.4.15　公示1。以下、ストレスチェック指針）によれば、衛生管理者または事業場内メンタルヘルス推進担当者を指名することが望ましいが、管理監督者を指名することも可能とされています。

[4] ストレスチェックの実施

（1）対象者

　まず、会社は、「常時使用する労働者」に対し、1年以内ごとに1回、定期に、医師、保健師等によるストレスチェックを行わなければなりません。

　ここでいう「常時使用する労働者」とは、①期間の定めのない労働契約により使用される者（契約期間が1年以上の者ならびに契約更新により1年以上使用されることが予定されている者および1年以上引き続き使用されている者を含む）であり、かつ、②週労働時間数が当該事業場において同種の業務に従事する通常の労働者の1週間の所定労働時間数

の４分の３以上である者のことをいいます。

（２）結果の通知

　そして、その結果について、医師、保健師等の実施者から直接従業員に通知されるようにしなければなりません（労働安全衛生法66条の10第２項、労働安全衛生規則52条の12）。ここで注意が必要なのは、実施者があらかじめ従業員の同意を得ないで、従業員の検査結果を会社に提供してはならず、会社も従業員の同意を得ないで実施者から検査結果の提供を受けてはならないということです。なお、実施者が会社に従業員の検査結果を提供できるのは、検査結果を従業員に通知した後に、従業員の同意を得た場合のみとされています。

（３）ストレスチェックの受検、面接指導の申し出の勧奨

　なお、会社は、医師、保健師等の実施者からストレスチェックを受けた従業員のリストを入手する等の方法により（入手に当たり労働者の同意は不要）、従業員の受検の有無を把握し、ストレスチェックを受けていない従業員に対して、ストレスチェックの受検を勧奨することができるとされています。これは、そもそもストレスチェック自体、従業員のメンタルヘルス不調を未然に防止する一次予防を目的としていることから、従業員全員が受検するのが望ましいとされていることによるものです。会社としては、後日の安全配慮義務違反等を理由とする損害賠償請求に備えるためにも、ストレスチェックを受けない従業員を放置するのではなく、受検を勧奨するのが適切な対応だと考えます（具体的に、いつ、どのように勧奨したかを記録化しておく必要があります）。

　また、実施者は、高ストレス者として選定され、面接指導を受ける必要があると実施者が認めた従業員のうち、面接指導の申し出を行わない従業員に対しては、面接指導の申し出の勧奨を行うことが望ましいとされています。

[5] 面接指導

(1) 対象者

　ストレスチェックにより、高ストレス者として選定され、面接指導を受ける必要があると実施者が認めた従業員が、会社に対して、面接指導の申し出をしたときには、会社は、おおむね1カ月以内に、医師による面接指導を受けさせなければなりません（労働安全衛生法66条の10第3項、労働安全衛生規則52条の15）。

　会社としては、ストレスチェックの結果を事前に知らされていないことから、当然、当該従業員が面接指導の対象となる者かどうか分かりません。そこで、当該従業員が面接指導の対象となる者かどうかを確認するため、当該従業員からストレスチェック結果を提出させることができ、実施者に当該従業員の要件への該当の有無を確認することができます。

(2) 記録の作成

　医師による面接指導を受けさせた後、会社は、面接指導の結果（実施年月日、面接指導を受けた従業員の氏名、面接指導を行った医師の氏名、従業員の勤務の状況・従業員の心理的な負担の状況・その他の従業員の心身の状況についての医師の意見）を記録し、5年間保存しなければなりません（労働安全衛生法66条の10第4項、労働安全衛生規則52条の18）。

(3) 医師からの意見

　会社は、医師による面接指導の結果に基づいて、当該従業員の健康を保持するために必要な措置（就業上の措置の必要性の有無および講ずべき措置の内容その他の必要な措置に関する意見）について、面接指導からおおむね1カ月以内に、医師の意見を聴かなければなりません（労働安全衛生法66条の10第5項、労働安全衛生規則52条の19、通達〔平27.5.1　基発0501第3〕）。

［6］　就業上の措置の実施

　会社は、当該従業員の健康を保持するために必要な措置に関する医師の意見を勘案し、その必要があると認めるときは、当該従業員の実情を考慮して、就業場所の変更、作業の転換、労働時間の短縮、深夜業の回数の減少等の措置を講ずるほか、当該医師の意見の衛生委員会等への報告その他の適切な措置を講じなければなりません（労働安全衛生法66条の10第6項）。

　そして、ストレスチェック指針によれば、会社は、あらかじめ当該従業員の意見を聴き、十分な話し合いを通じて、その従業員の了解が得られるよう努めるとともに、従業員に対する不利益な取り扱いにつながらないように留意しなければならないとされています。

［7］　集団分析

　会社は、ストレスチェックを行った場合、実施者にその結果を当該事業場のその部署に所属する従業員の集団その他の一定規模の集団ごとに集計させ、その結果について分析させるよう努めなければならず、必要がある場合には、当該集団の従業員の実情を考慮して、当該集団の従業員の心理的な負担を軽減するための適切な措置を講ずるよう努めなければなりません（労働安全衛生規則52条の14）。

　これは、あくまで努力義務ですが、筆者としては、できる限り実施したほうがよいと考えています。

　すなわち、従業員がうつ病、適応障害等に罹患し働けなくなった、その原因は会社にある等として不法行為あるいは債務不履行（安全配慮義務違反）に基づく損害賠償請求を行うことがありますが、そのような場合、安全配慮義務を尽くしたかどうか（やるべきことはやったかどうか）が争点の一つとなります。会社としては、ストレスチェックを行うだけでなく、その結果を踏まえて、従業員がメンタルヘルス疾患に罹患しないようにさまざまな施策を講じてきたということは、安全配慮義務を尽くしたことの一証左となり得るからです。訴訟追行の観点からいう

と、会社が裁判でまず主張すべきは、会社の体制であり、その後に、当該従業員に関する個別の取り扱いであることから、裁判の序盤で、裁判官に、「この会社は、しっかりとした体制を構築している」との心証を形成させることは訴訟の帰趨を決める大きな要素になると思われます。同様の趣旨で、ストレスチェックの実施を義務づけられていない従業員が50人以下の会社であっても、ストレスチェックを実施するということ自体が安全配慮義務を尽くしたと判断される一要素にもなり得ることからすれば、実施を検討してもよいのではないかと考えています。

4　労災申請手続き

［1］労災保険の基本知識

　労働基準法には、災害補償の定めがあり、使用者が従業員を雇用し、指揮命令下において仕事をさせる中で、従業員が負傷し、疾病にかかったならば、使用者が自らの費用で必要な補償を行わなければならないとされています。これは、いわゆる「無過失責任」といわれており、使用者に過失があることは要件ではありません。もっとも、使用者によっては必要な災害補償を行うことが困難な場合もあることから、労災保険制度が創設されたという経緯があります。そのため、労災保険料は、全額事業主負担となっています。

　労災保険の補償としては、「療養補償」（療養の給付、療養費）、「休業補償」（給付基礎日額の60％）、「障害補償」（障害に応じて定められた年金・一時金）、「遺族補償」（遺族の有無・数等に応じて定められた年金・一時金）があります。

　労災保険の補償としては、「業務災害」と「通勤災害」とがありますが、業務災害でいうと、①業務遂行性（事業主の指揮命令の下で労働を提供しているという過程）、②業務起因性（災害の原因が業務であること）が必要であるとされています。

　巷間、「労災隠し」というワードが出てきますが、労災隠しは、労災
事故を隠すことではなく、労働者死傷病報告を労働基準監督署長に提出
しないことを指します。具体的には、労働安全衛生法100条１項が、「労
働基準監督署長は、この法律を施行するため必要があると認めるとき
は、厚生労働省令で定めるところにより、事業者〈中略〉に対し、必要
な事項を報告させ、又は出頭を命ずることができる」と定めています。
また、労働安全衛生規則97条１項が、「事業者は、労働者が労働災害そ
の他就業中又は事業場内若しくはその附属建設物内における負傷、窒息
又は急性中毒により死亡し、又は休業したときは、遅滞なく、様式第23
号による報告書を所轄労働基準監督署長に提出しなければならない」と
し、同条２項が、「前項の場合において、休業の日数が４日に満たない
ときは、事業者は、同項の規定にかかわらず、１月から３月まで、４月
から６月まで、７月から９月まで及び10月から12月までの期間における
当該事実について、様式第24号による報告書をそれぞれの期間における
最後の月の翌月末日までに、所轄労働基準監督署長に提出しなければな
らない」としています。これに違反したときは、労働安全衛生法120条
５号により、50万円以下の罰金に処せられます。

[2]　労災申請の手続き

　労働者災害補償保険法施行規則23条１項は、事業主の助力等として、
「保険給付を受けるべき者が、事故のため、みずから保険給付の請求そ
の他の手続を行うことが困難である場合には、事業主は、その手続を行
うことができるように助力しなければならない」と定めています。した
がって、使用者は、従業員が、労災申請をしたいという場合には、その
手続きを行うことができるように協力しなければなりません。まれに、
使用者としては、労働災害ではないと考え、申請手続きには協力しない
という対応を取ることがありますが、これは厳密には問題のある対応で
す。

　また、労災申請用紙には、事業主証明欄があり、従業員が、労災申請

をするに当たって、事業主の証明が必要となっています（実務上、現在は、使用者による事業主の証明がなくても、労働基準監督署は、労災申請を受け付けています）。この事業主証明については、労働者災害補償保険法施行規則23条２項で「事業主は、保険給付を受けるべき者から保険給付を受けるために必要な証明を求められたときは、すみやかに証明をしなければならない」と定められているので、使用者は、事業主証明をしなければなりません。ここでも、使用者として、労働災害ではないと考え、事業主証明をしないという対応を取ることがありますが、これも厳密には問題があります。使用者は、事業主証明に当たって、証明できる事実は証明し、証明できない事実は証明しないという対応を取るべきでしょう。とりわけ、問題となるのは、災害の原因、発生状況および発生当日の就労・療養状況の部分ですが、細かく、何を証明し、何を証明しないかを区別するべきです。

　他方で、唯々諾々と事業主証明をしてしまうと、将来、裁判等で、それは事実ではないとして覆そうとしても、事業主証明をしているため、「会社として事実と認めているではないか。裁判になったから事実を認めないというのは誠意ある対応ではない！」などと反論されてしまいます。この点は、初動として極めて重要な点ですので、ご確認ください。

　筆者は、事業主証明欄に、書式例のとおり記載し添付していますので、参考にしてください。

（別紙）

　休業補償給付支給請求書（様式第8号）について、下記の範囲で、事業主として証明します。

記

1　⑫の者が、負傷または発病した年月日（⑦）は分かりません。

2　⑫の者が、療養のために労働できなかった期間（⑲）は、令和4年8月○○日から退職日である令和5年○月○日です。

3　⑫の者が、賃金を受けなかった日の日数（⑳）は、○○日です。

4　⑫の者が、○であったこと（㉜）は証明します。

5　⑫の者が、負傷または発病した時刻（㉝）は分かりません。

6　⑫の者の平均賃金（㉞）は、○○○円です。

7　⑫の者の所定労働時間（㉟）は、○時から○時です。

8　⑫の者の休業補償給付額、休業特別支給金額の改定比率（㊱）は、○○です。

9　⑫の者が、㊲のうち、○年○月○日に、○で、同僚から注意を受けたことがあったことは証明します。それ以外は証明できません。

10　⑫の者が、㊳であることは証明できません。

［注］丸数字は請求書の記載欄の番号。㉜は「労働者の職種」、㊲は「災害の原因、発生状況及び発生当日の就労・療養状況」、㊳は「厚生年金保険等の受給関係」である。

5　雇入れ時の健康診断と定期健康診断

　労働安全衛生法は、一般健康診断（66条1項）と特殊健康診断（66条2項・3項）を定めています。ここでは、一般健康診断についてご説明します。

[1]　健康診断の趣旨

　そもそも、事業主に、従業員に対する一般健康診断の受診を義務づけるのは、「安全や健康に配慮した適正配置のための検査やそのための身体状況の把握」「個々の従業員を対象として、作業に起因して起こる健

康障害の早期発見」「個人よりも集団を対象とした職場の労働衛生問題の発見」をすることで、事故や疾病を防ぎ、またはそれを早期発見し被害の拡大を防止するためといわれています。

［2］一般健康診断の種類

事業者に実施が義務づけられている一般健康診断は、［図表4］のとおりです。

なお、雇入れ時の健康診断および定期健康診断でよく問題となるのは、「常時使用する労働者」には、アルバイトやパートタイマーが含まれるのかという点ですが、対象となるのは契約期間が1年以上の者と1年以上使用される予定の者であり、かつ、1週間の所定労働時間が、同種の業務に従事する従業員の1週間の所定労働時間数の4分の3以上であることの要件を満たす者であり、その名称で判断されるわけではありません。

図表4　一般健康診断の種類

健康診断の種類	対象となる従業員	実施時期
雇入れ時の健康診断 （労働安全衛生規則43条）	常時使用する従業員	雇入れの際
定期健康診断 （労働安全衛生規則44条）	常時使用する従業員 （特定業務従事者を除く）	1年以内ごとに1回
特定業務従事者の健康診断 （労働安全衛生規則45条）	労働安全衛生規則13条1項3号に掲げる常時従事する従業員	左記業務への配置換えの際、6カ月以内ごとに1回
海外派遣労働者の健康診断 （労働安全衛生規則45条の2）	海外に6カ月以上派遣する従業員	海外に6カ月以上派遣する際、帰国後国内業務に就かせる際
給食従業員の検便 （労働安全衛生規則47条）	事業に附属する食堂または炊事場における給食の業務に従事する従業員	雇入れの際、配置換えの際

［注］労働安全衛生規則13条1項3号に掲げる業務は、多量の高熱（低温）物体を取り扱う業務および著しく暑熱（寒冷）な場所における業務や深夜業を含む業務等がある。

図表5　一般健康診断の項目（雇入れ時・定期）

> ①既往歴および業務歴の調査
> ②自覚症状および他覚症状の有無の検査
> ③身長、体重、腹囲、視力および聴力の検査
> ④胸部エックス線検査（定期健康診断の場合は、胸部エックス線検査および喀痰^{かくたん}検査）
> ⑤血圧の測定
> ⑥貧血検査（血色素量および赤血球数）
> ⑦肝機能検査（GOT、GPT、γ—GTP）
> ⑧血中脂質検査　（LDLコレステロール、HDLコレステロール、血清トリグリセライド）
> ⑨血糖検査
> ⑩尿検査（尿中の糖およびタンパクの有無の検査）
> ⑪心電図検査

［3］　一般健康診断の項目

　雇入れ時の健康診断と定期健康診断における診断の項目は、［図表5］のとおりです。

6　障害者雇用の法規制

［1］　障害者の雇用

　障害者雇用促進法では、民間企業等が労働者を雇い入れる場合には、障害者雇用促進法に定める法定雇用率を上回る障害者を雇用しなければならないこととされています。

　民間企業の法定雇用率は2.3％であるため、簡単に試算をすると、43.5人規模以上の企業は、障害者を雇用する義務があります。具体的には、障害者を1人雇用しなければならない企業規模は、1（障害者雇用者）÷X（企業規模）＝0.023となるため、Xは、43.47です。そして、四捨五入をして43.5となります。

　これをもう少し具体的に説明すると、雇用障害者数÷常時雇用する労

働者数＝0.023を満たす必要があるということになります。

　ここでいう「常時雇用する労働者数」には、期間の定めがない労働者だけではなく、過去1年引き続き雇用を継続している期間の定めがある労働者および1年を超えて引き続き雇用されると見込まれる労働者が含まれます。ただし、週所定労働時間が20時間未満である短時間労働者は、「常時雇用する労働者」には含まれません。また、週所定労働時間が20時間以上30時間未満である短時間労働者は、0.5人としてカウントすることになります。

　そして、「雇用障害者数」のカウントについては、障害者1人につき、原則として1人としてカウントされますが、重度身体障害者と重度知的障害者は2人とカウントされます。ただし、週所定労働時間が20時間未満の短時間労働者である場合にはカウントすることができず、週所定労働時間が20時間以上30時間未満である場合には、0.5人（重度身体障害者と重度知的障害者の場合は1人）とカウントされることになります。なお、令和6年4月1日からは、週所定労働時間が特に短い（10時間以上20時間未満）精神障害者、重度身体障害者および重度知的障害者についても、事業主が雇用した場合、雇用率にカウントできるようになります。

　障害者雇用率算定の特例として、「特例子会社制度」というものがあります。事業主が障害者の雇用に特別に配慮した子会社を設立し、一定の要件を満たす場合には、特例としてその子会社に雇用されている従業員を親会社に雇用されているものと見なして、実雇用率を算定できることとしています。また、特例子会社を有する親会社は、一定の要件を満たす場合には、関係する他の子会社（関係会社）についても、特例子会社と同様の実雇用率の算定が可能となっています。

　また、「企業グループ算定特例」というものもあります。これは、一定の要件を満たす企業グループとして厚生労働大臣の認定を受けたものについては、特例子会社がない場合であっても、企業グループ全体で実雇用率を通算できることになっています。

[2]　差別の禁止

　障害者であることを理由とした障害のない人との不当な差別的取り扱いは禁止されています。注意が必要なのは、職業能力等を適正に評価した結果といった合理的な理由による異なる取り扱いが禁止されるものではないという点です。

　ここでいう対象となる障害者は、障害者手帳を持っている方に限定されるものではなく、身体障害、知的障害、精神障害（発達障害を含む）その他の心身の機能に障害があるため、長期にわたり職業生活に相当の制限を受け、または職業生活を営むことが著しく困難な方が対象となります。

　障害者に対する差別の禁止については、「障害者に対する差別の禁止に関する規定に定める事項に関し、事業主が適切に対処するための指針」（平27.3.25　厚労告116）があります。

　これは、募集・採用、賃金、配置、昇進、降格、教育訓練などの各項目において、障害者であることを理由に障害者を排除することや、障害者に対してのみ不利な条件とすることなどが、差別に該当するとして整理しています。

　例えば、募集・採用についていうと、以下が差別に該当するとされています。

- 障害者であることを理由として、障害者を募集または採用の対象から排除すること
- 募集または採用に当たって、障害者に対してのみ不利な条件を付すこと
- 採用の基準を満たす者の中から障害者でない者を優先して採用すること

　ただし、次の措置を講ずることは、障害者であることを理由とする差別に該当しないとされています。

- 積極的差別是正措置として、障害者を有利に取り扱うこと
- 合理的配慮を提供し、労働能力などを適正に評価した結果、異なる取

り扱いを行うこと

• 合理的配慮の措置を講ずること

［3］ 合理的配慮

　事業主に対し、障害者が職場で働くに当たっての支障を改善するための措置を講ずることを義務づけています（ただし、当該措置が事業主に対して過重な負担を及ぼすこととなる場合を除くとされています）。合理的配慮は、個々の障害者の障害の状態や職場の状況に応じて提供されるものであるため、多様性があり、個別性が高いものです。したがって、合理的配慮の提供に当たっては、障害者と事業主が、しっかりと話し合った上で、どのような措置を講ずるかを決定することが重要であるといわれています。

　合理的配慮については、「雇用の分野における障害者と障害者でない者との均等な機会若しくは待遇の確保又は障害者である労働者の有する能力の有効な発揮の支障となっている事情を改善するために事業主が講ずべき措置に関する指針」（平27.3.25　厚労告117）があります。

［4］ 相談体制の整備、苦情処理、紛争解決の援助

　事業主は、障害者からの相談に対応する体制の整備が義務づけられ、また、障害者からの苦情を自主的に解決することが努力義務とされています。なお、紛争解決の援助を求めたことを理由として、障害者に対して解雇その他不利益な取り扱いをしてはなりません。

7　労働者名簿

労働基準法107条は、以下のとおり定めています。

> **（労働者名簿）**
> **第107条**　使用者は、各事業場ごとに労働者名簿を、各労働者（日日雇い入れられる者を除く。）について調製し、労働者の氏名、

> 生年月日、履歴その他厚生労働省令で定める事項を記入しなけれ
> ばならない。
> 2　前項の規定により記入すべき事項に変更があつた場合において
> は、遅滞なく訂正しなければならない。

　ここに書かれているとおり、使用者としての義務は、①事業場ごとに
労働者名簿を調製すること、また、②そこに必要事項を記入すること、
そして、③変更があった場合には遅滞なく訂正することの３点です。

［1］調製

　労働者名簿は、労働基準法施行規則の様式第19号により調製しなけれ
ばなりませんが、記載内容が労働基準法施行規則53条（労働者名簿に記
入しなければならない事項を定めた規定。後述）を満たす場合には、そ
の書式と異なる様式によっても差し支えないとされています（労働基準
法施行規則59条の２第１項）。

　磁気ディスク、磁気テープ、光ディスク等により調製された労働者名
簿および賃金台帳については、①法定必要記載事項を具備し、かつ、各
事業場ごとにそれぞれ画面に表示し、印字するための装置を備え付ける
等の措置を講じ、②労働基準監督官の臨検時等、閲覧、提出等が必要と
される場合に、直ちに必要事項が明らかにされ、かつ、写しを提出し得
るシステムとなっていれば、労働基準法107条および108条の要件を満た
すと解されています（平7.3.10　基収94）。

　また、労働者名簿は、従業員ごとに別々に調製しなければなりませ
ん。しかし、日々雇い入れられる者については、その異動が激しく、名
簿作成の意義を失うのみならず、実効を期し難いので、調製義務は課せ
られていません（ただし、賃金台帳は調製しなければなりません）。

［2］記入事項

　労働者名簿に記入すべき事項は、労働者の氏名、生年月日および履歴
のほか、労働基準法施行規則53条１項で定められている①性別、②住

所、③従事する業務の種類、④雇入れの年月日、⑤退職の年月日および
その事由（退職の事由が解雇の場合にあってはその理由を含む）、⑥死
亡の年月日およびその原因です。③については、常時30人未満の従業員
を使用する事業においては記入することは要しないとされています。そ
して、これらの事項は必要最小限のものであるとして、これに記入事項
を付加することも差し支えないとされています。

　なお、現在、LGBTの問題等もあり、①性別を必要的記入事項とする
べきなのかという点の議論もなされているようです。現時点の対応とし
ては、基本的には、従業員本人の希望（生物学的性で記入するのか、性
自認で記入するのかは労働者に委ねる）とするのがよいと個人的には考
えています。

[3] 罰則

　使用者が、労働基準法107条に違反して労働者名簿の調製、記入また
は所要の訂正をしない場合、30万円以下の罰金に処せられます。

8 賃金台帳

労働基準法108条は、以下のとおり定めています。

（賃金台帳）

第108条　使用者は、各事業場ごとに賃金台帳を調製し、賃金計算
　の基礎となる事項及び賃金の額その他厚生労働省令で定める事項
　を賃金支払の都度遅滞なく記入しなければならない。

　ここに書かれているとおり、使用者としての義務は、①事業場ごとに
賃金台帳を調製すること、また、②そこに必要事項を賃金支払いの都度
遅滞なく記入することの2点です。

[1] 調製

　賃金台帳の調製を必要とする理由は、第一に国の監督機関が各事業場

の従業員の労働条件を随時たやすく把握することができること、第二に労働の実績と支払った賃金との関係を明確に記録することによって、使用者のみならず従業員にも労働とその対価である賃金に対する認識を深めさせることにあります。

　賃金台帳は、常時使用される従業員（日々雇い入れられる者であって1カ月を超えて引き続き使用されるものを含む）については労働基準法施行規則の様式第20号、日々雇い入れられる者（1カ月を超えて引き続き使用される者を除く）については労働基準法施行規則の様式第21号によって調製しなければならないとされています（労働基準法施行規則55条）。もっとも、賃金台帳に用いる様式は、記載することが必要な最小限度を定めるものであり、必要事項が記載されていれば、その様式は異なるものであっても構わないとされています。

[2] 記入事項

　賃金台帳に記入すべき必要事項は、①氏名、②性別、③賃金計算期間、④労働日数、⑤労働時間数、⑥労働基準法33条もしくは36条1項の規定によって労働時間を延長し、もしくは休日に労働させた場合または深夜労働をさせた場合には、その延長時間数、休日労働時間数および深夜労働時間数、⑦基本給、手当その他賃金の種類ごとにその額、⑧労働基準法24条1項の規定によって賃金の一部を控除した場合には、その額とされています（労働基準法施行規則54条1項）。

　⑥については、当該事業場の就業規則で労働基準法の規定と異なる所定労働時間または休日の定めをした場合には、その就業規則に基づいて算定する労働時間数をもってこれに代えることができるとされています（労働基準法施行規則54条2項）。また、⑦の賃金の種類中に通貨以外のもので支払われる賃金がある場合には、その評価総額を記入しなければならないとされています（労働基準法施行規則54条3項）。

　日々雇い入れられる者（1カ月を超えて引き続き使用される者を除く）については、③を記入する必要はなく（労働基準法施行規則54条4

項)、また、労働基準法41条各号の一に該当する労働者および第41条の２第１項の規定により労働させる従業員については、⑤の労働時間数および⑥の延長時間数と休日労働時間数、深夜労働時間数の記載は要しないとされています（労働基準法施行規則54条５項）。

[3] 罰則

使用者が、労働基準法108条に違反して賃金台帳の調製をせず、または、必要事項を記入しない場合、30万円以下の罰金に処せられます。

9 年次有給休暇管理簿

労働基準法施行規則24条の７は、以下のとおり定めています。

> 使用者は、法第39条第５項から第７項までの規定により有給休暇を与えたときは、時季、日数及び基準日（第１基準日及び第２基準日を含む。）を労働者ごとに明らかにした書類（第55条の２及び第56条第３項において「年次有給休暇管理簿」という。）を作成し、当該有給休暇を与えた期間中及び当該期間の満了後５年間保存しなければならない。

したがって、使用者は、従業員ごとに、①年次有給休暇を与える時季、②年次有給休暇の取得、付与日数等および③基準日を記載した年次有給休暇管理簿の作成・保存が義務づけられています。

また、労働者名簿、賃金台帳と同様の要件を満たせば、磁気ディスク、磁気テープ、光ディスク等により調製することも可能です。

なお、労働基準法施行規則55条の２が、「使用者は、年次有給休暇管理簿、第53条による労働者名簿又は第55条による賃金台帳をあわせて調製することができる」としているので、年次有給休暇管理簿は、労働者名簿および賃金台帳とあわせて調製することができます。

■著者プロフィール

岡崎教行（おかざき のりゆき）

寺前総合法律事務所
弁護士

【学歴・職歴】

平成12年3月　　法政大学法学部卒業

平成13年10月　司法試験第二次試験合格

平成14年3月　　法政大学大学院卒業

平成15年10月　弁護士登録　牛嶋・寺前・和田法律事務所

平成27年1月　　中小企業診断士試験合格

平成29年10月　中小企業診断士登録（城西支部）

平成31年2月　　寺前総合法律事務所

【専門】

労働法務。取り扱う事件、相談の9割程度が労働問題。

【著書】

『3訂版 使用者側弁護士からみた 標準 中小企業のモデル就業規則
策定マニュアル』（日本法令）

『社労士のためのわかりやすい補佐人制度の解説』（労働新聞社）

『コロナ恐慌後も生き残るための労働条件変更・人員整理の実務』
（日本法令・共著）

『就業規則からみるメンタル不調の予防と対応－規定整備のポイント－』
（新日本法規・共著）

【BLOG】

「労働法務弁護士、がむしゃらに生きる365日」
https://okazakinoriyuki.com/

■カバーデザイン・印刷・製本／株式会社 ローヤル企画

基本がわかる！
人事労務管理のチェックリスト

2023年3月25日　初版発行

著　者　岡崎教行
発行所　株式会社 労務行政
　　　　〒141-0031　東京都品川区西五反田3-6-21
　　　　　　　　　　住友不動産西五反田ビル3階
　　　　TEL：03-3491-1231
　　　　FAX：03-3491-1299
　　　　https://www.rosei.jp/

ISBN978-4-8452-3393-9